Adnan Binyazar
MASALINI YİTİREN DEV

TÜRK YAZARLARI

Düzelti: Fulya Tükel
Dizgi: Gülay Altunkaynak

ISBN 975-07-0017-1
© Adnan Binyazar/ Can Yayınları Ltd. Şti. (2000)

Bu kitap, İstanbul'da Can Yayınları'nda dizildi,
Özal Basımevi'nde basıldı. (2000)
Cilt: ZE Ciltevi

Adnan Binyazar, 1934 yılında Diyarbakır'da doğdu. Dicle Köy Enstitüsü'nü ve Ankara Gazi Eğitim Enstitüsü Edebiyat Bölümü'nü bitirdikten sonra eğitimci yetiştiren çeşitli okullarda öğretmenlik yaptı. Türk Tarih Kurumu'nda çalıştı. 1978 yılında Kültür Bakanlığı Tanıtma ve Yayınlar Dairesi Başkanlığı'na getirildi, bu görevi sırasında Ulusal Kültür ve Çeviri dergilerinin sorumlu yönetmenliğini yürüttü. 1981 yılında yurtdışına çıkarak Almanya, İsveç ve İsviçre'de Türkçe eğitim konusunda çalışmalar yaptı, çeşitli projelerde görev aldı. Toplumların ulusal kültürlerini yaşatması ve geliştirmesinin gerekliliğine inanan *Binyazar*'ın Türk toplumunun kültürel değerlerini öne çıkartan birçok deneme, eleştiri, inceleme ve araştırma kitabı vardır. Otobiyografik bir roman olan *Masalını Yitiren Dev*, *Adnan Binyazar*'ın ilk romanıdır.

İÇİNDEKİLER

Dıranas'ın Sorusu 11

AĞIN'DAN DİYARBAKIR'A DİYARBAKIR'DAN AĞIN'A

Ana 23
Ana Kucağı 32
Baba 36

ELAZIĞ/AĞIN

Baba Ocağına Dönüş 47
Dede 52
Nene 58
Sıtma ve Sünnet 66
Baba Evi 71

İSTANBUL

İstanbul'a Varış 77
Hamallık Yılları 84
Babanın Yeniden Ortaya Çıkışı... 101
Bit 108
Polis Recep 112
Çıraklık Yılları 116
Odam 119
İşkence Yılları 124
Nevin ile Karnik Ağa 137
İsmail Dümbüllü 143
Hamiyet Yüceses 146

O Abla!... 152
Cumhuriyet Bayramı 158
Usta'nın Karısı 161
Babanın Usta'yı Ziyareti................................ 165
Kardeşimi Bulamıyorum! 168
İstanbul'dan Ayrılış....................................... 173

AĞIN

Anamla Karşılaşma 183
Öğretmenim Nuri Onat 189
Ağın Günleri 193

DİYARBAKIR

Havuş 209
Valentino 211
Ve öbürleri 217
Haco Bibi 220
Avlulu baba 226
Avluda Günlük Yaşam 231
Leylo 234
Möho 240
Avlunun Dışı 245
Romeo ve Juliet 251
Kitaplar 258
Zeko Bibi 265
Karaoğlan 270
Köy Enstitüsü 280

Canında can bulduğum, sözün büyücüsü,
anam *Pakize Gündüz*'e;
bana okumanın kapısını aralayan,
dayım *Hasan Öğünç*'e;
acılarımın yoldaşı,
kardeşim *Cengiz Binyazar*'a...

DIRANAS'IN SORUSU

Hem de bir ölüm gününde, Bedrettin Cömert'in gök ekin gibi biçilip sonsuz yolculuğuna çıkarıldığı cami avlusunda, yaşlı ve hastalıklı bir adam yanıma yaklaştı, "Gerçekten, yazdıklarınızı yaşadınız mı?" diye sordu. *Edebiyat Dostları*'nda (Mehmet Seyda, İstanbul 1970) ya da *Milliyet Sanat Dergisi*'nde (16.07.1979) yayımlanan özyaşamöykümü okumuş olmalıydı. Ağır hastalıkla, ilk gördüğüm günlerindeki o görkemini gerilerde bırakmış Ahmet Muhip Dıranas'ı tanıyamamış, sıradan biri sormuşçasına, yalnızca "Evet!" deyivermiştim. Sonra, dostum Mustafa Şerif Onaran'a göz işaretiyle sormuş, onun Dıranas olduğunu öğrenmiştim. O anda, Türk şiirinin bu büyük ozanına geçiştirici bir yanıt vermenin utancıyla başıma kaynar sular dökülmüştü. Yüreğimde bir burukluk olarak kaldı bu. Öte yandan, üstün beğenili Dıranas'ın, elime her kalem alışımda beni duygu titremelerine uğratan yaşamımın hangi aşamalarından etkilendiğini düşünüp durmuştum.

Çocukluk yıllarına ilişkin gözlemlerimi yazarken, Ahmet Muhip Dıranas'ın, özünde bir kuşkuyu da barındıran bir soruyla öğrenmek istediğini, gerçeklik duygusunu sarsıntıya uğratacağını sandığım olaylardan kesitler aktararak yanıtlamaya çalışacağım. Bunun yanıtını hiçbir zaman bulamayacağımı biliyorum. Gene de beni yazı serüvenine bu 'bilinmezlik' sürüklüyor.

Tarih Kurumu'nda çalıştığım yıllarda da, bir gün, yaşamöykümü okumuş olan Sami N. Özerdim odama gelmiş, ya gerçeği öğrenme isteğinden ya da yazılanların dehşetinin etkisi altında kalarak, böyle bir şeyin olabileceğine inanamadığını sezdirircesine, baldırımdaki öküzgözü iriliğindeki oyuğu, sol elimin ortaparmak tırnağındaki çatlağı görmek istemişti.

Yazılışı tehlike yaratacak bir hayat yaşadım ben. Onun için, yazmakta hep duraksadım. Çünkü, yaşadığınız olayları anlatıya dökerken gözü yaşlı sözcüklerin tuzağına düştünüz mü, televizyonlarda her gün onlarcası görülen yerli filmlerin ya da bayatlamaktan iyice kokuşmuş dizilerin baş kişisi oluverirsiniz. Berlin'de, eşimin onulmaz hastalığını duyup acılar içinde kıvrandığım günlerdeki bir söyleşi toplantısında, bu 'hayat'tan kimi görüntüler yansıtmış, beni dinlemeye gelenlerin topluca ağladıklarını görmüştüm. Bu olayın da etkisiyle, bugüne kadar kalemi elime almak hep korkuttu beni. Bu korkuyu yenebilseydim, Mehmet Seyda ile Mehmet Kemal'in bu 'hayat'ı duyumsayan ilgilerini değerlendirir, geniş oylumlu bir yapıt için kaleme çoktan sarılmış olurdum. Çünkü, böyle bir hayat yaşayan kişinin hayata borcunun, kalemi eline alıp yazmak olduğu, hiçbir zaman aklımdan hiç çıkmıyordu.

Ana metinde yer alsa da, bir filmin ilk sahnelerindeki olay açılımına benzer bir yöntemle, Dıranas'a soru sordurtan bu 'hayat'tan görüntüler sunacağım.

"Bir gün, inek vurdu boynuzunu koyunun karnına, yırttı attı karnı boydan boya. Kaygan, yıvışık bağırsaklar tozlara bulandı birden. Kana kesti koyunun yünleri. Koyunu hemen yatırdı yere anam. Tozlanmış, kirlenmiş bağırsakları eliyle topladı, tıktı koyunun karnına. 'Bir yorgan iğnesinin ucunu yakın da verin bana!' diye seslendi. Dediğini yaptık. İğneyi aldı. Sağlamından bir de iplik geçirdi. Okşaya okşaya, 'Anam, kuzum...' diye diye dikti koyunun karnını. Akşamüzeri olmuştu olay. O akşamın sabahı koyun ayağa kalkmış ot yiyordu kımıl kımıl. Sonraki yıllarda, üç-beş kuzu da doğurdu. Dikilen karnında bir yırtılma da olmadı."

"Böyle bir ananın oğlu olarak Diyarbakır'da doğdum. Yedi yaşından sonra gidişler, dönüşler, ayrılıklar... Anamın yanındaysam babamın, babamın yanındaysam anamın yanında değilim. Gök boşluğunda hiç yıldız yokmuşçasına parlayan şafak yıldızı ışılarken, bir katırın üstünde, o handan bu hana uğrayarak Ağın'dan Elazığ'a gidiyoruz. Sabahın serin esintilerinden korumak için beni yüreğiyle sarmalayan anamla bir daha yolculuğumuz oldu mu, anımsamıyorum."

"Kardeşim Cengiz'le bana birer oyuncak kamyon almıştı babam. Kamyonlardan birinin rengi yeşil, birininki kırmızıydı. Her nasılsa yeşil bana düşmüştü. Oysa kırmızıdaydı gözüm. Onu kardeşimin elinden almak istiyordum. Uzun sürdü bu çekişme. Kamyonunu vermiyordu bana. Bir gün babam kızdı bize. Oyuncaklardan ikisini de tekmeledi attı. Çikolata alan, bizi koynuna sokup coşkunca seven babamın oyuncaklarımızı ezebileceğini düşünememiştim hiç. Bir yanım yıkılmış gibi oldu. (...) Oyuncaklarımızı kırarken, ayağına küçük bir kedi yavrusu takılmıştı. Bir tekme de ona attı. 'Bav' diye acı bir ses çıkarmıştı kedicik. Çırpınmaya başlamıştı. Biz iki kardeşi alıp başka yere götürmüşlerdi. Kedinin öldüğü söylendi. Korkmayalım diye, yakınlardan biri, kedilerin ölmeyeceğini, onların yedi canlı olduğunu gizli gizli anlatmaya çalıştı. 'Kedi ölmesin, kedi ölmesin...' diye geçiriyordum içimden. (...) Bir gün sonra, kedinin ölüsünü çöplükte gördük. Yanında da ezilmiş kırmızı, yeşil boyalı kamyonlarımız. Ağzı yamulmuştu kedinin. Kamyonlarımız gibi, ezilmiş teneke gibiydi tüyleri. Pis, ölümsül bir görünüm almıştı kedi. Bir başka varlık için ilk ağlayışım böyle başlar. Ölümün korkunç yalnızlığını o kedide gördüm. Bu, bir bakıma benim de yalnızlığımdı. Çok güzel bir fotoğrafım vardı. İyice bir çerçeveye yerleştirilmişti. Ölünce, o fotoğrafın kimlere kalacağını düşünürdüm hep."

Gök boşluğunda hiç yıldız yokmuşçasına parlayan şafak yıldızı ışılamasının yarattığı korku mu, yoksa kedi ölümlerinin yürekte genişleyen yalnızlığı mı sordurtmuştu o soruyu Dıranas'a?

"Babamın başka bir yere gideceği söylendi. Babam, adliyedeki görevinden ayrılmış, davavekilliği yapıyordu. Bir davayı izlemek üzere Sivas'a gidecekti. Bize çok para getirecekti. Eskisinden iyi olacaktık. Ama babamın yerini dolduracak denli parlak şeyler değildi bunlar. Öylesine dinliyorduk söylenenleri. Anılarımda çok açık seçiktir babamın gittiği gece. Nedense trenler hep geceleri kalkardı istasyonlardan. Ya bahardı ya güzdü. Karanlık, ıslak, yapışkan bir geceydi. Bütün aile bir faytona yerleşmişti. Beni de arabacının yanına oturtmuşlardı. Bilerek ağladım o gece, soluğum kesilircesine ağladım. Kızgınlıkla beni susturmaya çalışıyordu anam; 'Ne var ağlayacak, baban gidip gelecek,' diyordu. Bana şeker de getirecekti. Anılarımda, kapkara trenin penceresinden bakan babamın Rumeli renkli ak yüzü, kısılan gözleri capcanlı kalacaktır. Durmadan ağlamamın nedeni yıllar sonra anlaşılacaktı. O geceden sonra anamla babam bir daha yüz yüze gelmediler; hiçbir zaman! (...) Babam bizi bırakıp gitmişti. Anamın inceden bir türkü tutturduğunu duyardım. Yirmi üç yaşındaki bu genç kadının duyarlı ezgileri, yüreğimden sarsardı beni. Köşelere çekilir ağlardım: 'Tez gel ağam, tez gel, eğlenmeyesin / Elde güzel çoktur evlenmeyesin'."

"Üç ay, beş ay bekledik babamı. Ne gelen var, ne giden. Anamız biz iki kardeşi, Cengiz'le beni bağrına basıp babasının memleketi olan Ağın'a getirdi."

"Böyle bir babanın oğlu olarak doğdum Diyarbakır'da; 1934 yılında, Mart ayının yedinci günü, sabaha karşı; baharın eli kulağında. Ana, bir 'anakuş' gibi gölge olsa da üstümüzde, Doğu, açlıklara yenik düşer. Doğu anası da yenik düştü. Bizi babamın yanına, İstanbul'a gönderdi."

"İstanbul, öküz sesli vapurlarla karşıladı bizi. (...) Üstümüzde alaca entariler, ayağımızda takunyalar vardı. Nasıl haber ulaştırıldı bilmiyorum, üç gün üç gece süren tren yolculuğundan sonra, babam, Haydarpaşa'da karşıladı bizi. Saçlarımızı uzun süre kestirememiştik. Yabandan geldiğimiz belliydi. Babam bizden çok utandı. O halimizle de bağrına bastı bizleri. Haydarpaşa'ya indiğimizde vapur düdükleri çok sevindirmişti beni. Vapur düdüğünü öküz sesi sanmıştım. İstanbul'da öküz var diye çok sevinmiştim. Kasabamızın dağları, ağaçları, su başları burnumda tütmeye başlamıştı. Öküz sesini andıran vapur düdükleri umut olmuştu bana. Bugün bile her vapura binişimde bu güzel ses, içimde bir umut yaratır. Tramvaya binince dünyalar benim olmuştu."

"İkinci Dünya Savaşı günleriydi. Geceleri, karanlığın karanlığıydı İstanbul. Pencerelere örtüler gerilir, geceleri evlerde mum yakılırdı. Ekmek karneyle. Babam bir avukatın yanında çalışıyordu. Adı Nurullah Bey'di avukatın. Evde Tanrı adından daha çok geçerdi adı. (...) Babam çok içerdi. Üç gün üst üste içebilirdi belki. Nurullah Bey'le de içiyorlardı sanıyorum. Çok geceler içkili dönerdi işinden. Nasıl oldu bilmiyorum, babam, Nurullah Bey'in yanındaki işinden ayrılmıştı. Artık ekmek parasını bile kazanamıyordu. Evde altı kişiydik. (...) Bizden ayrıldıktan sonra, babam İstanbul'a gelmiş, orada bir hanımla evlenmişti. Babamın, 'Anneniz bu!' dediği hanımın boyu uzundu, yeşil gözleri vardı. Oldukça güzel bir kadındı. O zamanın Arap artistlerinden Leylâ Murad'a benzetirlerdi. O hanımın, babamdan olmayan bir oğlu vardı. İki de biz. Sonra Türker geldi; baba bir, ana ayrı."

"Babam, bir gün iki küfeyle geldi eve. Sokaklarda boş dolaşacağımıza çalışmalıydık. Küfelerle ne iş yapılıyorsa onu yapmalıydık. İki kardeş sırtladık küfeleri, İstanbul'u pazar pazar dolaşmaya başladık. Kazandığımız paraları eve getirirdik. O paralarla kendimize bir simit bile alamazdık. O paralar, evdekilerin karnını doyuracaktı."

"Okuma yaşım iki yıl da geçmişti. Okula göndermesini söyledim babama. 'Okuyup da ne olacaksınız!' dedi kızarak; bu ülkeye büyük zararların okumuşlardan geldiğini ekledi sözlerine. Hamallığımız sürdü gitti böylece. Asansöre ilk kez sırtımda küfeyle bindim."

"İstanbul'da babasız yıllar... Evsiz, aşsız, odunsuz günler... O yaşlarda sevdamız yok ki, 'kaldırımların kara sevdalı eşi' olayım. Sokak dünyası, kardeşimin Darülaceze'ye verilmesi, benim bir aşçıya yerleştirilmemle kapandı."

Dıranas, derisi kemiğine yapışmış iki çocuğun İstanbul ayazlarında titremelerini duyumsadı da mı sordu o soruyu?..

"Aşçı (usta), acı çektirmekten, sadistçe dövmekten büyük haz duyardı. Her gün üç-beş kez döverdi beni. Komşu dükkâncılar onun elinden kurtarmaya gelirlerdi çocuk gövdemi. Verilen bahşişleri bile alırdı elimden. Oysa ben o bahşişleri Darülaceze'de kardeşime harçlık olarak biriktirmek isterdim. Çok da küfrederdi. En büyük övüncü, beni sokaktan kurtarmış olmasıydı. Beni adam edeceğine inanırdı. İş sahibi edecekti beni, evlendirecekti. Böylece kurtulacaktım! Adamın tutumu bilinçlendiriyordu beni. Ondan korkmamayı öğrendim bir süre sonra. On yaşıma varmıştım herhalde. Çok hareketli, herkesle dövüşen bir çocuktum. Bu yaramazlıklardan dolayı birkaç kez polise şikâyet bile edildim. Bir gün, kırmızı acı biberi suratıma çarpıverdi. Gözlerimin dışarıya fırladığını sandım. Arnavutlar çorbalarına, kuru fasulye yemeğine koyarlardı bu biberi. (...) Bir gün de maşayı sol elimin ortaparmağına yapıştırıverdi. Tırnak acısının ne olduğunu o zaman öğrendim. Şimdi, sol elimin ortaparmağının tırnağı çatlaktır. Tırnak bir çatladı mı, yaşam boyu sürüp gidiyor bu çatlaklık. Bir gün de kızgın maşayı sol baldırıma sapladı. Öküzgözü iriliğinde oyuktur sol baldırımın bir yeri. Bu savaştan da bu yaralarla kurtuldum. Bu yaraların yüreğimde açtığı oyuklar ise sağalmadı hiç. Beni günde birkaç kez döven ustama da bir oyun oynamalıydım. Bir gün ocaktaki sıcak suyu kafasına boşaltmayı tasarladım. Sıcak diyorsam, kaynardı su. Allahtan, tam tepesine gelmedi. Yoksa soyulmuş tavşan gibi çıkardı ortaya. Ben önde, o arkada, bütün Kocamustafapaşa'da kovaladı beni. Aksarayları, Topkapıları dolaştık. Tutamadı... Sonradan polisler buldu getirdiler. Parasız, çorba içirdi polislere."

"Ustam okuma yazma bilmezdi. Küçük yaşta dayımın öğrettiği okumayla günlük gazetesini ben okurdum ona. Bu okumalarıma dayanarak politik tartışmalara girerdi. Kafasına yatmayan bir cümle okuduğumda enseme tokadı yiyiverirdim. 'İyi oku ulan, ayağımın altına alır, kemiklerini kırarım!' derdi. Birden nereden geldiğini kestiremediğim bu tokatlar beni gazeteden de, havadisten de soğutmuştu. Oysa başlangıçta, bu okuma becerisinin yarattığı üstünlük duygusuyla büyüklük taslar olmuştum. Okuma bilmeyen ustamın karşımda küçüldüğünü görmekten hoşlanıyordum."

Sol baldırımda yer eden öküzgözü iriliğindeki oyuk mu, tırnağımdaki çatlak mı sordurtmuştu o soruyu Dıranas'a?..

Bedende yaratılan oyuklar sağalıyor da, yürek oyukluğu hep işliyor. Eş yitirmenin yarattığı oyuk ise sağalmıyor. Büyük ozanlara büyük şiirleri, yüreği depreme uğratan içsel acılar yazdırtıyor olmalı. Eşimin artık yaşamadığı bir İstanbul yazında beni sabahlara kadar dinleyen Fazıl Hüsnü Dağlarca, 'Eş Ağıdı - Gömüt Taşında Söylemeler' şiiriyle, acıma ağıt yaktı:

O Çorum'da doğmuş Hititli bir kız
Ben Hititli bir genç
Sevgimizi kıskanan ölüm
Bütün ölümlerden iğrenç

Gömüldü ya Çorum toprakları hep açar
Nice çiçekleriyle onu
Ben gece gündüz sevgisini açarım
Yadsırım ölüm denen sonu

Hitit karanlıklarında
Sesin gecemizi aydınlık ederdi
Sanki güzelliğin:
'Sen beni benden çok yaşayacaksın' derdi.

Karımı çok sevdim ben binlerce yıl
Seviyorum da
İşte gece bir gündüz bir çiçek
Hitit yeli evliliğimizi büyütür Çorum'da.

Ne yazar deme karısı ölmüş de
Acısından dev olmuştur işte:
Gök ağzında leblebi
Bakışları Hitit elleri Çorum
Yazar yüreğine Adnan - Binyazar

(Temmuz 1991)

Eş ağıtı yaşayıp acısını içine gömene sorusu ne olurdu Dıranas'ın?..

Eş yitiren, zamanın anahtarını elinden düşürür; kalan yaşamında, yürekte bilince dönüşen acının adaletsizliğiyle boğuşur durur. Acı, yaşamsal dayanakların çürük temeller üstüne oturduğuna benzer bir güvensizliğe yol açar insanda. Hiçbir alacağım yok hayattan; ona yalnızca yazı borcum var. Ahmet Muhip Dıranas'ın sorusundaki şiirsel derinliği; Mehmet Seyda ile Mehmet Kemal'in, aralanmasını istedikleri 'hayat'ın anlamını kavrarsam, geriye bir tek, kalemi elime alıp kendi iç serüvenime dalmak kalacaktı. Önce eşimin, sonra anamın ölümüyle, 'iç serüvenimi' anlatma kaçınılmaz oldu. Çocukluk yıllarının gözlemleri ya da o döneme eğilen bir yetişkinin yaşadıkları da sayılsa, 'yazı borcumu' ancak bu yazdıklarımla ödeyebileceğime inanıyorum.

Masalını Yitiren Dev, bu girişte kısa bölümler aktardığım acı olayların ayrıntılı öyküsüdür. Anlatılanlar, sıradan bir hayat değil, yalnızca onu yazanın yaşadığı 'bir hayat'; milyonlarca insanın, çocuk olsun, genç olsun, bugün de, daha da acılarını yaşayıp yaz(a)madıklarıdır. Daha önce Pastovski'nin anılarına *Bir Hayatın Romanı* (e Yayınları) adı verilmemiş olsaydı, yaşadıklarımı o adla yayımlamayı çok isterdim. Böyle bir ad, yazdıklarımı, bir edebiyatçının yazı deneyimlerine ilişkin izlenimleri olarak algılanmasından kurtarmış olacaktı. Bu olamayacağına göre, yeni bir ad arayışına girdim. Elazığ'da, dedem evden ayrılmış, bir başka evin bodrum katında, kendini dine vererek yalnız başına yaşamaya başlamıştı. O ayrılıp gidince masalını yitirmiş deve dönmüştüm. Çocukluk, bir dev masalıdır. Masalı bozulmuş çocukluk ne ise, masalını yitiren dev de odur. İkisi de şaşkın, güçsüz ve umarsızdır. Birbirlerini yitirdiklerinde, çocukluk devin, dev çocukluğun büyüsünü bozar. Büyü bozulunca, çocuk, yaşamı boyunca, masalını arayan bir dev gibi çırpınır durur. Üç-dört yaşlarından on altı yaşına dek, yaşamı bir insanın dayanma gücünü aşan olaylarla savrulan, ancak Köy Enstitüsü'ne girerek kurtuluşa eren bir çocuğun duyumsamalarının yansıtıldığı bir kitabın adı ne olabilirdi?.. *Masalını Yitiren Dev!*

Masalını Yitiren Dev'i yazarken, belleğimden silinip gitmiş olayların ayrıntılarını tanıklarına sorup öğrenmek istemedim. Eskiye ilişkin konuşmalar sırasında kendiliğinden anlatılmadığı sürece, belleğimin dışına çıkmamaya çalıştım. Amacım, çocukluk yıllarında belleğime yerleşmiş izlenimleri, gözlemleri, duyumsamaları yansıtmaktı. Şimdiye de, geleceğe de egemen olunmuyor; geçmişse tam anlamıyla bizim egemenliğimiz altındadır. Geçmişimden başka bir kalıt (miras) taşımıyorum. *Masalını Yitiren Dev*'le, 'açtığım kendi kuyumun içine dalarak' yaşadıklarıma sahip çıkıyorum.

Yaşamıma yönelik ilk izlenimlerim gazete ve dergilerde yayımlandığında, coşkularını mektuplarla dile getirerek beni yüreklendiren Mehmet Seyda'nın; anlattıklarımı Gorki'nin yazdıklarıyla eş tutarak bir yazıyla onurlandıran Mehmet Kemal'in; güldürücü bir biçemle anlatmama karşın, yaşadıklarımı yürekten duyumsayıp yaşlı gözlerle dinleyen, bu kitabın taslaklarını okuma hoşgörüsünü göstererek, benden geniş dil ve anlatı bilgisini esirgemeyen dostum, öğretmenim Emin Özdemir'in; uzun dostluğumuz boyunca, çektiklerimi bilinçle kavrayıp beni desteklerinden yoksun bırakmayan Avukat Özcan Atalay'ın; bende, yıllarca önce, yazacaklarıma bir biçem bulduğum kanısı uyandıran Diyarbakır'la ilgili 'Anı Kent' adlı o kısacık yazımı ozan duyarlığıyla algılayıp ona değer biçen Mehmet Başaran'ın; bir mektubunda, duyumsamalarımın bir kıyıda unutulup gitmemesini içtenlikle anımsatan Prof. Dr. Atalay Yörükoğlu'nun; bu kitabın taslaklarını en dar günlerinde okuma özverisinde bulunan kardeşim Gürhan Gündüz'ün; yazılanların ilk okuyucuları olarak bana görüşlerini bildirme inceliğini gösteren, Berlin'den arkadaşlarım Hedavet Demir, Mustafa Demir ve Durmuş Çakmak'ın... yaklaşımları beni gönendirmiştir.

Onların bu ilgilerini... Gerçek şiirin ustalığına ermiş Ahmet Muhip Dıranas'ın derin sorusunu... Çağımızın büyük ozanı Fazıl Hüsnü Dağlarca'nın o eşsiz şiiriyle acımın derinliklerine inme emeğini benden esirgememiş olmasını... yaşadıklarımın sıradan olaylar olmadığına kanıt saydım.

Yazarken, gücümü o eşsiz insanların yüce varlıklarından aldım.

AĞIN'DAN DİYARBAKIR'A DİYARBAKIR'DAN AĞIN'A

Ana ölümü her şeyin ölümüdür.

ANA

Bir gün inek vurdu boynuzunu koyunun karnına, yırttı attı karnı baştan başa. Karından akan kaygan, yıvışık bağırsaklar yere aktı. Koyunun tüyleri kan içinde kaldı birden. Çevresindekilerin bağrışmalarına aldırmadan, anam koyunu yere yatırdı. Tozlanmış bağırsakları toparladı tıktı yırtık karna. "Çabuk, yorgan iğnesinin ucunu yakın verin bana!" diye seslendi. Dediğini yaptık. Sağlam bir iplik geçirdi iğneye. Okşaya okşaya, anam, kuzum diye diye dikti karnı. Olay, davarın çobandan döndüğü bir akşamüstü olmuştu. Sabahleyin, karnı boynuzlanıp yırtılan o değilmiş gibi, ayağa kalkmış geviş getiriyordu koyun. Koyunun apak yünlerinde kan sızıntıları vardı, ama dikilen karında yırtılma olmamıştı.

Bu başarısı üzerine anama 'operatör' demeye başlamıştık. Bununla da yetinmemiş, dış kapıya yazdığımız tabelada, anamın adının başına 'Operatör' unvanını koyarak, bu olayın da gülünecek bir yanını bulmuştuk. Sonraki yıllarda aklı karalı kuzular doğurdu bu koyun. Onların da sütü yoğurdu bize azık oldu.

Anam böyle bir ana!

'Operatör' olduğunda, anam, çektiği acıları gerilerde bırakmıştı. Ev düzenini kurmuş, bize yeni kardeşler kazandırmıştı. İnsan, mutlulukların yarattığı güvenle ayakta durur. Babamla olan ilk evliliğinde başına olmadık işler gelen anam, o yıllarda güvene ermişti. Koyunu da o güvenle ameliyata almıştı. Neredeyse dünyayı küçük parmağının ucuyla kaldıracak güçteydi. Elini attığı her işi bir çırpıda yapıyordu. Konuşkan, becerikli, yardımseverdi. Onun baktığı hayvanlar hayvan gibi kokmazdı. Koyunlar, kuzular, inekler süt kokardı. Hele o bahar kuzuları çayırlara yayılmış çivitli patiskalar gibi, sağlık ve sabun kokardı. Sağıma başlamadan, ineğin memesini sabunlu bezlerle siler, onun sağdığı süt, taslarda daha ak, daha lekesiz görünürdü. Anamın sağdığı sütte saman çöpü, kıl, küçücük bir kara nokta görünmezdi.

Gün doğmadan uyanır, hayvanların yemini verip altlarını temizledikten sonra sıra ineği, koyunları sağmaya gelirdi. Ocakta süt kaynarken ortalığı süpürür, avluya yayılan süt kokusu yukarı odaları bulurken biz uyanırdık. Neyi seviyorsak sofrada onu bulurduk. Anam bizi, ya yayık sesiyle ya yeni sıvanmış avlunun toprak kokusuyla karşılardı. Dışarıda doğa milyonlarca kuşun, böceğin, sığırın sıpanın, üç-beş günlük kuzuların, ağaçlarda birbirine sürtünen yaprakların sesiyle çıldırırken, anamın sesi bunların tümünü bastıran bir şakımayla avludan bağlara bahçelere, uzak tepelere yayılırdı.

Babamdan sonraki eşlerinin yanında rahat etti anam. Sesinin renginden sezilirdi bu. İkinci eşi erken öldü. Aralarında büyük yaş farkı vardı. İkinci eşinin akrabası olan üçüncü eşiyle karşılaştığımda on sekiz yaşlarındaydım. Üvey babam, beni eşinin bir çocuğu gibi görmüyor, yaz tatillerinde anasını ziyarete gelen bir arkadaş sayıyordu. Güleç yüzü, bir filozofunki gibi sağlam mantığıyla, bilgiye susamış, erdemli bir insandı. Okumayı yazmayı askerde öğrenmiş olmasına karşın, günün geç saatlerine kadar bağda bahçede çalışmaktan hurdaya dönmüş bedenini yatağa atmadan, *Saatli Maarif Takvimi*'nin o günkü yaprağını okurdu. Ancak ondan sonra yatağına uzanır, yorgunluk horlamalarıyla uykuya geçerdi. Gözlerinden uyku akar, sigarasının külleri terli mintanına dökülür; yine de elindeki takvim yaprağını bırakmazdı. Gözkapaklarına bütün ağırlığıyla yüklenen uyku canavarına yenilmemek için çok çaba gösterirdi. Kaç kez, parmak uçlarıyla gözkapaklarını kaldırdığını, uykunun pençesinden kurtulmaya çalıştığını görmüştüm. Okuması çok yavaştı. Sözcükleri heceleyerek okur, ama, anlatılmak isteneni belleğine ânında yerleştirirdi. Yeri geldiğinde, bu bilgileri, aklın süzgecinden geçirilmiş sözlerle besleyerek sohbetlere katılırdı. Vurgulamak istediği düşünceyle ibret alınması gereken olay, arada boşluk bırakmadan birbiriyle örtüşürdü. Kendine özgü bir yatıklık kazandırdığı el yazısıyla saatlerce uğraşarak yazdığı mektuplarında, yüreği kaleminin ucunda atardı.

Eli açık değildi. Öyle olmasına karşın, bağda ilk değen (olgunlaşan) üzüm salkımını alır, tatil bitimi yaklaşıp okula gideceğimi düşünerek o bal parçası üzümleri önce bana yedirirdi. Ben de, bağdan bahçeden yorgun argın dönerken onu yolda karşılar, kazmayı küreği, sebze meyve dolu heybeyi alırdım elinden. Böylece yükünü bir ölçüde hafifletmiş olurdum. Evde su yoktu. Suyun yüz metre kadar ötedeki çeşmeden getirilmesi gerekirdi. Çeşmeyle ev arasındaki hafif yokuşun gözünde büyüdüğünü bilir, suyu bir omuzluğa takılmış tenekelerle ben taşırdım.

Çok çalışkan bir insandı. İşini temiz görürdü. Anamın sağdığı sütün temizliği ne ise, onun bağa bahçeye gösterdiği özen de o idi. Yetiştirdiği üzümü kimse yetiştiremezdi. Onun belleyip suladığı teveklerin üzümü kundak çocukları iriliğinde olurdu. Bağı her şeyi idi. Toprağı derinlerden çıkarılmış bağına genç tevekler dikmiş, bu teveklerden renk renk üzümler üretmişti. Bağın bitişiğindeki tarla, iri karpuzlar, kavunlar, bir eşeğin zor taşıdığı bal kabakları, gün ışığını yüzünde parlatan domatesler ve salatalıklarla panayır sergilerini andırırdı. Yazları, bu meyve ve sebzelerle evin avlusu manav dükkânına dönerdi. Avluda her an herkes ağzına atacak bir şeyler bulurdu. Sofraya oturup lezzetle yemeyi bilirdi. Yediği yemeğin kabını yıkamaya gerek bırakmayacak ölçüde siler süpürürdü. Kemiğin etini sıyırırken, ortasındaki iliği de üfleyerek çıkarıp lezzetle yerdi. Yemeyi bildiği ölçüde, yedirmesini de bilirdi.

Kurban bayramlarındaki durumu gözümün önünden gitmiyor. O gün, postuna oturmuş bir ermiş gibi olurdu. Kurban edilecek kuzu doğumundan bir ay kadar sonra seçilir, özel bakıma alınırdı. Anam bir yandan, üvey babam bir yandan gözleri gibi bakarlardı bu kurban adayına. Bakıldıkça görkem kazanan kuzu, bayrama yakın kimseyi yanına yaklaştırmazdı. Mahallenin çocukları evin metrelerce uzağından geçerlerdi. Bizler bile kolayca yaklaşamazdık yanına. Kuzuluğunda kucaklarımızda taşıdığımız kurbanlık, bir yıl içinde, serpilip büyüme yönünden ağabeyimiz olurdu. Bu koç ağabey, iri boynuzları ve sert toslamalarına karşın, anamla üvey babamın yanında bebek kesilirdi. Hiç olmayacak bir şey gerçekleşir; koçun kalın sesi incelirdi. Onlar da koça övünçle bakar, böyle bir koç yetiştirmenin kıvancını duyarlardı. Kurban bayramının bahara rastladığı yıllarda, koçun geniş sırtında uzun yaylaların yelleri eserdi. Üstünü döşek gibi kaplayan yünün dalgalanması temiz bir ten kokusu yayardı. Üvey babamın yanına yaklaşacağını anlar, kalın boynunu ona uzatırdı. Üvey babam, parmaklarının en hafif dokunuşuyla kaşırdı uzanan boynu. Kötülemesin diye koyunlardan uzak tutulan koç, okşanmaktan büyük bir haz duyardı. Bedeni bir koyuna sürtünüyormuşçasına, hazdan üst dudağını kaldırır, genç dişetlerini göstererek kösnül soluklar alırdı.

Anam, bizimle konuştuğu gibi konuşurdu onunla. Yaklaştığında, "Hadi, öte git!" diye azarladığı bile olurdu koçu. Üvey babam, oğlanları adlarıyla çağırır, kızlara 'ana kızım' diye seslenirdi. Koça yönelirken yüreğinden ağzına akan her türlü sözü kullanırdı. 'Anam' da derdi, 'oğlum' da derdi; ben duymadım, kesinlikle 'ana kızım' da demiştir.

Koçun kesileceği bayram sabahları, gereken dinsel töreleri yerine getirdikten sonra, yalnızca koç kesmek için yılda bir kez kullanılan bıçağı yerinden alır, uzun uzun bilerdi. Bunca işe, koçun fazla acı çekmesini önlemek amacıyla girişirdi. Bilerken bıçaktan çıkan hış hış seslerine gözyaşlarını kattığını sağlıklı elmacık kemiklerinin daha da kızarmasından anlardım.

Kesim sırası gelmiştir. Üvey babam, yılların kireç ağacına çevirdiği bacaklarını vay vay vay sesleri çıkararak toplar, güçlükle ayağa kalkardı. Bir badem ağacının altına bağlı koçun yanına giderken, onu okşayıcı sözlere, dualarına başlamıştır bile. Bıçağı koçun boynuna çalarken, 'Allahuekber! Allahuekber!' sesleri ancak böyle bir ermişin ağzından göklere ulaşırdı. Yanında yöresinde dolaşan kedimizin, koçun sert sinirli erkeklik organını yutmaya çalışırken çıkardığı keh keh seslerine öfkelenir, organı bir ucundan tutarak kediyi havada sallandırırdı. Kedi, yutmakta olduğu organdan bir türlü kurtaramazdı kendini. Bunu yaparken, koça ettiği dualı sözlerin yerini en ağır küfürler alırdı. Bu görüntü ve firaklı küfürler beni sevinçlere boğardı. Koçun eti gereken evlere dağıtılırken, evi yağda kızartılan taze etin kokusu doldurmuştur. Ermiş, o sırada, gözünün bebeği gibi yetiştirdiği koçun sakatatından yapılan kavurmayı evdekilere yedirmenin mutluluğunu yaşamaktadır.

Doğaya bunca emeğini, hayvana bunca sevgisini katan bu insana kötülük, yine doğanın yetiştirdiği bir sürüngenden geldi. Hava kararırken bağdan döndüğü sırada, bilmeden üstüne bastığı iri bir engerek bacağından sokarak sonraki yaşamında aksak yürümesine yol açtı. Doğayla kurduğu üretimsel dostluğu, eskisi gibi, aksak ayağıyla da, kesintiye uğratmadan sürdürdü. Doğayla aralarında bir sözleşme var gibiydi. Ölümü bu sözleşmenin kurallarına göre oldu; erdemlerini oğluna bırakarak, sessiz geldiği bu dünyadan sessiz ayrıldı. Kardeşim Gürhan'la bana, kardeşliği de aşan bir dostluk kaldı ondan.

'Dost', 'dostluk' denir de, bunun ne olduğunu söyleyen çıkmaz. Çıksa da kendine göre söyler. Bir İsveç atasözü, 'Sevilen çocuğun adı çoktur,' der. Bunun gibi, 'dostluğun' tanımı çoktur. Bence dostluk, gülüşleri, üzünçleri aynı duyguyla algılamaktan geçer. Onunla dostluğumuz böyleydi. Köy Enstitüsü'ne girdiğim gün, önce bir yazlık sinemada filmini gördüğüm *Romeo ve Juliet*'i aramış, onu ararken dünyanın başyapıtlarıyla karşılaşmıştım. *Hamlet*'i, *Don Quijote*'yi, *Suç ve Ceza*'yı, *Goriot Baba*'yı, *Fareler ve İnsanlara Dair*'i elimden bırakamıyordum. Üvey babamla gülüşleri, üzünçleri aynı duyguyla algılamamızı *Don Quijote* sağlıyordu. Bir yaz, okuldaki okumalara doyamamış, tadına okulun sıkıcı ortamının dışında da varayım diye *Don Quijote*'yi yanıma alıp eve getirmiştim.

Yaz gelince, aşağıdaki odadan yukarıdaki odalara geçilirdi. Günlük yaşam, kışın kullanılmayan, ancak çalı çırpının yerleştirildiği avluda geçerdi. Ev halkı ve mahalleli, anamın çiçek gibi temiz tuttuğu bu avluda toplanırdı. Avlunun nüfusu hiçbir zaman on kişiden az olmazdı. Ben, sinek girmesini önlemek için pencerelerini sıkıca kapattığım bu odalardan en ışıklı olanının bir köşesine çekilir, akşamlara kadar okurdum. Shakespeareler, Dostoyevskiler, Balzaclar,

Steinbeckler, Hemingwayler, kendi çevremdekilerden daha canlı bulduğum kişileriyle odanın içine dolarlardı. *Don Quijote*'yi okurken kimi sahnelerin büyüsüne kapılır, kahkahalarla avluya iner, o olağanüstü sahneleri üvey babama da okurdum. Gülüşlerimiz tek ağızdan çıkmışçasına ortak bir sevince dönüşür, avluda Don Quijote'yle, Sancho Panza'yla kucaklaşırdık. Don Quijote'nin, berber leğenini bir şövalyenin miğferi sanması, Sancho'nun, avluda top gibi havaya atılışının dışarıdan görülmesi günlerce güldürmüştü bizi. Anam, geçmişte kalmış hiçbir şeye özlem duymazdı; avluda gülüşlerle geçen o günleri ise hiç unutmadı.

Evde herkese bu büyük romandan seçilen adlar konmuştu. Hiç ilgisi yokken, Dulcinea adı anama uygun düşüyordu. Kardeşim Ersan, 'Quesada', yani Don Quijote idi. Az çok yazmaya yatkın olduğum için ben kendimi Cervantes'in yerine koyuyordum. Sancho'yu dışarıdan seçmiştik. Yaz boyu eşeğinin arkasından ayrılmayan 'Sırt'a tek ad yetmezmiş gibi, bir de 'Sancho' demeye başlamıştık. Evde at yoktu, eşek vardı. Hiç tartışmadan eşeği 'Rocinante'liğe terfi ettirmiştik. Hayvancağıza ad koymakla kalmamış, bir gün üstüne yağlıboya ile 'Rocinante' yazmıştık. Eşeğin açlık anırmalarını, atlığa terfi etmesine bağlamıştık. Biz, üç-beş kişilik bir aile, Doğu Anadolu'nun bu küçük avlusunda, kişileri, esprileriyle Don Quijoteli bir İspanya havası yaşıyorduk.

Anam, babamın döneminde çok acı çekti. O döneme ilişkin anılarının canlandığı bir gün, Ağın'ın en yüksek yeri sayılan Osman Tepesi'ni göstermiş, 'İstiyorum ki, şu tepenin başına çıkam, ağzımı ülüzgere (rüzgâr) verem, bağıra bağıra ağlayam, ağlayam, ağlayam; ama sesimi kimse duymaya!' demişti. Babam ise, daha yirmi yaşını doldurmamış anama acılar çektirdiğini aklına getirmeden, içinde bulunduğu koşulların gerektirdiği biçimde, sorumsuz yaşadı. 'Yaşam' sandığı düzen(sizliğ)i yaşadıkça da battı. Batakların, yalnızlıkların en ağırı içinde, acıların daha ağırını çekerek öldü. Birimiz üç, birimiz beş yaşında, hem de analı babalı iki kardeş, bu acıları onlardan çok uzaklarda, kimsesizlik, itilmişlik duygusunun her türlüsünü yaşayarak çektik.

Yeryüzünde var olmanın bir bedeli varsa, biz bu bedeli çok ağır ödedik.

Albert Camus *Yabancı* adlı romanına, "Annem bugün öldü, belki de dün ölmüştür," diye başlar. Yasa uygulayıcıları, anasının ölümündeki duyarsızlığından dolayı romanın kahramanı Mersault'yu yargılarlar. Bense, genç yaşlarımda okuduğum bu romanın, davranışları saçma (absurd) bulunan kahramanını, acılar içinde yalnızlığın batağına saplanmış gerçek bir 'yabancı' olarak algıladım. Mersault, romanın bir yerinde, "Ölecek ben olduktan sonra, ha bugün, ha yarın..." diyerek, yaratıcısı Albert Camus gibi, acıları erken yaşamanın şaşkınlığına uğramıştır. Ben anamın bu dünyadan göçüp gidişini, binlerce kilometre uzakta, Berlin'deki tek odadan oluşan sığınağımda, gece yatıp sabahleyin uyanamayan bir insanın ölümü olarak öğrendim. Oysa, değil bugün, yarınlarda bile anamın öleceğine inanmıyordum. Ölüm gerçeği gelip karşımda dikilince, gözlerimin önüne, benim iri ellerimin aynısı olan anamın topak ellerinin iki yana uzanışı geldi. Ben, göklerin binlerce kilometrelik maviliği içinde gözyaşlarımı içime gömerek İstanbul'a ulaşmak üzere yol alıyorum; anam, bir uçağın kargo bölümünde, yüzlerce bavulun arasında, cansız bir beden olarak, her ağacında, her tarlasında, 'serçe parmak kalınlığındaki' sularında bile emekleri tüten topraklara uçuyor. Ben havada iken anam toprağa verilecek. Onu sonsuzluğa uğurlarken, ellerini ayaklarını öpemeyeceğim; sözde canlı bir varlık olarak, ana yerine bir avuç toprağı kucaklayacağım! Şair yüz bin kez, 'Ölüm âsude bahar ülkesidir bir rinde' desin, ölüm avutmaz. Ana ölümleri, bir de ilk doğurduğu iseniz, çocuklarını yokluğun uçurumlarına yuvarlar. Sanki göklerin binlerce kilometre yukarılarında değilim, yerin bin kat dibindeyim. Gök boşluğundaki uçağın içinde soluksuz kalmanın bunaltılarını yaşıyorum.

Son gördüğümde, yaşamı boyunca kırmızılığını yitirmemiş yüzü soluk, birkaç ameliyat geçirmesine karşın, her biri mercan tanesi gözleri cansızdı. Bu değişikliklerin, ölümün görülmeyen izi olduğunu nereden bilirdim!.. Ben ve kardeşlerim, anamla bir komedya sahnesinde oynar gibi yaşadık. Doğal karşıladığı takılmalarımızı, son günlerinde,

"Eskisi gibi değilim, benim yüreğim zar inceliğinde," diye karşılıyor, içinin donukluğunu yüzüne yansıtmamaya çalışıyordu. Herkes kendi bedeninin sahibidir. Anam, sol göğsünün altında seksen üç yıl taşıdığı zarın inceldiğini sezdi; o ince zar bir gece yarısı yırtıldı; bir ermişin, 'uyudun, uyanamadın olacak' ölümüyle...

Ana ölümü, kendi ölümümüzün çan sesleridir. Beden bu sesle titremelere uğruyor. Anamın ölümünü duyunca, ana rahminde büzülmenin mutluluğunu sürerken; beslenme borusunu önce göbeğimden, sonra ağzımdan çekip koparmışlarcasına, kendimi o bilinmezlik derinliklerine yuvarlanıyor, anamın, aylarca elleri kolları bağlı kaldığım aydınlık döl yatağından ışıklı dünyanın karanlığına düşüyor sandım. Damarlarımda dönenen kanın, canın sesi durdu. Şimdi çaresizlik içinde ellerimi, kollarımı açıp öyle kalıyorum. Analar, babalar gibi ölmüyor; ana ölümleri insana bedensel kopuşun sarsıntılarını yaşatıyor. Bedenimde sıcaklık, ağzımda tat kalmadı. Eski ağıtçıların dediği gibi, görür gözüm görmez oldu, tutar elim tutmaz oldu.

Yerden sekiz bin beş yüz metre yükseklikte, bulutların üstünde ülkeme doğru yol alırken, sığınağını yitirmiş yabanıl bir hayvanın, gördüğü her toprak boşluğunu sığınak sanıp kafasını oraya sokmak istemesine benzer bir şaşkınlıkla ne yapacağımı bilemiyorum. Anam, makyaj görmemiş renkli yüzüyle bulutların arasına karışıp gözümün önünden dalga dalga yitiyor. Anamın silikleşen yüzü, bulut kümeleri arasında 'yokluk' olan başka bir varlığa dönüşüyor. Uçak, bin katlı bulutları delip inişe geçerken, dünya ayaklarımın altından kayıyor. Ayak basacağım toprakların renginin nasıl değiştiğini, şairin dediği gibi, 'suyun boğduğunu, ateşin yaktığını' o zaman anlıyorum. Ölümün rengi soluktur. Ölümün baktığı renkler de soluklaşıyor. Ölüm, gök boşluğuyla yer sonsuzluğu arasındaki uzayı daha da sonsuzlaştırıyor. Anamın erdemli buluşuyla, insanoğlu bu sonsuzlukta bir 'zerre' bile değil. Bahardı. Uzaklardan bir telefon konuşmamızda, Ağın'da, o gün yanında olmamı istemiş, "Bahar geldi, bahar geldi buralara... Her yer kar kürtüğü[1] gibi bembeyaz, Ağın'ı badem çiçeklerinin ak kokusu sardı;

---
[1] Kürtük: Koca bir kar parçası

gel ki göresin..." demişti. O gün sesi, badem çiçeklerinin ak kokusuydu; bugünse, yüzünü ölümün ak rengi sarmıştı; varlığı boşlukta havaya karışan bir 'zerre' bile değildi!

Ana ölünce her şey ölüyor; avlularda şakıyan seslerle, badem çiçeklerinin ak kokularıyla...

Anamı yer ile gök boşluğunda, ölümün dirime, dirimin ölüme karıştığı bir varoluş çizgisinde duyumsayarak onunla geçen günlerime dalıyorum.

ANA KUCAĞI

Anam katırın üstünde. Ben kucağındayım. Ay ıssızı bir gece. Önümüzde karanlıktan karanlığa akan bir yol uzuyor. Bu yolu yavaş katır ayaklarıyla tüketeceğiz. Yol, gün ışırken bitecek. Bu karanlığı neresinden delip girecek gün aydınlığı?.. Irmağa inen yamacı dolaşıyor yol. Yolun altında uçurumlar derinleşiyor. Çok derinlerden, Karasu'nun, sessizlikten daha sessiz hışırtısı duyuluyor. Bir de, anamın, ıssızlığımı çoğaltan inleyişleri... Genizde başlayıp genizde biten sözsüz ağıtları... Karasu'nun çok uzaklarında bir yere bir ışık çizgisi iniyor. Yıldızlardan kopup gelen bu silik ışık, karanlığı daha da yoğaltıyor. Yıldız ışığının tam tersi, ırmak yatağından göğe ağan, koyudan koyu bir karanlık üstümüze çöküyor. Birden yanımızda beliren katırcının sesini duyuyoruz: "Şafak söktü sökecek; bu karanlık onun karanlığı." Derinlikle yüksekliğin birleştiği koyu karanlıklar arasında korkunun ellerinden kurtulup anamın göğsüne sokuyorum başımı. Sokulmamdan, karanlıkların içimde yarattığı ıssızlığı anlıyor anam. Beni göğüslerinin arasına iyice bastırıyor. Şafak yıldızının parlak ışığını ayrımsayınca, küçük bedenimi uykunun gece kokulu kucağına bırakıyorum.

Ana kucağı!.. Kuzuların analarının karın altlarına sokulduklarında duydukları nemli sıcaklık. Bu sıcaklığı yalnızca o şafak yıldızı karanlığındaki yolculuğumuzda duyumsuyorum, sonra her şeyi yitiriyorum. Gelişler gidişler, karşılaşmalar uzaklaşmalar... Anamın yanındaysam babamın, babamın yanındaysam anamın yanında değilim. Birinin yokluğu öbürünün de yokluğu oluyor. Yok olan, yalnızca ana baba değil; onların varlığının yarattığı duyguları da yitiriyorum. Şöyle yürekten ana demenin, baba demenin dönemi kapanıyor. Karşılaştığınızda, başkasına ana baba diyormuş gibi oluyorsunuz. Yüzde bir kızarıklık, bir utanç yaratıyor bu. İnsan, en çok da, en yakınının uzaklığına dayanamıyor.

Yıllar sonra bu ana kucağı yolculuğunu anlatınca, anam, "He, katırın üstünde, Ağın'dan Elazığ'a gidiyoruz; nasıl hatırlıyorsun ula, iyice çağaydın (çocuk) sen! Dediğin doğru, gün ışımadan yola çıktık. O gece çok karanlıktı. Senin anımsadığın o yolculuk. Sen o zaman ya üç ya dört yaşındasın, fazla değil! Nasıl unutmadın o günleri, ben bile unuttum. Unutmasam da, hiçbir ânını hatırlamak istemiyorum. Yerin dibine batsın o günler! O baban, o baban, yerinde rahat yatacak mı acaba?.. Mezarında dikili kalacak o!" diyor, birden geçmişe dalıyor.

"Acaba, hiç kucağımdan indirmiş miyimdir seni! Kırk gün seni Cerrah Şükrü'ye kucağımda taşıdığımı Diyarbakır'ın sokakları, köşe başları dile gelse de söyleseler... Sağ mı, sol mu, sol, sol! Sol gözün yumruk gibi şişti. Gözünün ışığı söndü. Göremiyorsun, göremedikçe bunalıp bağırıyorsun. Bağırtın göklere çıkıyor. Neler çektiğimi bir ben bilirim! 'Allahım, çağa (çocuk) kör olacak!' dedim. Gece demeyip gündüz demeyip ağlıyorsun. Bir komşumuz vardı, 'Doktora götür,' dedi. Bir başkası, 'Sakın ha, doktor kör eder çocuğu!' dedi, 'olsa olsa, Cerrah Şükrü çare bulur bu çocuğa.' Baban içkisinde, orada burada keyfinde. 'Bu çocuğun hali ne olacak?' diyorum, dinlemiyor bile; 'Bir şey olmaz, çocuktur, geçer! Düşe kalka büyüyecek. Sen birden mi büyüyüp ortaya çıktın!' diyor, çekip gidiyor.

Sokaklara düştüm, o küçe (sokak) senin, bu küçe benim, sora sora buldum Cerrah Şükrü'nün evini. 'Cerrah' diyorsam, halk öyle diyor; mektepli cerrah değil. Şiş gözüne merhem sürdü. Ne gözel (güzel) merhemmiş, sürer sürmez ağrını geçirdi. Eve dönerken, gülüp konuşmaya başladın. Daha gece yarılanmamış, baktım, merhem sürdüğü gözün ateş gibi yanıyor. O gece de uyumadın; sabaha kadar bağırdın. Ertesi gün gene aldım kucağıma, düştüm yollara. Doğru Cerrah Şükrü'ye. Cerrah Şükrü şişliğe bastırınca yaradan fışkıran iltihap yüzüne sıçradı. Bir şey olmamış gibi,

'Yara olgunlaşıyor; göz açılacak,' dedi. Hiç sanmıyorum ya, Allah'tan umut kesilmez. Kırk gün götürdüm, getirdim. Yara cerahat topluyor, Cerrah Şükrü boşaltıyor. Gene yumruk gibi şişiyor göz, Cerrah Şükrü cerahati boşaltıyor... Böyle günlerce kucağımda taşıdım durdum. Onun evine yaklaştığımızı anlayınca bağırmaya başlıyorsun. Sanki etinden et koparıyorlar. Şimdiki gibi değil, o zaman çarşaf giyip dışarıya çıkıyoruz. İltihaptan, çarşafımın sağ omzu muşambaya döndü. Cerrah, yumuşayan şişliği ince bir bıçakla yardı. Nasıl bağırıyorsun, nasıl bağırıyorsun! Gene götürüp getirdim. Bir gün baktım ki, yardığı yerin ortasında bir cıbılama (hareket)! Yarık açılmış, bir karartı cıbılıyor, gidip geliyor. Bebekliğinde kapkaraydı gözlerin, sonra biraz açıldı. Gözünün bebeğini gördüm ya, şükür, eve gelinceye dek sokaklarda sevinçten ağladım. 'Bu kadın niye ağlıyor?' derler diye de utanıyorum. Kapıdan nenene seslendim: 'Ana, gız ana, çağanın gözü ışılıyor!' Nenenin seni nasıl sevdiğini biliyorsun; onun da az emeği yoktur sende. Nenenin gücü duasına yeterdi; ellerini açtı, 'Allahım, çağama acı, kör koma çağamı!' diye duaya başladı. 'Çağanın gözü açılsın, üç gün oruç tutacağım,' dedi. O baban yerinde nasıl yatacak; ona kalsa kör olup gidecektin..."

Elli yaşlarıma yakın, Berlin'de bir göz doktoru, "Gözünün içinde, yüzündeki şark çıbanı gibi bir yara izi var. Nasıl olmuşsa, o iz tam görme noktasında durmuş. Kör kalmayışın bir mucize!" demişti. Sağ gözümde doğuştan görme tembelliği olduğuna göre, anam, sol gözümü kim bilir analığın hangi sezgisiyle kurtardı!..

Diyarbakır'ın Kulp ya da Silvan ilçesindeyiz. Dere boylarında sebze meyve bahçeleri var. Demek hırsızlık yapacak yaşlara gelmişiz. Çevresi duvarlarla çevrili sulak bir sebzelikten küçük patlıcanlar çalıyoruz. O zamanlar patlıcanları salatalık gibi yerdik. Anamın sesini duyunca bahçenin duvarına yöneldik. Duvardan atlayıp kaçacağız. Ben duvarı aştım. Kardeşim tırmanmaya çabalarken yakalandı, payına düşen dayağı yedi. Anam onu bırakıp benim arkamdan koşuyor, bir yandan da, "Kaçma, vallah dövmeyeceğim; kaçarsan gene yakalarım, eşeğin bokunu yediririm sana!" diye bağırıyor. Anamı dinlemiyor, yol boyunca kaçıyorum.

Çocuk ne kadar kaçar ki... Üç adım sonra yakalanıyorum. Yollarda eşek mi yok; gözümün yaşına bakmıyor, eşek bokunu yerden alıp ağzıma tıkıyor. Onunla da yetinmiyor, "Sürerim demedim mi!" diyerek, ağzımda, yüzümde ufalıyor boku.

Anamın en ağır cezası ağzıma biber sürmekti. Ağzım burnum yanar, biberin acısı biraz sonra geçerdi. Bu, biber gibi değil, dışkıya sinmiş ağır saman kokusu soluk aldırtmıyor. Ağlamam, bağırmam para etmiyor; anam, dediğini yapmaktan mutlu, "Gördün mü, oh, oh!" diyerek, elimden tutup beni eve sürüklüyor. Kardeşim bıraktığı yerde yola uzanmış yatıyor. Dayağın etkisini üzerinden atamamış, içini çeke çeke ağlıyor. Gözleri kan içinde. Anam, "Sus diyorum, susmazsan bu koca eşeğe yedirdiğim boku sana da yediririm!" diye azarlıyor kardeşimi. Onun da elinden tutuyor anam. Kardeşim, paytak adımlarıyla yanımızda sürükleniyor. Yüzüme bakıyor, eşek bokuna sıvanmış yüzümü görünce daha çok ağlıyor.

Yaşlılık yıllarımızda bunu anama anımsattığımda, önce, "Ula, sen de hiçbir şeyi unutmuyorsun, ona buna da anlatıyorsun; ayıptır oğlum, ayıptır!" diyor, sonra, "İyi etmişim, oh etmişim; ondan sonra kimse hırsızlık ettiğini duydu mu?.." diye kendini savunuyor.

BABA

Babam Çermik Adliyesi'nde başkâtip. Evlerde oturulup içki masalarının başına geçilmemişse, Çermik'te memurlar geceleri kaplıcada buluşuyorlar. Babam bir gece kaplıcaya beni de götürdü. Suların neleri yuttuğunu bilecek yaşta değilim. Kendimi havuza bırakıveriyorum. Diplere doğru gidiyorum. Anamın kucağındaki o gece yolculuğunda olduğu gibi, uçurumun diplerinden başlayıp göğe ağan başka bir karanlığa dalıyorum. Bu karanlıkta yıldız çizgisi de yok. Korku içinde, ağır kükürt kokulu kaplıca suyunun dışına fırlayıp soluk almak istiyorum. Soluğumun tükendiği bir anda babam beni karanlık diplerden çıkarıp kucağına bastırıyor. Ana kucağındaki o nemli sıcaklığı, aynı ten yumuşaklığını babamın kollarında duyumsuyorum bu kez. Buğulu ortamda hamamın kör kandilini güneş parlaklığında görüyorum. Gördüğüm kandil değil, yaşamayı donatan ışık! O yaşlarda bile can tatlılığının ne olduğunu biliyor insan.

Evdeki geçimsizlik henüz bizlere yansımamış. Mutlu günler, ışıklı günler yaşıyoruz. O gün büyü bozuluyor. Kardeşimle bana birer oyuncak kamyon almıştı babam. Kamyonlardan biri yeşil, öbürü kırmızıydı. Yeşil bana düşmüştü. Oysa gözüm kırmızıdaydı. Benimkini önüne itiyor, kırmızıyı kardeşimin elinden almak istiyorum. Senindi, benimdi, çekiştirip duruyoruz kırmızı kamyonu. Kardeşim kamyonunu vermiyor bana. İçki masasından kalkıp eve gün doğarken gelmiş olan babam, gürültüyü duyunca yatağından fırlayıp yanımıza koşuyor; kamyonları ayaklarının altında eziyor. Birden ne olduğunu anlayamıyoruz. O sırada ayağına küçük kedimiz takılıyor. Bir tekme de kediye atıp onu duvara yapıştırıyor. 'Bav' diye acı bir ses çıkarıp çırpınmaya başlıyor kedicik. Kediyi can çekişirken görmeyelim diye bizi alıp başka bir odaya götürüyor nenem. Korkudan yatağa giriyoruz. "Kedi ölmesin, Allahım, kedi ölmesin..." diye yalvarıyorum. Nenemin, "Kediler ölmez. Onlar yedi canlıdır. Bir canları çıksa öbürleri kalır," demesi bir işe yaramıyor. Bizden gizlense de, ertesi gün çöplükte kedinin cesedini görünce her şeyi anlıyoruz. Hemen yanında da ezilmiş kamyonlarımız. Kedinin ağzı yamuk, öylece kalmış. O cilalanmış gibi parlak renkli kamyonlarımız buruşturulmuş bir teneke parçasına dönmüş. Kedinin tüyleri, kamyonlarımızın boyaları gibi dökülmüştü. O tertemiz, sevimli kedimizi sanki ölümün rengi kirletmişti.

Ben olanca sesimle ağlıyorum. Kardeşimin kara gözleri nemli. Nedense o suskun, ağlamıyor. Pek gözü yaşlı bir çocuk değilim; ama acılar niye ağlatıyor beni? Ölüm olayı ile ilk karşılaşıyorum, ondan mı? Ölüm ne demek benim için; yok olmak, kedide olduğu gibi, ağzı eğilip çöplükte çürümek. Ölümü iç burkan bir yalnızlık olarak algılıyorum, sonsuz bir yalnızlık... Kediyi çöplükte bırakıp oradan ayrılınca içim bulanıyor. Kedinin ölümü, anamın kucağında duyumsadığım gök boşluğunun karanlığına, kaplıcada yaşadığım derinliklere sokuyor beni. Ardından, karanlıkların yarattığı korkular, ürküntüler geliyor. Karanlıktan, ürkütülmekten, yüksek seslerden korkuyorum. Kendi içinde korkuyu yaratan gene benim. Kendi yarattığımdan korkuyorum. Bu kez beni sarmalayan bir kucak bulamıyorum. Korku canavarının karşısında savunmasız kalıyor, sönmek üzere olan lambanın son ışığı gibi titriyorum.

Babam, Kulp'ta mahkeme başkâtibi. İlçenin ileri gelenleriyle her gece içki sofralarında. Bir gece yine sarhoş geldi eve. O gece daha çok içmişti. Ortada hiçbir neden yokken anamı dövmeye başladı. Anamın gözlerimin önünde dövülmesine dayanamıyorum. Anam savunmasız, yüzünü kapatıyor. Babamsa, eliyle, ayağıyla, neresine gelirse vuruyor. Babamdan nefret ediyorum. Gücüm yetse, boğazına sarılır boğarım onu. Dövdüğünü görmeyeyim diye, anamın duvarda asılı entarisinin arkasına gizlenirdim. Anama çok yakışan, vişneçürüğü renginde bir entariydi bu. Ayrıldıktan sonra, babamın evinden getirdiği tek eşya üstündeki bu entariydi; bir de kanaviçe işli bir köşe yastığı. Ele güne karşı, anamın sesi çıkmıyor. Bu kez, entarinin arkasına gizlenmedim, öbür odaya kaçtım. Kaçıyordum ama, anamı kimlere bırakıyordum?.. Sesim duyulur diye ağlamaya korkuyordum. Babamsa sesinin yettiği kadar bağırıyor; her tarafa saldırıyordu. Yatağında kan uykulara dalmış kardeşim ilişti gözüne. Bir oyuncak bebekten büyük olmayan kara gözlü kardeşimin el kadar gövdesini kaptığı gibi ceviz sandığa çarptı. Ağzından burnundan kan boşandı kardeşimin. Hırsını alamadı; çocuğu yerden kaptı, pencereye doğru yürüdü. Kardeşimi pencereden aşağı atacağını anlayan anam, "Beni öldür, yavruma kıyma!" diye önüne dikilip inler gibi yalvardı. O anda anamın gözleri göz değil, kör bir kuyunun ağzıydı. Koşup anamın eteklerine yapıştım, var gücümle bağırdım. Kendimi bağırarak savunuyordum. Çığlığımızı duyan komşular eve doluştular. Kardeşimi babamın elinden aldılar. Bu kez elini tabancasına attı babam, tavana ateş etmeye başladı. Bir teyze, sesinin yettiğince bağırıyordu: "Ne yapıyorsun sen, deli misin, akıllı mısın!" Bana camdan yapılmış bir eşek figürü armağan ettiği için 'Eşek Osman Amca' dediğim kasaba memurlarından biri, her şeyi göze alarak tabancayı elinden kaptı, babamı elinden kolundan sıkıca kavradı. Ellerini kurtarınca bu kez üstündeki giysileri parçalamaya başladı babam. Odada eline ne geçerse etrafa fırlatıyordu. Çıplak gövdesiyle yolunmuş kaza dönmüştü. Boynunu uzatarak durmadan bağırıyordu.

Olay, ne zaman bitti, babamı nasıl sakinleştirdiler, küçük gövdem kan uykulara ne zaman dalıp gitti; bunlar o gecenin silik izleri olarak bile belleğimde yok. Tek anımsadığım, korkunun bir düş ürünü olmayıp yaşananlardan, insanın insanlığını yitirmesinden doğduğuydu. Baba, ana, dost düşman, arkadaş, akraba, kim olursa olsun, insan kendi cinsinden başka kimseden korkmamalıydı. Anamın dediği doğruydu; insanın insana ettiğini kimse etmiyordu. O geceden sonra her yeri karanlık görüyordum, her yerde ölümün rengi vardı. 'Ölümden döndü' dedikleri için, günlerce, kardeşimi çöplüğe atılmış kedi yavrusu gibi gördüm. Sanki kardeşim, odanın ortasına uzanmış ölü kedi yavrusuydu;

birden gözlerini açıyor, boynuma atılıyordu. O gece yaşadıkları, sonradan uykuda ani sıçramalara yol açmıştı. Dalıyor, birden sıçrıyor; ardından sonu gelmez ağlamalar başlıyordu. Ağlamasına dayanamıyordum. "Ağlama, bir daha olmaz!" derken yanaklarını okşuyordum. Kıskanmayayım diye, kardeşimin giysilerinin arasına çikolata koyarlardı. Şimdi ise, çikolatalarımı yemiyor, ona veriyordum. Onun çaresiz yüzüne baktıkça acı duyuyor, içim sarsılarak ağlıyordum. Ağzım kuruyordu. Yutkunamıyordum. Ağlama sonrası iç çekişleri boğazımı tıkıyor, konuşamıyordum. Kardeşimi durmadan okşuyordum. Yine de gözlerinin yaşını kurutmaya gücüm yetmiyordu.

İçince deliye dönen babam, ayık olduğunda melek gibiydi. "Canım evladım," diye yanağımı okşarken içime ılık ırmaklar yayılırdı. Yüzü güleçti. Küçük, torbalı gözlerini kıstığında daha da sevimlileşirdi. Babamın kökü Eğin'e dayanır. Eğinlilerin sesi güzeldir; babamın sesi güzel değildi, ama tekdüze sesiyle şarkılar, türküler söylemekten kendini alamazdı. Doğrudan küfretmezdi. Küfürlü sözlerle espriler yapardı. Ev işlerine yardım etmek üzere gelmiş kadınlarla en kısa sürede yüz göz olur, özellikle yaşlı kadınların hiç umulmadık yerlerine parmak atıp onları irkiltmekten çok hoşlanırdı. Bir kadının becerikliliğinden, güzelliğinden, çalışkanlığından söz edildiğinde, bu niteliklerin hiçbirini önemsemezdi. Onun için iyi kadın, istediği zaman onunla yatağa girip kendini ona teslim eden kadındı. Bir kadını övdüklerinde, fazla dayanamaz, değişmez sorusunu sorardı: "Veriiii?.." Nazının geçtiği yakınlara, yumuk gözlerini kırpıştırarak, "Ananı eşek s.....!" diyerek sevgisini gösterir; karşısındakinin duraksamasına fırsat vermeden sözünü tamamlardı: "Benden iyi eşek olmaz!"

Şarkılara uyaklı küfürler uydurup, uydurduklarını seslendirirken, gözlerinde mutluluk kırpışmaları olur, büyük yaratıcılara özgü hazlara kapılırdı. Babamdan öğrendiklerimizi onun gibi söyleyince, anam bizi azarlar, "Ayıp, ayıp... Ağzınıza biber sürerim sonra!" derdi. Örneğin, 'Fincanı taştan oyarlar / İçine bade koyarlar'ı şöyle söylerdi: 'Fincanı taştan oyarlar / Ananın a.... koyarlar'. Evimizde hiç radyo olmadı. Nereden duymuşsa, babam tangolar mırıldanırdı. Celal İnce'nin ünlü, 'Zehirli bir çiçeksin / Uçan bir kelebeksin' şarkısını, 'Zehirli bir çiçeksin / Ananı eşşek s.....' diye söylerdi. Daha sonra bunlara, 'Sigaramın dumanı / Yoktur yârin imanı'nı, 'Sigaramın dumanı / Çıkar karı tumanı (don)' biçiminde söyleyerek yeni eklemeler yapmıştı. O dönemin etkili şarkılarından biri olan 'Çile Bülbülüm Çile'deki 'bahara döndü kışım'ı, 'hıyara döndü kuşum' diyerek yaptığına önce kendisi gülerdi. Sokakta rastladığı, hangi yaşta olursa olsun, kadın dilenciler, "Başın gözün için bir sadaka ver," dediklerinde, "Bana bir kere verirsen, ben de sana sadaka veririm!.." derdi. Bu umulmadık öneri, kucaklarındaki çocuğun ağzına herkesin göreceği biçimde şıltik (buruşuk) memesini tıkmış genç dilencileri, bugünün deyimiyle, şoke ederdi. Kaç kez, babamın şaşkınlık yarattığı bu önerisi karşısında, kadınlar ellerine ne geçerse arkasından atıp, 'pezevenk!', 'kıbrak!' diye en ağır küfürleri savururken, babam kahkahaları basarak hiçbir şey olmamış gibi, oradan uzaklaşmıştı. Kimi dilenciler de, utançlarından 'Vışşşşş!' diye şaşırır, açık yüzlerini kara çarşaflarıyla iyice örterlerdi.

Bir şarkıyı tam söylediğini anımsamıyorum. Şarkılardan ilginç kırpıntılar seçerdi. Şarkı söylerken, gözlerine bir kırpışma yerleşirdi. Gözleri kırpıştığında babam çok cana yakın olurdu. O sıralarda kimse babam kadar iyi olamazdı. Babam her gün bu tür şarkılarına yenilerini ekler, ben bu sözlerin neden ayıp olduğunu bir türlü anlayamazdım. Konuk kadınlar bu sanat şaheserlerini (!) duyduklarında seslerini çıkarmazlar, gülümseyip başlarını öne indirmekle yetinirlerdi. Bu sırada yüzlerine yayılan utanç pembeliği onları daha da güzelleştirirdi. Belleğimden güzel yüzleriyle silinmeyen bu kadınların, babamın söylediği şarkılardaki ince alaya gizliden gizliye güldükleri bile olurdu. Babamın, yüzünde değişen çizgilerle oynadığı bu şarkılı oyunlar, evi dolduran konukları azaltmaz, artırırdı.

Babamın kendini eşek yerine koyup bizi üstünde taşıdığını bile anımsıyorum. İki kardeş sanki ayrı eşekler üstündeymişiz gibi, ço ço diyerek babamın terli sırtında yarışa çıkardık. Sözde fayton olup bizi taşıdığında, bir huni ve ucunda lastik pompa bulunan fayton düdüğü yerine, pompayı andıran yumurtalıklarını sıkar, vat vat diye sesler çıkararak bizi odadan odaya dolaştırırdı. İçmeyegörsün!.. İçkinin dozu arttıkça, babamın içindeki 'melek' yitip gidiyor, yerini bütün dinlerin lanetlediği 'şeytan'a bırakıyordu.

Ah! Yağmurun bardaktan boşanırcasına yağdığı o Diyarbakır gecesi...

Babam mahkeme başkâtipliğinden ayrılmış, Diyarbakır'da davavekilliği yapıyordu. Sivas'a gidecek, bir davayı izleyip bir hafta sonra dönecekti. Ya bahardı ya güzdü. Faytonla tren istasyonuna gidiyoruz. Arkada anamla babam oturuyor. Kardeşim kucaklarında. Sessiz oturuyor. Beş yaşlarında varım. Yerinde duramayan bir çocuğum. Beni sürücünün yanına oturtmuşlar. Belki de ben istedim. Oraya oturmak, sürücüyle birlikte araba sürmek, atların sağrılarında kırbaç şaklatmak... İleride faytoncu olup sokaktan sokağa at koşturacağım... Bu yolculukta böyle aydınlık düşlerim yok. Düşlerimi karanlık kaplamış. Olacakları sezmişçesine durmadan ağlıyorum. Hıçkırıklar boğazımı tıkıyor, ağlamaktan boğulacak gibi oluyorum. Sanki ağlayan ben değilim, içimde ağıt yakan kapkara bir umutsuzluk var. Anam, depremi ya da bir felaketi önceden sezen bir köpek gibi ulumama dayanamıyor, arkamdan uzanıp, "Sus!" diye bağırarak çimdikliyor beni. Her yaramazlıkta çimdiklenmekten nişan tahtasına dönen bedenim, anamın ellerini duymuyor bile! Elimde değil. Etimi koparsalar, susamıyorum. İçime doğmuş, biliyorum, babam gidecek, bir daha dönmeyecek!

Trenler geceleri kalkardı istasyonlardan. Babamın treni de kuralı değiştirmedi, gece kalktı. Çuf çuf öksürdü, tekerleklerini raylar üstünde hızla döndürdü, kara dumanını salarak karanlıkların içinde yitip gitti. Pencereden bakan babamın beyaz yüzü küçüldü, küçüldü, geride bir nokta bile bırakmadan yok oldu. İçime doğmuştu. Gidecek ve bir daha dönmeyecekti. Öyle de oldu; babam gitti ve bir daha dönmedi. O yolculuktan sonra babamla anam hiçbir zaman bir araya gelmediler. Hiçbir zaman!.. Never more!..

Karanlıklar, ayrılık duygusunun simgesi olan 'kara tren'i yutarken, babamız zaman denen uzak karanlıkların arasına karışmıştı. Bir haftalığına gittiği Sivas'tan bir daha dönmedi. Bir süre sonra sesi İstanbullardan geldi. Gelen, baba sesi değildi, bizden temelli kopuşunun haberiydi. Tez ayaklı evlenme haberi ise çok gecikmedi. Bizim için umut öldüren sesti bu. Bir süre sonra kulaklarımızdan ses kesildi, yüreklerimizde umut kalmadı.

Diyarbakır'da, kirayı ödeyemediğimiz evden atılınca, Saraykapısı'nın hemen karşısında, doğduğum evin bitişiğindeki Şah Mahmetlere sığındık. Bir-iki ay kaldık orada. Önceleri Şah Mahmet, gür bıyıkları, gün yanığı yüzüyle iyi bir insandı. Babacan bir görünüşü vardı. Çocuğu olmadığı için kendisini baba yerine koyuyor, bize harçlık verdiği bile oluyordu. Kanlı eşkıya gözlerinin iyilik saçtığına inanmamıza yetiyordu bu. Şah Mahmet Şah Mahmetliğini sonradan gösterdi!

Evimizde her gün Şah Mahmet'in masalsı öyküsü anlatılırdı. Diyarbakır dışındaki konağında birkaç karısıyla yaşarken, genelevde gördüğü şimdiki karısı Atiye Abla'ya âşık olmuş, onu oradan çıkarmıştı. Yumruk kadar kalmış Atiye Abla'nın kalın, derinden gelen sönmüş sesinde genelev günlerinin izleri vardı. Durmadan sigara içiyor, boğazından değil, ciğerlerinin derininden öksürüyordu. Eğilip mangala kahve sürmesi bugünkü gibi gözümün önünde. Kutsal arınmışlığı, soluk alışından belliydi. Müslümanlıkta, genelevden kadın çıkarmak çok sevapmış. Oradan çıkarılan kadının yedi gece, yedi kez yıkanıp paklanması (arındırılması), bunu da kocasının yapması gerekirmiş. O zaman günahlarından arınır, el değmemiş kıza dönermiş. Şah Mahmet, Atiye Abla'yı öyle sevmiş ki, kendi elleriyle, keseleyerek, sabunlayarak tepeden tırnağa her yerini yıkamış. Onu küçük havuzlu, kasımpatı çiçekli avlusuna getirdikten sonra, karılarına, "Ben gidiyem, aha ev, aha ekmek!" diye, her şeyini bırakarak ulu konağından ayrılmıştı. Diyarbakır'ın, cami damlarının kurşunlarını eriten kaynar bir yaz sıcağında gelmiş, bu dar odalara sığınmıştı.

Bu öykü anlatılırken, Şah Mahmet'in kalın, iri ellerinden Atiye Abla'nın bedenine akan yumuşaklığı düşünür, bu et topunun ölgün gözlerinde nasılsa kalmış ışık çizgilerindeki mutluluğu içimde duyardım.

İnsanın ne düşündüğü, önce gözlerinden anlaşılıyor. Günler uzadıkça, Şah Mahmet'in iri gözlerindeki öfke çizgileri çoğalıyordu. Biz, boynu bükük bir ana, iki çocuk bu dar odalardan birinin konuğu olmuştuk. Karşılaştığımız herkesin yüzünde, gözlerinde sevgi kıpırtıları arıyorduk. Atiye Abla, eline doğmuş gibi yakın bulduğu biz iki kardeşe bir şey belli etmemeye çalışıyordu. Onun da çocuğu olmamıştı. Atiye Ablalara bitişik, bir odalı evde doğduğumuzdan, bizi çocukları sayardı. Sigarasını tüttürürken, "Gidin küçede (sokakta) oynayın, dumandan boğulacaksınız!" derdi. Bizi başından savma yolu muydu bu, insan bolluğundan bunalıyor da mı öyle davranıyordu, anlamak güçtü. Atiye Abla kendini içine gömerdi. Sigara katranına bulanarak parlaklığını yitirmiş kalın sesi derinlerden gelirdi. Öksüren, sigara içen, önündeki mangala kahve sürmekten başka bir iş yapmayan bu kadında mahallenin kadınları ne bulurlardı da onun avlusundan çıkmazlardı?.. Mangaldaki külden çekip ustalıkla fincanlara doldurduğu kahve artıklarında umut arayanların falına da bakardı. Atiye Abla'nın baktığı falın çıkmadığını söyleyen yoktu. Fala bir Şaman ana gibi baktığından mı, avlusu kadınla dolup taşardı?..

Böyle bir evde, Şah Mahmet'in sevgisizlik rüzgârları estirdiği, Atiye Abla'nın sevgilerle donattığı duvarlar arasında sıkışıp kalmıştık.

Bekledik bekledik, baba yok. Anam bizi alıp tanıdıklara götürüyor, derdini onlara yanıyor. Sanılır ki, herkesin derdine ortak olanlar vardır. İlk zamanlarda biraz da konuyu enine boyuna öğrenmek isteyenler ilgi gösteriyorlardı. Sonradan, yanında iki çocuğuyla konukluğa giden kadına kapılar kapanıyor; çıkarılan iki-üç lokma eksilmeye, giderek yok olmaya başlıyordu. Genç bir kadının sık sık gelip gitmesinin, kocaları açısından sakıncalı olduğunu söyleyenler bile çıkıyordu. Sözde 'insan insanın zehrini akıtır'mış; kimse kimsenin zehrini akıtmıyor. Çokları kendi zehrinizle can çekişmenize duyarsız kalır, kendi zehirlerini de katarak tezce öldürmek isterler. Oysa ben, babalı analı günlerin tanıdıklarına gittiğimizde eski günleri anımsıyor, kendimi babamın geleceği umuduna kaptırıyordum. Konukseverlikte üstümüze yoktur. Bir nedenini bulup evden adam kovmakta da üstümüze yoktur! Daha kapıdan karşılandığınızda, annenize, "Sen gel, çocuklar sokakta oynasın," deyiverirler. Bu, çocuklarınla çekilmiyorsun, demektir. Oysa böyle durumlarda çocukların aile sıcaklığına, bir-iki şekere ne çok gereksinimleri vardır!

Sokağa çıktığımızda, o zamanlar tek tük rastlanan fötr şapkalı bir adam görünce, babamı geri dönmüş sanıyor, anamın elinden kurtulup adamın bacaklarına sarılıyorum. Adamlar şaşırıyorlar, yanağımı okşayıp uzaklaşıyorlar. Bin kez sarılsam, bir baba bulamayacağımı anlıyorum sonunda. Bu kez, belli etmeden, babam olmadığını bile bile, babama benzer adamların giysilerine sürtünerek geçiyorum yanlarından. Yüreğimin bir yerinde gizlenmiş baba sıcaklığını anımsamama bu da yetiyor.

Atiye Abla gibi bir iyilik meleğinin evinde de olsanız, zamanı bilinmedik konuğun yükü ağırdır. Atiye Abla'ya kalsa, bir saniye ayırmayacak bizleri yanından. Ama Şah Mahmet'in gözleri göz değil. Her sabah uyandığında, gözlerindeki kan çizgileri daha da çoğalıyordu. Bu çizgiler, Diyarbakır'daki günlerimizin dolduğunu gösteriyordu. Üstümüzdeki giyeceklerin dışında eşyamız yoktu. Olanı da babam satıp savmıştı. Elimizde üç-beş parça eşya ile, babamı gönderdiğimiz gün yaptığımız gibi, bir faytona binip istasyonun yolunu tutuyoruz.

Anam, biri dört, biri altı yaşındaki iki çocukla, Elazığ'a, baba evine döndü. Bundan böyle, babasını, anasını; iki çocuğuyla koca evinden dönüp gelmiş ablayı, postanede küçük bir memur olan dayım geçindirecekti.

ELAZIĞ/AĞIN

Dedem ölünce, masalını yitirmiş deve döndüm.

BABA OCAĞINA DÖNÜŞ

Nenem daha önce anamın yanında kalmış. İlk çocuk olduğum için beni çok seviyor. Anamın baba ocağına böyle dönmesine üzülüyor; bana kavuştuğuna seviniyor. Yanından ayırmıyor beni. Bu ilgiyi gören kardeşim, bir köşeye çekilip nemli gözleriyle bizi uzaktan izliyor; neneme, "Senin çocuğun o, ben değilim!" diyor. Nenemin yanında kardeşimden uzak kalıyorum. Oysa ondan hiç ayrılmazdım. O zamanlar dar evlerde oturuluyor. Ayrı odalar, ayrı yataklar yok. Ben nenemin koynunda yatıyorum. Kardeşime yanımızdaki küçük minder yetiyor. Yatakta bana masallar anlatıyor nenem. Korkular yaratarak anlattığı cinleri, perileri tasarlamaya çalışıyorum. Perileri tüy hafifliğinde, durmadan uçuşan yaratıklar olarak canlandırıyorum gözümde. Benim perilerimin hepsi dişi. Erkek peri yok düş dünyamda. Cinler ise küçücük yaratıklar. Cinlerin tümü de erkek! İstedikleri her şeyi yapabiliyorlar. Periler hep iyiler, cinler hep kötüler. Nenemin özlemle anlattığı masalların 'has bahçe'si yemyeşil çayırlar, renk renk çiçekler, türlü türlü kuşlarla dolu. Çayırların, çiçeklerin arasında tertemiz, giysileri altın işlemeli güzel kızlar dolaşıyor. Sesleri su gibi akıyor bu kızların. Yüzleri de parlak mı parlak. Küçük olsun, büyük olsun, kadınların tümünün adı *Sultan*. Ayşe, Fatma, Zeynep gibi adları yok onların. Bunu çözemiyorum kafamda. Nenem, "Onların adı öyle, padişah kızlarını *sultan* diye çağırıyorlar," diyor.

Nenemin bu gece anlattığı masalda cinler, periler yok. Nenem masal içinde bizi anlatıyor. Anlatısının bir yerinde, 'Tak tak kaba(k)cık, bizi azıtan babacık' diye bir tekerleme geçiyor. Kedileri evden uzaklara götürüp bir yerlere bırakmaya 'azıtma' dendiğini biliyorum. Bu sözleri söylemeden önce, nenem, ağaçlara asılmış su kabaklarını tak tak ettiren rüzgârlardan söz ediyor. Ağzını büzüp rüzgâr sesi çıkarıyor: Buuuvvvv!.. Buuvvvv!.. Ormanın bir ucundan girip öbür ucundan çıkan rüzgârları anlatınca, ıssız dağlarda kalıp yolunu yitirmişlerin sıkıntısı basıyor içime. Sevinmeyi tatmadan ağlamayı öğrenmiş gözlerimden yaşlar boşanıyor. Anlatısının hedefini bulduğunu gören nenem, daha acındırıcı sözcükler buluyor.

Bu gece anlattığı masalda, baba iki oğlunu yanına alır, birlikte ormana giderler. 'Siz şu çayırlıkta oynayın, ben odun kesip geleyim,' der. Çocuklar, oyuna dalıp arada babanın balta seslerini duyarlar uzaktan. Akşam olur, baba gelmez. Seslenirler, ses alamazlar. Baba, 'Ormana girmeyin,' demiştir. Dayanamazlar, ormana girerler. İlerledikçe balta sesine yaklaşırlar. Babaları ortada yoktur. Tak tak eden balta değil, babanın ağaca bağladığı su kabaklarıdır. Rüzgâr estikçe kabaklar birbirine vurur, çocuklar da onu babalarının balta sesi sanırlar. Babalarını bulamayan çocuklar, 'Tak tak kaba(k)cık, bizi azıtan babacık!' diye ağlamaya başlarlar.

Nenem anlattıkça, ağaçların üstüne çöken karanlık, içimdeki baba ıssızlığını dayanılmaz kılıyor. İyi ki cinler, periler, padişahlar, keloğlanlar kaçmışlar nenemin anlattıklarından. Sözler yüreğime işliyor: 'Tak tak kaba(k)cık, bizi azıtan babacık...' Nenem, anlatısını kesip babama yöneliyor. Bizi ortalarda bırakıp giden babam ona göre bir 'hain'dir. Beddualar yağdırıyor babama. Olanları rakıya bağlayarak, "O eşşeklerin kaşantısı (sidiği) yaptı ne yaptıysa!" diyor. Ben sesimi çıkarmıyorum. Gözümün önünde beni kaplıcanın bunaltıcı derinliklerinden kapıp suyun üstüne çıkaran babamın yüzündeki gülüş. O kucakta yaşadığım ten sıcaklığı... Duygu dediğimiz iç sarsıntısı gözyaşına dönüşüyor. Nenem acıdan kıvrandığımı anlıyor, hemen sözünü değiştiriyor: "Öyle ya, nanca (ne kadar) kötü olsa, yine de baban!" diyor.

Çok geçmeden, ateş üfler gibi soluk alıp vermeye başlıyor nenem, püf püf'lerle uyuyup uyanıyor. Bense, 'Tak tak kaba(k)cık, bizi azıtan babacık!' sözünün ritmiyle başka yerlerdeyim. Sanki yaşadığım değil de, aklımdan geçenler oluyor benim gerçeklerim; yemyeşil çayırlar, gün ışığının parlattığı çeşmeler, sesleri ağaçtan ağaca süzülen güzel padişah kızları... "Nene," diyorum, "bu anlattığının devi, cini, perisi yok; bu bizi anlatıyor değil mi? Babam da anlattığın o adam gibi yaptı. Bizi bırakıp gitti, bir daha gelmedi. O geceki trenin düdüğünü unutamıyorum. Nenem, nenem, n'olursun, bir daha anlatma bunu! Sen böyle anlatınca babamı daha çok özlüyorum. Nene, babam gelecek, oralarda kalmayacak değil mi?.."

Nenemin sesi çatallaşıyor; ağlıyor ağlamıyor gibi sesi gidip geliyor. Ağlaması belli olmasın diye iç paralayıcı ince ezgilerine başlıyor: "Yeşil kurbağalar öter göllerde /Anasız babasız kaldım gurbet ellerde..." Nenemin mırıldandığı her ezgide ağlama sarsıntıları vardı.

Nenemle birlikte yattığımız odanın eşyası, üstünde minder bir yana, şilte bile olmayan kuru bir sedir, bir döşek, bir yorgan, kardeşimin kıvrılıp yattığı el kadar minderden oluşuyor. Bir de köşede, anamın koca evinden getirdiği, üstünde horoz deseni bulunan kanaviçe işli bir yastık var. Yalnız kaldığımda, güneş vurduğunda çıplaklığı daha çok ortaya çıkan bu odada bunalıyorum. Odanın duvarında iki resim var. Biri benim resmim. Öbürü bir at resmi. Atın üstünde, giyiminden kuşamından yabancı olduğu anlaşılan bir adam. Önce kendime bakıyorum. Fotoğrafçının özel koltuğuna kurulmuşum. İki yanımda iki el. Topaklığından belli; onlar anamın elleri. Fotoğraf, mutlu günlerimizde oralardan gönderilmiş baba evine. Yüzümde şark çıbanları gül gibi açtığına göre bir buçuk yaşındayım. Gülünce yüzüm iyice gerilmiş. Gerili yüz bir hüznü anlatıyor sanki. Mevsim kış olmalı. Kalınca giydirmişler. İlk fotoğrafım. Anam, "Öyle tavlıydın (şişman) ki, bir tanıdık güzel çocuk yarışmasına sokacaktı seni," diye anlatıyor. Fotoğrafa bakıp, "Ölürsem resmim kime kalacak?" diye düşünüyor, kendi ölümümün ağıtını yakıyorum. Gözlerimden akan yaş değil, odada duygu selleri akıyor. Nenem, "Çok içliydin sen çağam," diyor, "altı aylık vardın yoktun, bir adam Diyarbakır surlarında oturmuş, ölümü yüreğini yakan oğluna ağıt yakıyordu. Onu duyunca, ninni sanıp, 'Dattiiii!' diye sen de katıldın adamın ağıtına. Senin kulağın, gün görmemiş ananın acı ninnilerinden başka bir şey duymadı, çağam," dedi.

Üstünde yabancı bir adamın bulunduğu ata bakıp bakıp öfkeleniyordum. Doru bir attı. Geniş gerdanı, parlak tüyleriyle, bir keşif sırasında üstünden düşüp kolunu kırdığı babamın atına benziyordu. Atı kendi atımız gibi görüyor, onu gâvurun elinden kurtarmak istiyordum. Nenem, bütün 'mahlukat'ın, özellikle hayvanların Müslüman yaratıldığını söylerdi. Ona göre, bir gâvurun Müslüman ata binmesi caiz değildi. Giyiminden kuşamından açıkça belliydi; resimdeki adam gâvurdu. Gâvurluğuna bakmadan Müslüman atın sırtına kurulmuştu! Elimden bir şey gelmiyordu. Resim olmasaydı, bir yumrukta yere indirir, gebertirdim gâvuru! Yine de öfkemi dizginleyip resmi parçalamıyorum.

O çırılçıplak odanın bile gizli yerleri varmış demek! Mindersiz, şiltesiz sedirin altında gözüme bir kitap çarptı. Arap harfleriyle yazılmış resimli *Nasrettin Hoca Fıkraları* idi bu. Kitabı elime alıp resimlerine bakınca, ne ölümü düşündüm, ne atın üstündeki gâvura öfkelendim. O güne kadar Nasrettin Hoca falan tanıdığım yok. Sayfaları karıştırdıkça, kitabın resimlerine bakarak gülecek bir şeyler buluyorum. Fıkraları dizi biçiminde gösteren resimler ilgimi çekiyor. İlk resimde, Hoca bir dala oturmuş, düşeceğini düşünmeden, oturduğu dalı kesiyor. İkinci resim sırtüstü yere düştüğünü gösteriyor. Sarığı bir tarafta, kendi bir tarafta kalıyor. Kendimi tutamıyor, gülüyorum; en çok da, Hoca'yı sarıksız görmeye... Hoca'nın sırtüstü yerde yatıp bacaklarını havaya kaldırması katıla katıla güldürüyor beni.

Bir öğle vakti, kitaba bakıp gülerek kendi kendime bir şeyler anlattığımı dayım görüyor. Yaramazlıklarımı ona söyleyecekler, o da beni dövecekmiş diye, dayımdan çok korkuyorum. Yemek yemeye eve gelince, korkudan sedirlerin, masaların altlarına gizleniyorum. Evden çıkıncaya kadar sesim soluğum çıkmıyor. O gün de dayımı görünce masanın altına saklanmış kendi kendime gülüyorum. Dayım, gizlendiğim masanın örtüsünü kaldırıyor, neye güldüğümü anlamaya çalışıyor. "Hoca daldan düşmüş, sarığı başından fırlamış... Görmüyor musun, işte, işte!" diye coşkuyla, o anda hiç korkmadan, gülmekten katılarak kitaptaki resmi dayıma gösteriyorum. O gün akşamüstü, dayım elinde bir kitapla dönüyor eve: *Alfabe!* Bu *A,* bu *B* diye gösteriyor. Bir hafta olmadan, harfi harfe çatarak okumaya başlıyorum. *Baba bana bal al. Baba bana at al. Uyu uyu, yat uyu...* diye başlıyor okumalarım. Ömrümü dolduran okuma serüvenimin ilk kitabını dayım veriyor elime. Okumayı kısa sürede sökünce evin küçük kahramanı oluyorum. Yaşlı başlı adamların okuma yazma bilmediği bir ortamda, bir hafta içinde okumayı sökmem herkesi şaşırtıyor. Nenem, "Bu çağanın zihni açık!" diyor; nazar değmesini önlemek için, tü tü tü'lerine bir yenisini ekleyerek bana koca bir nazar boncuğu takıyor. Nenemin övünç kaynağıyım. Anamın aldırdığı yok. Anam, ancak etimi büküp bedenimi morartırken ilgileniyor benimle. Ben de, nenemin nene kokan bedenine yaslanıyor, kendimi anamın değil, onun çocuğu sayıyorum.

O çıplak odadan bu günlere, üstünde horoz deseni bulunan kanaviçe işli bir yastık kaldı. Anamın ilk evlilik umuduyla işlediği bu horoz deseni, üzerinden yıllar geçmesine karşın hiç solmadı. Ölümünden arta kalan da bu oldu.

DEDE

Kısa boyundan, çekik gözlerinden dolayı dedeme 'Japon' diyorlar. Ben de 'Japon'un torunu oluyorum. Çekik gözleriyle, kardeşim dedeme daha çok benziyor. 'Japon' dedikleri kısa boylu dedem benim gözümde koskocaman bir dev! Dedem 'Japon' ama; kaya gibi sert, yürekli, tuttuğunu koparıyor... Geçmişinde kavgalar, dövüşler, yiğitlikler var. Sesi yüreğinden taşıyor... Ardında anılar, anlatılar bırakmış. Başkalarının dedeleri gibi, torunlarını şöyle kucağına alıp okşamıyor. Bol killi kaşlarının altından taşan ışık yetiyor sevgisine. Gözleri, okşayan eller gibi. Ben dayımdan çekiniyorum; dayım da babasının karşısında el pençe divan duruyor. Ben dayımdan korkuyorum, dayım babasından korkuyor. Demek, korkutanın korkutanı var! Dedem, açık seçik konuşmuyor, dilinde bir şeyler yuvarlıyor. Ne dediğini anlamak olanaksız. Dedem, tek anlayanı olan kitap gibi. Dayımsa, ağzını oynatsa ânında yerinden fırlıyor, istediğini yerine getiriyor. Nasıl konuşursa konuşsun, dedemin, ne dediğini anlatamaması önemli değil. Karşısında kim olursa olsun, ağzını oynatır oynatmaz onu anlamalı, buyruğunu yerine getirmeli. Hele bir anlamasınlar; öfkelerden öfke beğensinler! Su istesin de bir saniye geciksin; tepesinden kızıl lavlar püskürüyor.

Nereye giderse beni de yanında götürüyor dayım. Üstünden hiç inmediği bisikletiyle bir başka bisiklete çarpınca duruveren saatini onartmaya da birlikte gidiyoruz. Saatçi, dedemden de kısa. Ancak kendisinin sığabileceği bir duvar deliğini andıran dükkânında, isterse hurdaya dönsün, eline alıp da tıkır tıkır işletmediği saat yok. Ona 'Poto (kısa) Saatçi,' diyorlar. Yerden bitme 'Poto Saatçi'yi görünce şaşırıyor, "Dayı, bak, adam ne kadar küçük! Sakalı bıyığı da var... Dedem Japon değil, asıl Japon bu!" diye bağırıyorum. Adam duyacak diye, dayım, elinin içinde tuttuğu parmaklarımı sıkarak susturuyor beni. Kötü bir şey yaptığımı düşünürken, 'Poto Saatçi' yanağımı okşuyor, "Küçük ama, bak neler yapıyor! Dişlerine bakılırsa sen şeker de seviyorsun, al bakalım!" diye kırmızı kâğıtlı bir şeker veriyor bana. Saati dayımın elinden alıyor, siyah saatçi büyütecini gözüne yerleştirdikten sonra, küçük yumuk elleriyle çıt diye açıyor saatin kapağını. Çok sevmeme karşın, şekeri ağzıma atamıyor, gözlerimi ayırarak saatin içinde onun gördüğünü ben de görmeye çalışıyorum. İyice inceledikten sonra, dayıma, "Kötü düşürmüşsün bunu, pandülü kırılmış; bir banknotunu (lira) alırım; yarın bu zamanlar hazır olur, gel al!" diyor.

Eve dönerken, "Değil mi dayı, dedem 'Japon' değil, 'Poto Saatçi' Japon," diyorum. Şımarırım diye, dayım bu yoruma güldüğünü belli etmemeye çalışıyor. Eve geliyoruz. Ben dış kapının önünde *Nasrettin Hoca Fıkraları*'na dalmışken, içeride dayımın, Poto Saatçi'ye neler söylediğimi gülerek evdekilere anlattığını duyuyorum.

O çırılçıplak odalarda o gün de gülünecek bir şeyler bulunuyor...

Killi kulakları, kaşlarının bükülüp ileriye doğru çıkışıyla dedem dünyanın en güzel insanıydı. Onun elmas ışılaması gözlerine bakmaya korkuyordum; gene de o bakışlarda buluyordum yüreğime akan sıcaklığı. Dedem killi kulaklarıyla herkesin dedesinden üstündü. Kimse benim dedem gibi olamazdı. Herkesinki dümdüzken, onun kulaklarının niye bunca killi olduğunu merak ediyordum. Neneme sordum, dedemin killi kulaklarını, bükümlü kaşlarını... Nenem, "Hazreti Ali soyundan gelenler böyle killidir; yiğit killi olur," diye açıkladı. Yiğitliğin ne olduğunu da çözüyorum: Demek, kulaklar killi, kaşlar bükümlü olacak... Nenem, gençliğinde kendisine çok çektiren dedemin yiğitliklerini sıralıyor: Gözünü budaktan sakınmayan dedemin, kendinin iki boyundaki adamları nasıl dövdüğünü, dört-beş kişinin kaldıramadığı kalasları omzuna atıp nasıl taşıdığını bir yiğitlik öyküsü gibi anlatıyor. Ağzım açık dinliyorum nenemin anlattıklarını. Aklına geldikçe bu yiğitlik öykülerine yenilerini katıyor. Çok da cesurmuş. Savaşta gözünün önünde adam kellesi koparmışlar da, kusanlar, çıldıranlar olmuş; dedem bana mısın dememiş.

Savaşta kafası koparılan adam gelip gözlerimin önüne dikiliyor. Kesilen kafalardan akan kanı düşündükçe, gözümde kızıl ırmaklar akıyor. Ateşler içinde yanıyorum. Odalara yalnız başıma girmekten korkuyorum. Gene de dedemin gücü bende gizli bir övünç yaratıyor. Dedem bir söylence kahramanı gibi gözümde büyüyor. Yüzüne baktığımda sanki masallar dinliyorum, öyküler içinde yüzüyorum. O başka dünyalar görüp gelmiş bir kahraman. Dedem, *Alfabe*' de resmini gördüğüm, aksıran öksüren, elinde baston, beli bükük yaşlılardan değil. Killi kulaklarım, bükümlü kaşlarımla, büyüyünce ben de dedem gibi olacağım. Ortası bitişik kaşlarımı gösteriyorum neneme. "Nene, benimki de öyle olacak büyüyünce değil mi?" diyorum. "He, çağam, daha da gözel (güzel) olacak," diyor.

Dedemin sesinin çok güzel olduğunu anlatıyorlar. Yörenin en iyi uzun hava söyleyeniymiş gençliğinde. Şimdi de, geçmiş günleri anımsadığında, sigaranın dalgalandırdığı sesiyle yüreğe işleyen uzun havalar söylüyor. Öyle acıklı söylüyor ki, nenemin gözleri yaşarırken, ben de ağlayacak gibi oluyorum. Dedem, o çıplak odada, yalnız başına uzun havalarına kaptırmışken kendini, neneme soruyorum: "Nene, büyüyünce ben de böyle güzel havalar söyleyecek miyim? Ben söylerken de ağlar mısın, nene?" Nenem, ak örtüsünün ucuyla gözlerini kuruluyor, "He, çağam, daha gözellerini (güzel) söyleyeceksin, senin söylediklerine daha çok ağlayacağım," diyor.

Nenemin acıklı inlemelerini dinlerken derin uykulara dalıp gidiyorum.

Dedem bir gün, dolambaçlı yollardan geçilerek varılan dükkâna gönderdi beni. Dükkân, evimize uzak düşüyordu. "Git, köşedeki tükenden sigaramı al da gel!" dedi. Gittim, sokakta tek tük gördüğüm otomobilleri vuv vuv diye taklit ederek koştum, bir solukta, sigarayı da, paranın üstünü de getirdim. "Aferin, sen giderken adını söylemeyi unutmuşum; içtiğim sigarayı biliyorsun, paranın üstünü almadan da gelmemişsin," dedi.

Dedemin sınavını kazanmıştım. Gözümdeki 'Japon' dev, yaptığımı beğenmişti. Sevinçten uçuyordum!

Nasıl oldu, bir gün dedemi evde göremez oldum. Masalını yitirmiş deve döndüm. Dediklerine göre, kendini Allah'a verip mezar gibi bir odaya kapanmıştı dedem. Ben orayı gördüm mü, yoksa anlattıklarından edindiğim izlenimlerle mi belleğimde; başka bir mahallede, bodrum katında, tabanı toprak, uzunca bir odaydı. Dedem, odanın bir köşesine serilmiş yatakta ya uyuyor ya dua ediyordu. Dilli dedem dilsizleşmişti. Kulaklarındaki kıllarda bir değişiklik yoktu. Ama bükümlü kaşları bir-iki gün içinde ağarmıştı. Nenemin anlattığı 'öte dünya' insanlarınınki gibi, bakışları ölgündü. Dedemin beni korkular içinde titreten o yalımlı gözlerine n'olmuştu?..

Dedemin bir odaya kapandığında sıkça duyduğum 'tarikat', 'Efendi Hazretleri' sözcükleri, nenemin gece gündüz anlattığı öbür dünya çağrışımları yaratıyordu bende. Sanki dedem bu dünyadaki ailesini bırakıp gitmiş, öbür dünyadaki evine yerleşmişti. Bu sözcüklerin ne anlama geldiğini bilmiyordum. Bildiğim bir şey vardı; dedemi alıp götürdüklerine göre bunlar iyi adamlar değildi. Tarikatmış, Efendi Hazretleriymiş, bunlar dedemin kulaklarındaki görkemli kılları yolmuş, bükümlü kara kaşlarını kökünden sökmüşlerdi. Dedem, kendini Allah'a nasıl vermişti? Kafamda bunun yanıtını arıyor, söylenenleri bir türlü kavrayamıyordum. Allah kimdi, neredeydi, insan kendini ona nasıl verirdi? Allah nasıl bir güçtü ki, soluğu gökleri titreten yiğit dedem, söylediği uzun havalar yürekten yüreğe akan dedem birden sararıp solmuştu? Korku saçan sevecenliği uçup gitmiş, bükümlü kaşları, süt yalayan yaşlı kedilerin bıyıklarına dönmüştü.

Dedemi öyle bitkin görmenin buruklığıyla uykuya daldığım bir gece, rüyamda Allah'ı gördüm. Nenemin anlattığı gibi, öyle asık yüzlü, insanları cezalar altında inleten, her kıpırdanışımızı günah sayan bir varlık değildi Allah. Rüyamda, pencerelerden sokağa sarkmış kadınların, oyunlarını kesip toplaşan çocukların, "Allah geçiyor, Allah geçiyor!" dedikleri *Allah,* gökteki ayın bir ışık topu olarak yere düşmesiydi. Allah, ay'dı. Işık topu, kıvılcımlar saçarak dağlardan birden inen sel gibi sokağın ortasından hızla geçip gözden kaybolmuştu. Sessiz bir sel'di rüyamın Allah'ı. Bir ışık topu olarak bizim sokağa da uğramış, 'cemal'ini çocuklara, kadınlara, yolda yolakta olanlara göstermişti. Belki zamanı olsaydı, aramıza katılıp bizimle oynayacaktı...

Nenem, Allah'ı rüyamda gördüğümü söyleyince, "Tövbe de! Tövbe de!.. Sus! Sus! Sakın anlatma, Allah rüyada görülmez! Bir ağzı dualı hoca vardır, seni ona götüreyim, okusun üflesin! Bir ona anlat; başka kimseye anlatma. Allahaşkına bana da anlatma. Kurban oĺurum, sus! Allahım, işiten kulaklar benim değil; bağışla beni günahlarımdan!" diyerek beni konuşturmadı. Kimseye sert davranmayan nenem, beni konuşturmayınca, bir suçlu gibi, günlerce, Allah'ı rüyada görmenin korkusunu yaşadım. Rüyamda gördüğüm Allah'ın, nenemin anlattığı Allah olmadığına içten içe seviniyordum.

Dedemin yattığı odanın ortasında bir maltız vardı. Üzerinde, aptes suyunu sıcak tutan bir güğüm. Odada yemek pişirilmiyordu. Evde pişirilen yemekten ona da götürüyorlardı. Dedemin ermişler arasına karıştığına inananlar sevap olsun diye yemek yapıp getiriyorlarmış. Anlattıklarına göre, yemeğin yüzüne bile bakmıyormuş dedem. Getiren kim olursa olsun, getirilenlerin bir kenara bırakılmasını işaretle anlatıyormuş. Dedem hiç aklımdan çıkmıyordu. O gün yemeğini götüren anam, "İçeriye girdiğimde, köşeye yüzünü dönmüş, bir şeyler mırıldanıyordu. Onu öyle görünce korktum, yanına yaklaşamadım, yemeği önüne koydum, odadan çıktım. Yemeğin yüzüne bile bakmadı. Gız ana, babam delirmiş gibi olmuş. Bakışları da bir tuhaf!" diye anlattı. Kimseyle konuşmuyormuş dedem, isteklerini işaretlerle anlatıyormuş. Odasına yalnızca sarıklı, cüppeli, uzun sakallı adamlar girip çıkıyormuş. Onların dışında geleni gideni yokmuş.

Dedemin kendini bir mezara kapatırcasına sığındığı oda ona mezar oldu. Birkaç ay sonra, o odada kömür zehirlenmesinden öldüğü söylendi. Bir sabah odasına girenler cansız bedeniyle karşılaşmışlar. İyice yanmamış kömür, nemli odada zehre dönüşmüş, dedem dumandan zehirlenmişti. Dedemin ölümünün aileyi nasıl etkilediğini anımsamıyorum. Dedemin ölümü ölüm gibi olmamıştı. Yaşarken ölmüştü o. Evi bırakıp gitmekle belki de aile onu ölü sayıyordu. Kimse, dedemin bodrum katındaki o nemli odaya kapanmasından hoşnut değildi. Dedemle uzun süre birlikte yaşamadığımız için, aile için, yokluğu yokluk gibi olmadı. Ben ise, tam da sınavından geçtiğim sıralarda büyük bir dayanağımı yitirmiştim. Babanın bırakıp gitmesine benzer bir ayrılışa dede de katılmıştı. Dedemi bir tabut içinde evin önünden geçirirlerken, Elazığ'ın o aydınlık, uzun sokaklarından bulanık sular akıyor gibi olmuştu. En acısı, dedemin ölüsü sokaklardan birkaç omuzlayanın arasında yalnız bir tabut olarak geçmişti.

Dayım bu sıralarda askere alındı. Nenem, anam, biz iki kardeş, yıldız ışılamasının bile olmadığı o kapkara gecede ayrıldığımız Ağın'a döndük. Ha erkeksiz ev, ha susuz değirmen! Anam onun bunun ekinini yolarak bize bakmaya çalışıyordu. İkinci Dünya Savaşı yılları; aş yok ekmek yok. Ağın'da hiç değilse her evde bir-iki koyun, keçi bulunuyor. Nenem de bir keçi aldı. Bizi açlıktan o keçinin memesi kurtarıyor. Yağı alınmış yoğurttan yapılan kuru ayran bile, ölümün önünü alabilir. Büyük küçük, biz, o alacalı keçi ananın memelerine yapışmış aç çocuklardık. Dünyanın hiçbir yerinde yetiştiğini sanmadığım 'hatunparmağı', 'öküzgözü', 'meri', 'kınalı' adları verilen üzümler, Ağın'ın gün vurmuş yamaçlarında yetişiyor. Adım başı rastlanan badem ağaçları o yıllarda pıtrak gibi tutuyor. Bademin değeri altınla eş. Her an para ediyor. Anam bademleri kırmış, kurusun diye dama sermişti. Açlığın gözümü bürüdüğü bir gün o bademlerden bir avuç kaparak kaçmıştım. Beni uzaktan izleyen anam bir karakuş gibi üstüme atıldı, avucumdaki bademleri almaya çalıştı. Avucumu açamayınca elimin üst derisine tırnaklarını geçirdi. Tırnaklarının elimde açtığı yaralardan koyu kanlar sızdı. Sızan kan, vantuzunu damara geçirip somurduğu kanla boğulan sülük ölüleri gibi, elimin üstünde cansız yatıyordu. Şimdi, bizi aç açına ölmekten, o cılız keçiden alınan bir tas sütün, ak yamaçlarda yetişen bin bir renkli üzümlerin, altın değerindeki bir-iki bademin, düştüğü yeri değerli bir halı gibi kaplayan kehribar renkli çiğitsiz (çekirdeksiz) dutların kurtardığını düşünüyorum.

NENE

Ağın, nenem demekti. Baba bırakılmışlığının yarattığı çocukluk dünyamın boşluğunu nenem dolduruyordu. Beni hiç yanından ayırmıyordu. İnce sesiyle türküler söyler, beni derin anlamların dünyasına sokardı. Hele, mırıldanır gibi söylediği Eğin türküleri yüreğimi kanatırdı. 'Ağam İstanbullu, Eğinli misin / Sılaya gelmeye yeminli misin / Tez gel ağam tez gel, olma yabancı / Benim ahım eder seni dilenci' dizelerini söylerken, kemikleri yeni sertleşmeye başlamış bedenim sarsılır, babamın bırakıp gittiği anam dikiliverirdi karşıma. Belki anamın duymadığı bir acıyla, gözyaşlarımı içime akıtırdım. Babamdan sonra anam analıktan çıkmış, genç yaşlarında bakışını yitiren bir ceylana dönmüştü. Boynu o gün bükülmüş, bir daha doğrulmamıştı. Nenemin mırıldandığı türküler, babadan uzak kalışın hüznünü duyururdu bana. Onları bilinçaltımda, bir de kendimi anamın yerine koyarak dinlerdim. Bu iki katlı acıya yüreğim dayanmazdı. Türkünün her sözünde, babama duyduğum özlemle, acılar boğazımda düğümlenirdi. Nenem, karşısındakinin çok etkilendiğini bilen bir sanatçı gibi, acılar içine gömüldüğümü sezdikçe, sesine acı verici başka tonlar katardı. Acı çeken, en sıradan sözlerin bile bir acı yanını buluyordu.

Bu ezgileri, anamın yerine nenem söylüyor gibiydi. Bizim oralarda genç bir kadının duygularını türkülere dökmesi iyi karşılanmazdı. İki çocuğu beslemenin büyük sorun olduğu o dar günlerde kimbilir neler çekiyordu anam! Çektiklerini kimseye duyurmuyordu. Bir gün, üzerinde üç-beş tanesi kalmış bir üzüm salkımı aldı eline, "Bu da bana dönmüş!" dedi. Duygularını dile getiremiyor, böyle benzerlikler kurarak dışa vuruyordu sıkıntılarını. Bunalınca ne yapacağını bilemiyor, en küçük yaramazlıklarımı hoş karşılamadan, bedenimdeki övermiş çimdik izlerine her gün yenilerini ekliyordu.

Akşamlara kadar el işinde çalışan anam yorgun düşüyordu. Ağustos sıcağında ekin biçmenin ne olduğunu ancak çalışanlar bilir. Yorgunlukların, bunalımların etkisiyle anamın kendi öz canı bile omuzlarına yüktü. Düzenimiz bozulmuştu. Bir türlü yeni bir düzen tutturamıyorduk. Anamın yanına yaklaşmıyordum ben de. Yıkarken gözlerime sabun kaçırıyor, acıdan ağlıyordum. Ağlamam onu kızdırıyor, basıyordu çimdiği. Beni anamın elinden nenem kurtarıyordu. Söylediği gurbet ezgileri, bağda bahçede ot dermeye giderken anlattığı öykülerle, nenemin yanında mutlu bir dünya kuruyordum. Yatakta kendimi sıcak bedenine yaslıyor, söylediği mânilerle duygudan duyguya savruluyordum. Önce mâniyi söyler, söyledikten sonra onlara ezgiler yakıştırırdı. Yaşlılığında, anamın dilinde de dolaşmaya başlamıştı bu mâniler:

Derya kenarında balık avlarım
Ben bahtımı altın tele bağlarım
Geldi geçti güzellerin sürüsü
Ellerin koynunda melûl ağlarım

Yüce dağ başında harmanım mı var
İpeğin telinden yorganım mı var
Bunca kahırları yükledin bana
Benim götürmeye dermanım mı var

Yârin penceresi ele karşıdır
Muhabbet dediğin iki başlıdır
İçerimde doksan dokuz yaram var
Söyleyip güldüğüm ele karşıdır

Uykum gelmez yıldızları sayarım
O yâr sensin fikrim ile hayalı(i)m
Allahı seversen durma gel ağam
Her itleri koynuma mı koyarım

Bülbül idim lal oldum
Eridim hilâl oldum
Değme dala konmazdım
Kara çalıya kondum

Yalnızca içe işleyen ezgiler mi; nenem benim söylencemdi. İlçenin biraz uzağına düşen Gâvurunsuyu'nda bir bağı vardı. O bağın üzümleri başka hiçbir yerde yetişmezdi. İriliğinden dolayı 'öküzgözü' denen üzümün en sulusu nenemin bağında olurdu. 'Öküzgözü' irilikte ne ise, dişlerin arasında patlarken çıt çıt ettiği için 'çıtırik' denen üzüm de küçüklükte oydu. Bu üzümün taneleri öylesine küçüktü ki, öküzgözünün çekirdekleri bile ondan büyük kalırdı. Çıtırik üzümün asması hiç de küçük değildi. Dişlerin arasında çıt diye patlarken çıkardığı o kokuyu nereden alıyordu bu çekirdek iriliğindeki üzüm?.. Nenem, bağın diplerinde bulup bana verdiği bu üzümü sevip sevmediğimi sorarken, kokusunu dile getirmemi istemişti herhalde. Üzümün kokusunu hemen almış, "Çok güzel kokuyor, nene!" deyince, söylencesine dalmıştı: "Bu üzümün kökü derinlere iner. Dünya yaratılırken birbirini koklayarak ölen iki sevgilinin kokusu sinmiştir bu üzüme. Bu koku oralardan gelir." Kokuların güzelini, birbirinin içinde eriyen gerçek sevgilerin anlamını nenemden öğreniyordum. Uzunluğuyla ince kadın parmaklarını andıran 'hatunparmağı'nı yerken, gözlerimde, dinlediğim masalların güzelleri canlanırdı. Bu adları duyunca, acılar, itilmişlikler, horlanmalar dünyasından kurtulur, masalların düşsel tahtına oturuverirdim. Nenem, onun söylencesini de bilirdi: "Elini sıcaktan soğuğa vurmayan bir sultanın parmaklarına benzediği için bu üzüme 'hatunparmağı' demişler," derdi

Nenem, masalla gerçek arasında uzun bir yoldu.

Kış boyunca toprağı ak bir örtü gibi kaplayan karlar erimiş, bahar suları dağlardan söküp getirdiği buz parçalarıyla akmaya başlamıştır. Tam bu sıralarda bağın yolunu tutardık. Üzümler yazın sarı rengiyle ballanıncaya kadar, gün sektirmeden gider gelirdik. Her tanesi bal parçası üzümler sepetlere yerleştirildiğinde, üzüm yaprakları kızıla boyanmış, güzün boz rengi tarlalara inmiştir. Nenem, bir mevsimden bir mevsime, ince boynum, çırpı kollarımla, tutunduğu bir değnek gibi, bağa bahçeye giderken beni yanında taşıdığı için bütün bu değişmeleri görürdüm. Görmediğimi de o gösterirdi bana. Hiç değilse yanında bir can olsun diye mi yapardı bunu; içimi çeke çeke onun söylediği türküleri ben de söylerdim, ondan mı; bağa giderken torunları arasında benden başkasını yanına almazdı. Geze geze gidildiğinde yarım saatte varılan bağ yolunda tarlalardan, arklardan geçerdik. Her adımda bir öğüt verirdi. Otların dilinden anlardı. Konuşurdu onlarla. Eğilip elini bir bitki köküne daldırır, yumrulardan kar beyazı bademler (soğancıklar) çıkarır, "Al, bunu ye, çağam, şifadır," derdi.

O zamanlar yediklerimin şifasına mifasına aldırmaz, yalnızca tadına bakardım. Kekremsi tadı dilimi büzüştürüp yüzümden ekşilikler geçtiğini hemen anlar, "Sakın tükürmeyesin; bir tek baharda çıkar bu. Başka tarlada da bulunmaz, yalnız burada, bu kızıl toprakta..." derdi. Acısına dayanırsam tükürmezdim bu bademcikleri. Baharda bütün kırları yemlikler sarar. Yemlik, kır insanının bahar salatasıdır. Yemlik yerken uyarırdı: "Çok yeme sakın çağam (çocuğum), karnın ağrır, ağzından yeşil sular gelir sonra!"

Bağdan içeri adımımızı atınca, söylence başlardı. Bağın küçük söylencesine göre, tevekleri ateş renginde bir yılan bekliyordu. Kimseye görünmezmiş bu yılan. Birkaç kez neneme görünmüş. Bağa girerken bir hışırtı duymuş, o anda ateş kızılı yılan teveklerin dibine akmış gitmiş. Gözünde gölgeye benzer bir kızıllık bırakmış bu hışırtı. Nenem, yılanın bir bekçi gibi bağı beklediğine inanırdı. Onu, bağı ve bizi koruyan bir Şahmeran yerine koymuştu. Bağa her gelişinde nenemi karşılayan ateş yılanı, onu gördükten sonra hışırtıyla deliğine akarmış. Bunları anlatıp korkudan rengimin kaçtığını görünce, "Sakın korkma," dedi, "ateşyılanları sahibine bir şey yapmaz."

Nenem, Lokman Hekim gibi, bitkilerin, söylencelerin, duaların erdemine inandırıyordu beni.

Dudaklarını kıpırdatıp suna boyunu sallayarak okurdu duaları. Benim duymamı istediğinde fısıltısını yükseltirdi. Arapça duaları yineledikten sonra, kendi duasına başlarken, ben de duyayım diye sözcükleri belirgin tonlarda söylerdi: "Bismillâhirrahmânir-râhim. Yarabbim! Bana kötüyü gösterme, kötülük yaptırma, beni kötülüklerden uzak tut! Kötüyü gören gözlerim görmez olsun. Bana kötü söz duyurtma, kötü söz duyan kulaklarım duymaz olsun. Ne ki sana uzaktır, onu bana yakın etme."

Nenem namazlarını çok uzatırdı. Dualara dalıp gittiğinde ondan uzaklaşmış gibi olurdum; içime gurbet acısına benzer bir karanlık çökerdi. Olmadık yaramazlıklar yaparak namazını bozmanın bir yolunu bulurdum. Tam karşısına geçer, namaz sırasındaki sallanışını parmağımı sağa sola eğdirerek taklit ederdim. Dualarını şaşırır, kızar mı güler mi belli olmazdı. "Ya sabır!" der, dualarını yine de sürdürürdü. Namazın selam bölümünde bana döner, "Öyle yap ki çarpılasın, çarpıl da elin ayağın çalıya dönsün!" derdi. Söylediklerini Allah duyar da beni çalıya döndürür diye, bana bakarak, tü tü tü, diye bela savardı. Sonra ellerini göğsünün üstünde tutar, dileklerine beni de katardı: "Allahım, çağamı ıslah et, ona zihin açıklığı ver!" Küçücük lambamız fazla gaz yakmasın diye erkenden yatardık. Uyurken, elimi yüzümün altına koyardım. Peygamber'in de böyle uyuduğunu söyleyerek, kutsal kişilerin arasına sokardı beni. Kızının ona kutsallığa ermiş bir torun vermesinden mutlu olur, dualarında benim adımı da geçirirdi. Adımın geçtiği yerlerde sesini yükseltir, gözünün altından bana bakarak bunu belli ederdi. Namaz sırasında, Allah'ın huzurunda konuşulmaması, gülümsenmemesi gerekirken, gözü bana değince yüzüne tatlı bir gülümseme yayılırdı.

Günahın, sevabın ne olduğunu nenemden öğrenirdim. Karanlık çökünce beni dışarıya salmazdı. "Karanlık basınca yerler mühürlenir, cinler şeytanlar gece çıkar," derdi. O zamanlar evlerde tuvalet nerede! Her duvar dibi, ağaç gölgesi bir tuvalet. Gün batmışsa; aysız, yıldızsız bir geceyse, koyu karanlık perdesini gök ile yer arasına germişse, ben tez adımlarla koşup önümü bir duvara dönmüşsem, nenem ardımdan bir şeyi acele ulaştırırcasına seslenirdi: "Destur de, çağam, destur de!" Çocuk beynimle, destur mestur demeyi savsaklarım diye, şırıltıyı duyar duymaz, çarpılmayayım diye desturu kendisi söylerdi: "Destur, savuş!"

Kasabanın biraz uzağına düşen Karataşlık'ta oturuyorduk. Karadağ yönünden esen rüzgâr, derin vadiden geçer, vadinin tam bitiminde bulunan evin tahta pencere kapaklarını birbirine çarpardı. O zamanın damı ne, bacası ne!.. Sanırdık ki, rüzgârı bir devin ağzı üfürüyor. Nenem, "Gene biri öfkelendirdi ülüzger (rüzgâr) ağayı. Kimbilir hangi kötünün belası bize bulaşıyor," diye yüzünü buruşturur, söylenceye girerdi: "Bir dudağı yerde, bir dudağı gökte bir dev düşün. Karadağ, kayalardan yapılmış bir devdir! Dev uyurken avurtları püf püf şişer, büzülür. Küçük ülüzgerler onun püf püfü, azgınları vuuv vuuuv'u! Görüyor musun, dev cana geldi, avurtları körük gibi şişip büzülüyor!" Rüzgâr soğuğu, yatağın içinde de olsam kemiklerime işlerdi. Soğuktan iğde çekirdeği gibi büzülür, nenemin koynuna sokulurdum. Daha küçük yaşlarda ana kucağında duyduğum, sevginin kokuya dönüştüğü o nemli sıcaklığı nenemin buruşmuş göğüs aralarında da arıyordum.

Yolda giderken, gördüğü taşları alır bir kenara koyardı. "Bak, çağam," derdi, "sabilerin (küçük çocukların) günahları yoktur, onun için, duaları kabul olunur. Unutma, yolun ortasında gördüğün taşları al bir yana koy; koy ki, birinin ayağı takılıp düşmeye. Ekmeği yerde koyma. Yerden al, başına götür, öp. Bir, ekmeği, bir de kâğıdı. Yerden al duvar deliğine koy. Ekmek nimettir. Kâğıdın üzerine Kuran yazılıdır. Yerden alırken de besmele çek. Besmelesiz bir işe başlama. Yola çıkarken, sofraya otururken, bir işe başlarken... Bunları yap, korkma, Allah her zaman senin yanında olur."

Tam da dağların gökle birleştiği yerlere ulaşıp bulutları tutacağımı sandığım yaşlar. Gök boşluğunda ne var, sonu ne bu uzaklığın; bunları düşünüyor, işin içinden çıkamıyorum. Bir gün, nasıl olmuş; sıcağın kavurduğu tarlanın kızıl topraklarına uzanmış, gözlerimi göğün maviliğine dikmiştim. O sonsuz maviliğin ötesindeki dünyayı arıyordum. Baktıkça, mavinin karardığını, gözlerimde karacıkların uçuştuğunu o gün ayrımsamıştım. Dalıp gittiğimi anlamıştı nenem. "Bak, çağam, gün göğünde yıldız aranmaz; nanca (ne kadar) baksan bir şey göremezsin. Gözünün yorulduğu yanına kalır. Dünya, öküzün boynuzunda durur, derler. Dal ucunda yumurta durur mu? Bu söyledikleri teşbih (benzetme). Buncasını duymuşum. Gökler neyin üzerinde durur, onu bilen yok. Sen sen ol, gözünü göklere dikip dalma; dünya âlem başımıza yıkılır sonra. Allah'ın hikmetini bilinmezliklerde ara, çağam!"

Erkenden kalkar yayık yayardı. Nenemin yayığından çıkan taze yağı ekmeğe sürüp yemeyi çok severdim. Ama yağı doğrudan verip yedirmek büyük haksızlıktı. O yağ hem mevsiminde yemeklere konacak, hem de kışa saklanacaktı. Benden bir şey esirgemeyen nenem yağ konusunda cömert değildi. Yayığı yaydıktan sonra, elimde tuttuğum ekmeğimin üstüne biraz yağ sürmesi için oyuna başlar, iş olsun diye soruları sürdürürdüm:

"Nene, ne yapıyorsun?"
"Ne yapıyorum, yayık yayıyorum."
"Yayık yayıp ne edeceksin?"
"Ne edeceğim, yağ edeceğim."
"Yağ edip nedeceksin, bana da verecek misin?"
"Vereceğim, nedeceğim!"
"Ne kadar vereceksin?"
"Ne gader vereceğim; çiğit (kayısı çekirdeği) gader vereceğim."

Et kokusu alıp sürekli miyavlayan kedi yavruları gibi, nenemin yayığı bitirmesini beklerdik. Boğazı yırtıp geçen arpa ekmeğinin yaralarını ancak bu 'çiğit kadar' yağ onarabilirdi. Öyle bir yoksulluk vardı ki bizim oralarda, geleni sofraya çağırmak kaçınılmaz olduğu halde, bizim yaklaştığımızı sezen akrabalardan çoğu, bir-iki lokma yedirecekler diye yerdeki sofrayı toplayıverirlerdi. Recep Dayı'nın karısı Ayşe Abla (Yandımata) ile anamın amcasının kızı Ayşe Abla (Şen) ise, bizi yoldan çevirir, ceplerimizi pestillerle, bademlerle, cevizli sucuklarla doldururlardı. Nenemin yakın akrabası Onbaşıgil'in sofrası da, o dar günlerde bizlere açık olurdu. Arpa ekmeğiyse onu, buğday ekmeğiyse onu, eşle dostla paylaşırlardı. O evin oğlu İhsan (Aktaş) ve kardeşi Bedrettin'le bir tek yediğimiz içtiğimiz ayrı giderdi. Yoksulluk, bu ayrılığı da birleştirmişti. Arkadaşım Hakkı'nın (Nergiz) babası, ağustos sıcaklarında tarlalarda ekin biç-

mekten ağzının kenarları cılk yaraya kesmiş Hasan Dayı
ile eşi Emine Abla'nın sofrasında da karnımızı çok doyur-
muşuzdur.

Hüzün ne ise nenem o idi. Nice acılardan gelmişti. Belki çocuk dünyamın kavrayacağı şeyler olmadığından, geçmişiyle ilgili bir şey anlatmazdı. İnsan yüzünde acının çizgisi bellidir. Nenemin yüzündeki o kırmızı elmacık kemiklerinin altındaki derin çizgileri herkes göremezdi. Elmacık kemikleri, dıştan, pürüzsüz, kırmızı, parlaktı. Yüzündeki olağanüstü kırmızılıkla o yalnızca benim nenemdi. Başka hiçbir nenenin yüzünde o kırmızılığı göremezdim. Gördüklerim ya soluk çizgilerdi ya da çürümüş elma eşelekleriydi.

Doksan yaşlarında, yaşamının son yazında bile
yanaklarındaki elma kırmızısı
solmayan nenem...
nerelerde kaldı;

uzaktan uzağa birbirine ünleyen analarımızın çığırışları;
kuzuların, oğlakların bahar sesleri;
bağdaki ateş yılanının fısıltısı...
nerede kaldı?..

Yeşilin bin bir tonunun dalgalandığı yapraklar,
genç dallarda tomurcuklaşan yağmur damlaları,
gün aydınlığında yıkanan duru sular,
goç goç sesleriyle akan kaynaklar,
temiz sesli alaca kargalar,
kırakıra kuşları,
gecenin ortasından sabahın gün aydınlığına, ara ara seslerini duyuran incoplar,
doğayı mahşere çeviren ağustosböcekleri...
nerede kaldı?..

SITMA VE SÜNNET

Yoksullukla hastalık ikiz kardeştir. Sıtma öldürüyor beni. Her gün titreme nöbetleri geliyor. Anamın bildiği, titredikçe üstüme bir yorgan daha atmak. Bizim durumumuzda olanlar bir kinin hapı bile bulamıyorlar. Bulup yutanların titremeleri hemen duruyormuş. Anam duyduğu her şeyi deniyor. Ne yaparsa kâr etmiyor. Üstümde yün yorganlar, dağ başlarının gece ayazında çıplak kalmış gibi titriyorum. Oysa mevsim yaz, her yer günlük güneşlik. Terin suyun içinde kalıp anlık ölüm uykularına dalıyorum. Titreme durmuyor. Bir yorgan daha! Üstüme bin yorgan yığsalar titremeler durmayacak. Biri mi önerdi, kendiliğinden mi düşündü anam, babamın döneminden kalma bir rakı şişesi bulup getiriyor. Nasılsa şişenin dibinde biraz rakı kalmış. Bir pamuk parçasına akıttığı rakıyı kol altlarıma, kasıklarıma sürüyor. Rakı kokusu odaya yayılınca babam gelip karşımda dikiliveriyor. Her zamanki gibi, körkütük sarhoş. Eve girer girmez anama saldırıyor. Dolap kapaklarını kırıyor. Kardeşimle benim üzerime yürüyor. Bir eline beni, birine kardeşimi alıyor; kafa kafaya çarpıyor. Kafama balyozlar inip kalkıyor. Eline ne geçerse parçalıyor. Başka şey bulamayınca kendi giysilerini yırtıyor. Çırılçıplak kalınca, eliyle önünü gizliyor. Pencerenin önünde dikilip duruyor. Babam birden küçülüyor, küçülüyor, küçülüyor... kaşlı gözlü, elli ayaklı, erkek organı görünümünde bir serçeye dönüşüyor. Kolsuz kanatsız, pır diye uçup gidiyor pencereden.

Gözlerimi açınca, nenemin gölgeli yüzünü görüyorum. "Nerelerdeydin, çağam, kimlerle konuştun öyle?" diye soruyor. Demek düşümde sayıklamışım. Ateş gibi yanıyorum. "Su!" der demez nenem tası ağzıma dayıyor. Suyun oda soğukluğu bile titretiyor beni. Titremenin ardından ter. Sular içinde yüzüyorum. Hoş bir ılıklık içinde süzülerek bir yerlere gidiyorum. Babamın beni boğulmaktan kurtardığı kaplıcadayım. Babama sarılıyorum. Babam içkili akşamların sabahında olduğu gibi sarmısak kokuyor. Kokuya aldırdığım yok; sokuluyorum babama. Kaplıcada beni derinlerden alıp kucağına bastırdığı ânı yaşıyorum. Babamın ten yumuşaklığını duyumsuyorum. O yumuşaklıklarda kendimden geçiyorum. Rüyanın içinde, "Hani babam, kolsuz kanatsız bir serçe gibi uçmuştu?.." diyorum; öyle olmadığına seviniyorum.

Terleyince titreme duruyor. Nenemin yüzü hâlâ gölgeli. Anam ocakta yemek pişiriyor. Kardeşim, babamın tıraş kutusunu otomobil yerine koymuş, odanın ortasında vuv vuv diye araba sürüyor. Kasıklarım çatlıyor. Kalkıp dışarıya çıkmalıyım. Ama nasıl! Islak yorganın soğukluğu bedenime yapışınca yeniden titremeye başlıyorum. Elimi oynatsam dişlerim birbirine vuruyor. Üşüme korkusu baskın çıkıyor, tutuyorum kendimi. Anam yorganı üstüme sararak beni doğrultuyor, oturağa benzer bir şey tutuyor önüme. Kan rengine yakın sarı sıvı çıkarken titreme daha da şiddetleniyor. Islanmış yorgan bedenime dokundukça dişlerim birbirine çarpıyor. Bütün yorganları üstüme örtmüşler. Tümü de sırılsıklam. Başka yorgan kalmamış. Yorgan mı beni ısıtacak, ben mi ıslaklığı kurutacağım, öylece dalıp gidiyorum. Bu, uyuma değil, 'uyudun uyanamadın'a kendini bırakma!

Odanın küçücük penceresinden sabah aydınlığı giriyor içeriye. Titreme durmuş. Işığa aldanıp yataktan dışarıya çıkmak isteyince titreme yeniden geliyor. "Ağustos sıcağında insan niye böyle titrer?" diye soruyorum kendi kendime. Soru, bir dirence götürüyor beni: Bu titremeyi yok etmeliyim; yoksa öleceğim. Nasıl durdurabilirim titremeyi? "Güneş daha çok ısıttığına göre, ona yaklaştıkça titremem niye geçmesin!.." Titreye titreye yataktan fırlıyor, eski püskü ne varsa üstüme geçiriyor, evin yukarılarına, öğle sıcağında ateş yağan kara taşlığa doğru tırmanıyorum. Ama öğleye çok var. Sabah güneşi taşları henüz ısıtmamış. Taşlar hâlâ geceden kalma bir serinlik taşıyor. Tasarladıklarımın tam tersi oluyor. Tırmandıkça titriyorum, tırmandıkça titriyorum... Güneşten de, kara taşlardan da hayır yok. Dişlerim birbirine vuruyor. Eve gidecek gücüm olsa hiç durmayacağım. Titremeyi durdurup elimi kolumu oynatamıyorum. Taşların arasında dulda bir yere uzanıyorum. Ilık bir havuzda yüzer gibiyim.

Düşte işitilen seslere benzeyen bir ses: "Nereye gitti bu çocuk!" Ses anamın sesi. Onun bilincindeyim. Bağırmak istiyorum; sesim çıkmıyor. Sese ses verecek gücüm yok. Anam ortalara düşmüş, beni arıyor. Kımıldamaya çalışıyorum. Dizlerim tutmuyor, kollarım düşüyor. Bedenimden, kıvamını bulmamış çimento gibi dökülen kemiklerim, neredeyse un ufak olup ayaklarımın ucuna yığılacak. Eklemlerime ince iğneler batıyor. Gene de, çalıya çırpıya tutunarak ayağa kalkmayı başarıyorum. Anam, ısınmak için sığındığım çukurdan çıktığımı görünce, neneme sesleniyor: "Ana, burada, burada, karşıya (karşı mahalle) gitme!" Nenem beni yatakta bulamayınca çok korkmuş. Sabileri (çocukları) günahsız saydığından, gök boşluğunda Allah'a vardığımı sanmıştır. Beni karşısında görünce ne yapacağını bilemiyor, "Uyyyy, çağam, nenen kurban olsun sana, seni bulduran Allah'a bin şükür!" diyerek kucağına bastırıyor.

Aradan saatler geçmiş. Anam beni arayıp bulmuş. Sevinç mi duysun, çaresizliğine mi yansın, gözleri yaşlı, beni kucağına alıyor. Hasta bedenimde bir 'ölü can'ım. "Ulan, eşşek kadar olmuşsun maşallah, kaldıramıyorum seni!" derken, bu kez sevgiyle, nasılsa eline geçirdiği bir et parçasını okşayıp hafif çimdikleyerek gövdeme attığı tarih bu kez morarmıyor. Anam beni bulduğuna sevinirken, aptalca gidip güneşin ısıttığı taşlarda sağlık bulma hayalime kızıyor. Ana da olsa, bizim insanımız, sevincini acı vererek gösterir! Oysa, titremelerime bakmadan, şifa bulurum diye beni 'sıtma pınarı'nın buz gibi sularının altına sokan oydu.

Yorganların altına giriyorum gene. Titreme duruyor bir süre sonra. Nenemin sevgi kokan sesini duyuyorum. Gökten bulanık ışıklar süzülürken uykuya dalıyorum.

Ne yaptılar da o terlerden, o titremelerden kurtardılar beni! Belleğimde sağalmama ilişkin hiçbir iz yok. Sıtma deyince ağzımda acı kinin tatları kaldığına göre, hastalığım sırasında, birkaç kinin hapının bizim evimize de uğramış olabileceğini düşünüyorum. Başka türlüsü olamaz; herhalde bir yerlerden kinin bulup beni sağalttılar.

Sıtma nöbetlerinin üzerinden çok geçmemişti. Titremelerim durunca, gün geçirmeden, mahalle çocuklarının arasına katılıp tozun toprağın arasında boğuşmaya başlamıştım. Yaz sonuydu. Harmanda birbirimizle köpek yavruları gibi dalaşırken, "Sünnetçi geldi, sünnetçi geldi!" diye bir ses duyduk. Sünnetçinin gelmesi umurumuzda mı; sünnet olacaklar düşünsün! Gene de, nasıl olsa bir gün bizim de başımıza geleceğini düşünerek sünnet korkusunu yüreğimizden kovamıyoruz. Sünneti kolay geçirelim diye, oralarımızı birbirimize gösterip kabuk sıyırma denemeleri yapıyoruz. Büyüklerimiz, geleceğimize ilişkin olarak ne konuşacaklar bizimle, ya sünnet ya evlenme; bu denemelerin sünnette kolaylık sağlayacağını duymuşuz onlardan. İçimizden birini sünnetçi yaparak sünnetçi oyunu oynadığımız da oluyor. Ondan çok, aramıza kızları da katarak doktorluk oynuyoruz. Oyunda genellikle erkekler doktor oluyor. Sanırım, doktor yüzü görmemiş bizler, hiçbir kuralı olmayan bu oyunu, karşı cinsi tanıma güdüsüyle düzenliyorduk. Kızların karın bölgesine dokunduğumda içimden ürpermeler geçiyordu. Muayene ederken ellerimi hastanın karnına bastırıyordum. Parmaklarımı biraz yukarılara doğru yürütüp meme adındaki o nohut yumrucukları ellerken, "Buraların da ağrıyor mu?" diye doktor ciddiyetiyle soruyordum. Kimi yumuşakça, "Yooook," derken, biraz daha irice kızlar durumu sezerek, "Bok yiyesi, sana karnım ağrıyor diyorum, oralarda işin ne, bak, bir daha sana muayene olmam!" diye karşı çıkıyordu.

Sünnetçinin gelmesi umurumuzda değil, ama olacakları da merak ediyoruz. Kim ağlayacak, kim ağlamayacak, önemli! Ağlayanlarla alay edeceğiz, onlara, "Kız gibi ne ağlıyorsun lan!" diyeceğiz. Yanlarına yaklaşabilirsek, sünnet işlemini yakından göreceğiz. Mahallede ne kadar çocuk varsa, sünnetin yapılacağı eve doluyoruz. Kendi çocuklarını sünnet ettirirken öbür çocukların sünnetini de 'Allah rızası için' o ev yaptırıyor. Sünnetçi gelmişken yoksul çocukları da sünnet ettirmek büyük sevap sayılıyor. Nasıl olduğunu anlamaya fırsat bulmadan, Öğretmen Bahattin Yandımata, elimi kolumu, bacaklarımı birbirine geçirip sünnetçinin karşısına oturuyor. Başka biri de kardeşimi yakalayıp aynı duruma sokmuş. Bağırıp çağırmaya kalmadan, ağzıma kocaman bir lokum tıkıyorlar. Lokum soluk aldırtmıyor ki bağırayım! Lokumu yutup soluk aldığımda her şey bitmişti. Öbürlerine cesaret vermek için, "Böyle kolay olduğunu bilseydim, elli defa olurdum!" diyorum. "Maşallah! Maşallah!" sedaları arasında, erkekliğe adımımı atarken, çocuklarla her fırsatta şakalaşan Kâmilgil'in Mehemmet (Ören) Dayı, "Hadi, eşşek sıpası, kalemin ucunu açtırdın!" diyerek başımı okşuyor.

O zaman yürüyüp yürüyüp bitirememiştim; kilometrelerce uzamıştı evin yolu. Oysa sünnet eviyle bizim ev arası üç yüz metre var yoktu. Yanımda kardeşim. "Değil mi, ağabey, hiç ağlamadım," diyor. Rengi kâğıt gibi. Öylesine soluk. Yürürken acı başlamış. Erkekliğe vurup ağlamamaya çalışıyor. Dokunsan boşalacak. Gözleri her zamanki gibi saydam ve ıslak. Ben, kanlı bacaklarımı entarimle gizleyerek eve ulaşmaya çalışıyorum. Çocukların bizi donsuz görmelerinden çekiniyorum. Korktuğum başıma geliyor; hangi köşede bulursam elma kırmızısı yanaklarını sıktığım kızlardan biri kapılarının önüne çıkıp, oh oh diye yürek soğutuyor. Sözleşmişler gibi kızlar bir araya geliyorlar, oh'a katılıyor, onlara yaptıklarımın öcünü alıyorlar. Sünnetli de olsam, uygun küfürleri sıralıyorum. Yanağını en çok sıktığım kız, evine girip kapıyı kapatmaya çalışırken, "Neyle yapacaksan yap da görelim! Ben seni ağabeyime söyleyeyim, eşek sudan gelinceye kadar dövdürteyim de gör!" diye bağırıp kapıyı çarpıyor. Tam o sırada, kan kokusunu alan irice bir sarı arı kardeşimin pipisine konup sokmuyor mu! İşte o zaman, kardeşimin nice çabalar göstererek gizlediği iç ağlamaları açığa çıkıyor. Eve varınca ağlama sırası anamla neneme geliyor. Şaşkın şaşkın bize bakıp odanın iki köşesine küçük yataklar seriyorlar. Erkekliğe bu sade (!) törenle adım atarak onların önündeki önemli bir engeli kaldırmış oluyoruz. Bunu düşünerek içten içe sevindikleri, yüzlerinde gizlemeye çalıştıkları deri seğirmelerinden belli.

BABA EVİ

Nice günlerden sonra, babamın sesi İstanbullardan geldi. Bir tanıdık nerede oturduğunu bile biliyor. Sözde babam, mektup yazıp, "Gönderin çocuklarımı, onları burada ben okutacağım," diye haber salmış. İşinin iyi olduğunu, İstanbul'un en güzel yerinde oturduğunu bildirmiş mektupta. Durmadan iç çektiğine göre, bizi yalnız başımıza gönderecek anam. Dayım henüz askerden dönmemiş. Yoksulluk belimizi iyice bükmüş. Anamla nenem ne yapacaklarını bilemiyorlar. İkisi de çaresiz. Karı koca ayrılmalarında çocukların nasıl ayak bağı olduğunu o yaşlarda seziyorum. Küçük yerlerde her eve işe gidilemediği için anam geçimimizi sağlamakta zorluk çekiyor. Ne yaparsam kızıp beni dövüyor. Büyük olmanın ayrıcalığı var sanılır. Tersine, belki dayanıklı bulduğundan, her fırsatta ağzımı burnumu kanatırcasına dayak atıyor. Babamın bizi yanına çağırmasına, nenem de, anam da sevinir gibiler. Beni yanından bir saniye ayırmayan neneme göre babamızın yanına gönderilmemiz bizim kurtuluşumuz olacak. "Gidin de siz kurtulun bari," diyor, "ne de olsa babanız, sizi okula da gönderir..." Nasıl oluyorsa, o sıralarda İstanbul'a gidecek bir tanıdık buluyorlar. Bizi İstanbul'a götürüp babamıza teslim edecekler. Götüren de bulununca İstanbul'a gitmemiz kesinleşiyor.

Ağın'ın, yeşilin binlerce tonuyla bezeli bağlarından bahçelerinden nasıl ayrılacağız! Ya arkadaşlardan!.. Geldiğimizde kimseyi tanımıyorduk; şimdi ise tanımadığımız yok. Nenemden ayrılmak ölüm gibi geliyor bana. Oysa İstanbul'a gidip denizi göreceğiz, vapurlara, tramvaylara bineceğiz... Mahalledeki çocuklar bize nasıl imreniyor! Neneme çok düşkün olmama karşın, anamdan ayrılıp onu boynu bükük bırakmayı daha çok düşünüyorum. Yüzüne baktıkça içimden ağlamak geliyor. Biz gidince anam ne yapacak? Bizi bırakıp giden babamı bile özlediğime göre, anamdan ayrılınca ben ne yapacağım! Ah, anamın gülmeyen yüzü, gülmeleri unutmuş mercan gözleri!.. Söylediği türküler gibi, acı izlerle kalacak duygu belleğimde anam. Her bayram, 'Bayram gelmiş neyime / Kan damlar yüreğime / Anam, anam garibem' türküsünü söylediğinde nasıl acı çekerdim! Gitme günleri yaklaştıkça, kulaklarımda hep anamın o türküsü... Önce tıkanıyorum, sonra bağıra bağıra ağlıyorum. Anam bizi başından mı atıyor acaba? Küçük yüreğimiz bu kuşkuyla dolu. Kardeşim boynunu büküp öyle kalıyor, hiç konuşmuyor. Gözleri gene yaşlı ve saydam. Bunu hiç dile getirmiyor, birbirimizden gizlemeye çalışıyoruz. Çocuklarına bakmaktan baba sorumlu olduğuna göre, ayrılığa da, özleme de katlanacağız. Bir süre sonra kendimizi anamızdan ayrılmaya, babamıza kavuşmaya, göreceğimiz yeni şeylere alıştırıyoruz. Toza toprağa batmış yalınayaklarıma bakıyorum. Tozlar da bizimle İstanbul'a gelecekler diye içimde bir sevinç var.

Ayaklarımı yıkayıp Ağın'ın ak topraklarını buralarda bırakmayacağım, bir armağan olarak ayaklarımda taşıyacağım.

Anam, el içine çıkacağız diye sözde bizi hazırlıyor. Yol giysisi olarak, yukarıdan aşağıya geniş çubuklu, o bölgelerde 'alaca' denilen entariler giydiriliyor bize. Ayakkabı alma olanağı yok, ayaklarımızda takunyayla onurlandıracağız İstanbul'u! Evde giyip deniyorum. Takunyanın tak tak sesi utandırıyor beni. O zamanlar takunyayı kadınlar, kızlar giyiyor. Bu, utancımı daha da artırıyor. Üç-beş aydır para bulup tıraş olamamışız. İstanbul bu saçlarla karşılayacak bizi. Acaba anam babama kızdığından mı bizi İstanbul'a böyle gönderiyor diyorum içimden. Bu halimizle, yolunu şaşırıp kuyruğunu bacaklarının arasında saklayan ürkek köpeklere benziyoruz. Hayvan geçmez ormana dönmüş bu saçlarla babam bizi nasıl tanıyacak? Yola çıkarken küçücük beynim bu sorularla dolu.

İstanbul'u görmüş olanlar var. İstanbul'u onların anlattıklarıyla tanımaya başlıyoruz. Kimbilir hangi duygunun etkisiyle, son günlerde, çocuklara, göğsümüzü kabartarak İstanbul'u görmeden, görmüş gibi İstanbul'u anlatıyoruz. Başka bir kenti görmek nerede; evinin kapısının dışına çıkmayanlar var. İstanbul'a gitmek bir ayrıcalık o zamanlar. Nenem, gitme günlerimiz yaklaştıkça, "Ölmeden, sizi bir daha görecek miyim?" diye içime hüzünler sokuyor.

Nenemden nasıl ayrıldım, bizden ayrılırken anam çok ağladı mı; belleğimde bunlara ilişkin tek çizgi yok. Gözümde yalnızca şöyle bir resim kalmış: Ayrılık günü, anam her zaman yaptığı gibi, boynunu bir yana eğip yaşlı gözlerini bize dikti. 'Makine' denen kamyona binince biz kendi havamıza daldık. Kamyon hareket etti. Kardeşimin gözleri ıslak. Daha kasabanın bağlarını bahçelerini geride bırakmadan, yolda yememiz için verilen çerezleri açtık; herkes bir şeyler koymuş. Bol yiyecek bulunca bir yere gitmenin iyi bir şey olduğuna inanmaya başladım. Tekerler dönüp bizi anadan, neneden, bağlardan bahçelerden, arkadaşlarımızdan, doktorluk oyunlarından uzaklaştırıyor. İstanbul, içimde sevinç mi, yüreğime oturan bir top acı mı? Kamyon, dört tekerinin zor sığdığı tozlu yollarda ilerlerken, dışımda sevinçler ışılıyor, içim ise kan ağlıyor.

İSTANBUL

İstanbul İstanbul demiş durmuşlar
Yedi dağ üstüne bina kurmuşlar...

İSTANBUL'A VARIŞ

Haydarpaşa'ya yaklaştığımızda, pencereden sarkıp babamızı görmeye çalışıyoruz. Tren duruyor. Onca kalabalığın arasında babamı görüyoruz. Başında fötr şapkasıyla bir köşede bekliyor. Trenden 'gulyabani' görünümünde inen takunyalı, alaca entarili çocukların kendi çocukları olduğunu anlamakta duraksıyor. Biz ona doğru koşarken, bulunduğu yerden ayrılıyor, "Canım evlatlarım!" diye bizi kucaklıyor, ellerimize cebinden çıkardığı şekerlemeleri tutuşturuyor. Torbalı küçük gözlerinde çocukluğumuzda gördüğümüz aynı kırpışmalar. Gözlerinde yaş yok. Boğazında tıkanık soluklarla ağlıyor.

İstanbul öküz sesli vapurlarla karşıladı bizi. Ancak vapura binince anladım öküz sesinin vapurdan çıktığını. Önce, İstanbul'da da öküzler, inekler böğürüyor sanıyorum. Ağın'daki hayvanlar burada da var diye seviniyorum. Öküzlü inekli bu ortamın bana gurbet olmayacağını geçiriyorum içimden. Ayaklarımdaki tozlar yerinde duruyor mu diye bakıyorum. Üç gün üç gecelik tren yolculuğunda tozların yitip gittiğini görüyorum. İçimden bir şey düşmüş gibi oluyor. Takunyamın ökçe aralığında biraz kalmış olan tozları görünce, yeniden içimdeki umuda dönüyorum. Ağın'ın uzaktan görünen mor dağları, güneş altında sapsarı parlayan ekin tarlaları, ak taşlı tepeleri, yeşil dere boyları, koyu yeşil ağaçları, su başları, mahalleden mahalleye ünleyen kadınları, tepelerden süzülüp geçen kuşları, bağları bahçeleri mahşere çeviren ağustosböcekleri... gözlerimi, kulaklarımı dolduruyor.

Bir anda bunlardan kopuyor, vapurdan sarkarak deniz suyunu avuçlayacağımı sanıyorum. Olmuyor; deniz daha çok aşağılarda. Suyunu avuçlamaya çalıştığım deniz şaşırtmıyor beni. Deniz, saydam yeşil, koca bir ırmak gibi görünüyor bana. Vapurun dalgaların üstüne inip çıkması başımı döndürüyor. O zamanın denizi bugünkü gibi kirli sarı, bulamaç grisi değil. Peki, haritalarda mavi gösterilen deniz, burada niye yeşil? Babama soruyorum. Babam, "Deniz yeşildir, gök mavidir," deyip susuyor. O sırada babamın gözleriyle karşılaşıyorum. Babamın gözleri de yeşil! Tam yeşil değil; yeşille mavi arası, griliklerin gidip geldiği bu gözde denizi, enginlikleri buluyorum.

Birbirine bağlı vagonlardan oluşan tramvaylar ilgimi daha çok çekiyor. Trene benzetiyorum tramvayları. Sokak ortasında bu trenlerin ne işi var, diye düşünüyorum. Tren raylarının dışa yükseltili, tramvayınkinin içerlek olduğunu ilk bakışta görüyorum. Tramvay boş. Tramvay, raylarda keskin sesler çıkararak ilerlerken, babam *yeni* annemizi tanıtıyor bize. Onun iyiliklerini, özellikle de güzelliğini, bizi çok seveceğini anlatıyor. Bizi iki de kardeş bekliyormuş. Onlar güzel çocuklarmış. Onları çok sevecekmişiz. Tramvaydan inip biraz yürüdükten sonra, Beşiktaş'ın Ihlamur'unda koca çitlembiklere yakın yerdeki eve giriyoruz. Evin karşısında bostanlar var. Arnavut bostancıların yüksek sesle konuşmaları bana geldiğim yerleri anımsatıyor. İri yapılı, siyah gocuklu, pos bıyıklı köylüler.

Her şey yeni; anne, kardeşler, bostancılar, sokak, tramvay, deniz, koca çitlembik ağaçları... Bunlara alışacağız!

Babamın anlattığı güzel kadın karşılıyor bizi. Yeşil gözlü, hafif kumral saçlı, ince bedenli bir Rumeli kadını. Güzellik bağışlatıcıdır. Üvey anne korkusunu bu güzellik gideriyor. Yeni annemizin güzel bir kadın olmasına içten içe seviniyorum. Babam, "İşte *yeni* çocukların!" diye tanıtıyor bizi. Biz de *yeni*'yiz! Kadının elini öpüyoruz. Bizi güler yüzle karşılasa da, giyimimizin, saçımızın başımızın kadında tiksinti yarattığını bakışından anlıyorum. Kardeşlerimizden dört-beş yaşlarında olanı, *yeni* annemizin önceki eşinden. Babam, oğlana dönüp, "Ağabeylerine hoş geldin dedin mi?" diye soruyor. Çocuk önce çekiniyor. Utanarak yerinden kalkıp yanımıza sokuluyor. İstanbul'a gelmiş köylü kılıklı, üstelik kokudan yanlarına yaklaşılamayan bu çocuklara nasıl ağabey diyeceğini düşündüğü belli. Babamdan olansa beşikte, olanlardan habersiz yatıyor. Bembeyaz bir yüze yerleşmiş iki boncuk göz bize bakıyor. Babam bize, "Annenizi beğendiniz mi?" diye soruyor. Bu soru utandırıyor bizi. Boynumuzu büküp susuyoruz. Kadına, "Karı, soyun, her yerini aç göster de güzelliğin ne olduğunu görsünler!" diyor. Kadın, yarı gülüp, yarı yüzünü asarak bu saçma öneriyi sessiz karşılıyor. Bunda, esmer, *yeni* annemiz kadar güzel olmayan anamızı küçümseme seziyorum. Sanki, ananız çirkindi, bakın yeni anneniz ne kadar güzel, demek istiyor babam. Gözlerini hem İstanbullu, hem de güzel yeni annemize dikip, "Canım karıcığım," diyor, kadına yanaşıp öpüyor onu. Öyle mutlu ki babam! Torbalı gözleri kırpıştı mı, kimse babamdan mutlu değildir. Mutluluğu şundan belli ki, hiç beceremediği bir şeyi yapıyor, dudaklarını büzerek ıslık çalmaya çalışıyor.

Daha ilk görüşte yakın durduğumuz bu güzel kadınla üvey anneli günler başlıyor.

Sonraki günlerde babam bizi sinemalara götürdüğünde ayrımsadım; üvey annem, Mısır filmlerinin ünlü oyuncusu Leylâ Murad'a benziyordu. Güneş yanığı Doğu kadınları gibi bir et topu değildi. Beyaz teni, uzun boyuyla her yanından güzellik akıyordu. Huyu da, hüneri de en az güzelliği kadar güzeldi. Bize kötü davranmıyordu. Babam, bu evi de bırakıp gittiğinde, İstanbullarda darlıklarla boğuşan üvey annemiz, Darıca'da oturan annesinin yanına sığınırken, yeni oğullarını sokaklara atmamış, anasının evine bizi de yanında götürme erdemini göstermiştir.

İstanbul'da ilk günler çok iyi geçti. Annemiz bizi yıkayıp paklayınca yüzümüz gözümüz açıldı. Gelişimizin ikinci günü babam bize yeni elbiseler aldı. Üstümüzdekileri çıkarıp yenilerini giyince birden İstanbullu oluverdik. Bir-iki hafta içinde dilimizdeki Doğu söyleyişi de incelmeye başlıyordu. Ayakkabımdaki çiviyi çakması için ayakkabıcıya ricada bulunurken, 'lütfen' diyeceğime 'lüfeten' demiştim. Sözde, 'lütfen' diyerek kibar konuşan bir İstanbullu olacaktım!.. Babamı çok güldürmüştü bu incelik. Biliyordum, bunda küçümseme yoktu. Babamı 'lütfen'in 'lüfeten' olması güldürmüyordu. Onu güldüren kibar görünmeye çalışan bir çocuğun kendiliğinden yaptığı buluştu. Bir gün, niye 'limonata' deniyordu da 'portakalata' denmiyordu; onu sormuştum babama. Başıma geleceği nereden bilirdim, bu saçmalık onu hem kızdırmış, hem kahkahalara boğmuş, öte yandan, o günden sonra aptal sayılmama yol açmıştı. İstanbul'a gelip kaba olur diye Bolu'ya 'Bölü' diyen adamın budalalığına da çok gülerdi.

'Lüfeten'li gülmelerin saman alevi mutluluğu tez söndü. Annemiz belli etmiyordu; sanırım çocuğun sütünü almakta bile darlıklara düşülüyordu. Açlık, önce bebeğin sütünü kesmişti; süt olmazsa el kadar bebecik nasıl yaşardı? Büyük oğlan bir simit almak için dakikalarca yalvarıyordu anasına. Bizim böyle bir istekte bulunma hakkımız yoktu. Üvey annemiz ne denli yakın davransa, içimizdeki uzaklığı yenip kendimizi ev halkından sayamıyorduk. Oysa büyük oğlanın, avurtlarını şişire şişire simit yiyişine nasıl imrenirdik! Babam eve geç geliyordu. Geldiğinde, –İkinci Dünya Savaşı yıllarında İstanbul'da gece karartmaları vardı, evlerde gaz lambası, bizim gibilerin evlerinde de mum yakılıyordu–, elinde ancak bir-iki mum, hemen o gece pişirilip aç uyumamızı önleyecek bir palamut oluyordu. Belki de kadının elinde kalan üç-beş kuruş sağlıyordu bu öldürmeyecek kadar yiyecekleri. Elbiseler bile onun gücüyle alınmış olabilirdi. Bu dar olanaklar içinde bile, daha yaşama umudumuzu yitirmemiştik.

Babam bir yerlere gidiyor, geç de olsa akşamları eve dönüyordu. Eve eli boş döndüğü, babamla üvey annemizin gizli tartışmalarından anlaşılıyordu. Babamın giydiği meşin (deri) cekete bakılırsa, pek de kötü durumda sayılmazdık. Üzerine kırmızılar serpiştirilmiş yuvarlak, sakızlı tahin helvaları, geç vakit getirilip mangala sürülen torikler, palamutlar da mutluluğumuza yetiyordu. Ne ki bunlar da gün gün azalıyor, helvaların, toriklerin, palamutların sayısı sürekli düşüyordu.

Sonunda babam eve her gün geç gelmeye başladı. Geç saatlere kadar kulaklarımızı sokaktaki ayak seslerine dikiyoruz. Zamanla, babamın ayak sesleri iyice yerleşiyor belleğimize. Hiç yanılmadan çok uzaklardan, sokaktaki ayak seslerini dinleyerek, gelenin babam olduğunu kestirebiliyoruz. Sanki insan değildik, bütün duyuları sese ayarlanmış salt içgüdüsel bir yaratığın soyundan geliyorduk. Darlıklar karşısında ürettiğimiz umut, insanoğlunun kimbilir hangi göbeğinden kalma genlerimizi gün yüzüne çıkartmıştı. İnsanoğlu her şeyini yitiriyor da umudunu yitirmiyor; babamın eli boş geleceğini bile bile, adımını içeriye atıncaya kadar umudumuz gözümüzün ışığını parlak tutuyordu. Babam evden içeriye girince bir sessizlik başlıyordu. Umudu ayakta tutmanın son saniyelerini yaşıyorduk. Birden parlayıp yapmadığını bırakmayacağını düşünerek hiçbirimiz babama soru soramıyorduk. O gün yaşadıklarımızı, çocuk aklının tuhaflıklarını, bebeğin ilginç konuşmalarını anlatamıyorduk ona. Elinde bir kesekâğıdı varsa, ağzında yiyecek bulunan ana kuşun yavruları gibi, var gücümüzle boynumuzu yukarıya uzatıp bekliyorduk. Kesekâğıdı yoksa, bütün gün açlığa direnmenin yerini umutsuzluklar, korkular alıyordu. Hiç belli olmazdı, babam karısının güzelliğini, çocuklarının açlığını dinlemez, sorduğumuz soruyu bahane ederek bir anda hepimizi dayaktan geçirebilirdi. Yiyecek bir şey bulamayınca, gözlerimiz birbirimizin ağzında olurdu. Ağzın açlıktan oynaması bile, yeni bir umudun doğuşu olurdu. Babamın, gizlice onlara bir şeyler verdiğinden kuşkulanırdık. Yatağa girdikten sonra bir fırsatını bulur, yorganını aralayarak üvey kardeşimizin bir şey yiyip yemediğine bakardık. İnsanoğlunu en çok açlığın birbirine düşman ettiğini daha o yaşlarda anlamıştım.

Mumla olsun işitilmayan karartılmış geceler, mangalda kızaran palamutların cızırtısı, ağızda kokulu tatlar bırakan kırmızı benekli yuvarlak sakız helvaları bir süre sonra anı oluyor! Gerçekten açlık, insanoğlunu birbirine düşman ediyor. Aç insanda sevgi, erdem, adalet duygusu kalmıyor. Bütün bencillikler yüze çıkıyor. Kuşkularımız gerçek oluyor. Üvey annemizin kendi çocuklarına gizliden bir şeyler yedirdiğini görünce, kimsesizliğin acısı içimize işliyor. Çocukların gizli ağız oynatmalarından anlıyoruz bunu. Küçüğe yedirilmesine bir şey demiyorduk; gerekliydi bu. Ama büyüğün bizden gizlemeye çalıştığı ağız oynatmaları batıyordu bize. Biz kadına üveysek, o da babama üveydi. Aç insanlar, bir lokma için sağa sola saldıran sırtlan sürüsüne döner. Biz de, fırsatını bulup kaptığımızı ağzımıza atarak sırtlanlığımızı gösteriyorduk. Herkes bencilce birbirinin elindekini almaya başlamıştı. Evde her birimiz yem verilmeden kümeslere tıkılmış aç tavuklardık. Tek umudumuz, babamın akşamleyin elinde bir kesekâğıdıyla dönmesiydi.

1940-42 yılları özellikle İstanbul'da yaşayan yoksul kesime büyük açlıklar getirmiştir. İkinci Dünya Savaşı'nın dünyayı kasıp kavurduğu yıllar. Ekmek karneyle. Adam başı, günde bir-iki dilim ekmek düşüyor. Babam savsaklayıp almadığı için nüfus cüzdanımız yok. O olmayınca bize ekmek karnesi vermiyorlardı. Asalaklar gibi, onların ekmeklerine ortak oluyorduk. Başımızda babam da olmayınca, evde kendimizi fazlalık sayıyoruz. Hepimizin ortak yanı aç olmamız. İki kardeş sokaklara dökülüp Kızılay'ın yemek dağıttığı okul ya da cami avlularına gidiyoruz. Karnemiz olmadığı için oradan yemek alamıyoruz. Kendi yemeğinden bize bir-iki kaşık verenler oluyor. Beş-on günde bir, karnımıza sıcak yemek giriyor. Uzun süre yemek yemeyince insan açlığa alışıyor. Ağzımıza iki-üç kaşık kuru fasulye değince daha çok yemek istiyoruz.

Bir gün, mahallemizde eskicilik yapan bir Yahudi, Kızılay kazanlarına yaklaşınca adamı taşa tuttular. Yahudi de bizim gibi açtı. Olayı görünce oradan uzaklaştık. Anadolu'dan gelmiş insanlar da dışlanıyor o zamanın İstanbulu'nda. Yahudi, can kaygısıyla ayrılıp canını kurtarmaya çalıştı. Torbasını sırtına vurmak için eğilince olan oldu. Oğlanın biri, elindeki şimşir topacı adamın yüzüne fırlatıverdi. Topaç, adamın şakak kemiğinde patladı. Yüzü kana bulandı Yahudi'nin. Birkaç kişi, "Pis Yahudi! Pis Yahudi!" diye bağırarak ellerine ne geçerse adamın kanlı yüzüne atıyorlardı. Adam, yüzündeki kanı ellerini bastırarak durdurmaya çalışıyor, bir an önce oradan uzaklaşmaya bakıyordu. Yahudi'nin durumuna çok üzülüyorum. Her gün, güzel ve uyaklı sesiyle, "Eskiciiii!" diye bağırarak sokaktan geçen Yahudi'yi memleketimdeki akrabalardan birine benzetiyor, ona ayrı bir yakınlık duyuyordum. Ne de olsa açlıkta ve dışlanmada ortaktı yazgımız. Yahudi'yi bir daha o sokaklarda görmedim. Sokaklar eskicisiz kalmıştı.

Bu olay olurken aç midem kazınıyor, burkuluyor; bir köşeye yığılıyorum. Başımda bekleyen kardeşimin ağlama sesine uyanıyorum. Biliyorum, onu ağlatan açlık. Bir adam elindeki tasla yaklaşıp iki kaşık çorba içirince gözümüz açılıyor. Evin yolunu tutarken bir ayağımız gidiyor, bir ayağımız gitmiyor. Hadi biz iki kaşık çorba bulduk; peki evdekiler ne yiyip içtiler? Tok, açın halinden anlamaz; açın açlığını aç anlarmış. Evdekilere göre biz iyi durumdayız. Çöplükleri karıştırıp yiyecek bir şeyler bulabiliyoruz hiç değilse. Bir gün, kapağını açınca güzel kokan bir şey bulduk. Üstünde 'Diş Macunu' yazıyor. O güne kadar, diş fırçalama diye bir şey bilmiyoruz. Kokusuna bakarak bunun lezzetli bir yiyecek olduğunu sanıyoruz. Tüpün içindeki diş macununun kokusu hoşumuza gidiyor. Tadımı, kokusu güzel, yemesi berbat bir şey. İstanbullular ne olduğunu bilirler diye diş macununu eve getiriyoruz. Belki ekmekle yenirse iyi olur diye düşünüyoruz. Kutudakinin diş macunu olduğunu görünce, evdekiler aç soluklarıyla gülüp alay ediyorlar bizimle. Adım 'lüfeten'e çıkmış, buna bir de 'diş macunu' katılıyor. Açlığına mı yanarsın, aşağılandığına mı?.. Hayvan eğildiği otu koklamadan ağzına koymazken, biz yiyeceğe benzeyen her şeyin üstüne saldırıp kaptığımızı ağzımıza atıyoruz.

Yiyecek seferine çıktığımız bir gün, Kurtuluş taraflarındaki bir çöplükte kalıp kalıp çikolatalar bulduk. Kalıpları elimize aldığımızda ne yapacağımızı şaşırmıştık. İnanılmaz bir şeydi bu. Kalıplardan birini aceleyle açıp çikolatayı ağzıma attım. Ağzıma götürmemle öğürmeye başlamam bir oldu. Fırlatıp attım elimdeki kalıpları. Kardeşim atamıyordu. Ağır kakao kokusu kendinden geçirmişti onu. Elinden bırakmak istemiyordu kalıpları. Kendisine bozulduğunu söyleyip, tüm kalıpları benim yiyeceğimi sanıyordu. Ellerine saldırdım, "At onları, sakın ağzına sokma, zehirlenirsin!" diye bağırdım. Isırıp iğrenç tadı alıncaya kadar çikolataları tuttu elinde. Ağzımın kenarından sızan salyaları yutarak çöplükte başka şeyler aramaya başladık. Köpekler bizden şanslı idi. Burunlarını çöplere daldırıp bir şeyler buluyorlardı. Biz bir de yiyeceğimizi seçiyoruz. Köpeklerde iğrenme duygusu olmayışına imrenerek önüme gelen çöp öbeğine daldırıyorum elimi. İmrenmem işe yarıyor; bir köpeğin dittiği çöp öbeğinde yarım ekmek buluyorum.

HAMALLIK YILLARI

Babam eve bir gün gelirse üç gün gelmiyor. Son günlerde daha da seyrekleşti gelişleri. Hepimiz onun eline bakıyoruz. Eli boş geleceğine, çareyi eve uğramamakta buluyor. Babamın nerede olduğuna ilişkin tek bilgimiz, ünlü bir avukatın yanında çalışması. Avukatın 'variyeti'nin iyi olduğunu duyuyoruz, o kadar! Açlığa bir de babanın yokluğu katılıyor. Kazanıp doyuramasa da babanın gelişi gidişi bir umutmuş meğer. Babam eve gelmeyince, aç midemiz gibi, umut damarlarımız da boşalıyor. Bekliyoruz, bekliyoruz baba yok! Yazgı değişmiyor: Tak tak kaba(k)cık / Bizi azıtan babacık! O zamanın İstanbul'u kayıp binlerce babayla dolu. Üvey annem, hemen koşup karakollarda koca aramayı kendine yediremiyor. Beşiktaş'ın bir-iki sokağının dışında yol iz bildiğimiz yok ki gidip biz arayalım. Su gibi, hava gibi, sözün de sızmadığı yer yoktur. Arayıp sormadan, söz sızıyor: Babamın Büyükada'da, çalıştığı avukatın yanında olduğunu öğreniyoruz.

Arandığını mı duydu, vicdanı baba sorumluluğunu mu anımsattı; nice zamandan sonra, bir akşamüstü çıkıp geldi. Kulaklarımız duyarlı ya, merdivenleri çıkarken babamın arkasında bir şeyler sürüklediğini duyuyor, eli kolu dolu geldiğini sanarak umutla kapıya koşuyoruz. Yanında çalıştığı adamın zengin oluşu bu umudumuzu daha da artırıyor. Merdivenden sürükleyerek çıkardıklarının iki küfe olduğunu görünce içindekileri merak ediyoruz. Elindekiler, yepyeni iki boş küfeydi! Küfelerin birini benim önüme, öbürünü kardeşimin önüne attı; "Hadi bakalım, yarından tezi yok, pazara gidip hamallık yapacaksınız. Ben bittim, kaç aydır bir kuruş kazanmıyorum. Bugün işten ayrıldım. Şimdiden sonra kazanıp evi siz geçindireceksiniz. Çalışmayana ekmek yok İstanbul'da!" dedi, soyunmadan yatağa girdi. O anda, insanoğlunda tükenmeyeceği söylenen umut önce biz çocukların yüzünde söndü.

İkimizin de sesi çıkmıyor. Ne umutlarla geldiğimiz İstanbul'da nasıl hamallık yapardık! Sözde güzel yerlerde yaşayacaktık, babam bizi okutacaktı, istediğimizi yiyecek, bir giydiğimizi bir daha giymeyecektik... Ağın'da, İstanbul'a gidip iş bulamayınca hamallık yapanların acıklı öykülerini dinlemiştik. Biz de, ola ola hamal olmuştuk İstanbul'da. Şimdi aç açına uyuyacak, sabah erkenden küfelerimizi sırtımıza vurup hamallığa başlayacaktık... Çocuk da olsanız, açken yatağınıza uzandığınızda derin uykuları bulamazsınız. Sabaha kadar döndüm durdum altımdaki şiltede. Sırtımda tepelemesine doldurulmuş, arkasına da adım yazılmış küfeyle, pazarın bir ucundan bir ucuna dolaştım durdum.

Ertesi gün, erkenden küfeleri sırtımıza vurup bize yakın olan Beşiktaş pazarına gittiğimizde, ben sekiz yaşındaydım. Kardeşim altısının içindeydi. Yaşamın uzun yolunu yürümeye bu yaşlarda başladık. Aç, uykusuz, güçsüz kardeşim yolda bana yetişemiyor, gerilerde kalıyordu. Küfe ona ağır geliyor. Kardeşim boş küfenin ağırlığıyla bile neredeyse yere yapışacaktı. Yırtık pabuçlarını sürükleyerek bana yetişmeye çalışıyor. Pazara girince yollarımız ayrıldı. Mesleğimizin ilk kuralını koyuyoruz: Yan yana durmayacağız ki, ikimize de iş çıksın. Ekmek kavgası kardeş dinlemiyor, kardeşimle aramızda kendiliğinden bir rekabet doğuyor. İleride bu rekabet, sen 'az kazandın', 'ben çok kazandım'a kadar varacak. Bedenimizde dövülecek yer kalmamasına karşın, kavgalara girişeceğiz, birbirimizin boğazını sıkacağız!

Kural (!) gereği, kardeşim istemeye istemeye yanımdan ayrılıyor, beş-on metre ileride durup bekliyor. Küfe güçsüz omuzlarından asılıyor. Yere değdi değecek! Gene de indirmiyor küfesini. Mesleğimizin ikinci kuralı da, küfeyi sırttan indirip uyuşuk uyuşuk oturmak yok! Uzaktan izliyorum onu. Yaşlılar gibi, dizleri bükük, kolları sarkık duruyor. İkide bir sümüğünü çekiyor. Gözleri ise hep nemli. Ağladı ağlayacak. Bunca acı, bunca açlık çekerken hangi gözde yaş durur?..

Saatler geçiyor, kimsenin yük yüklediği yok sırtıma. Sonunda, bir hanımın bana doğru geldiğini görünce, ânında ben de ona doğru koşuyorum. Mesleğimizin bir kuralı da bu: Seni gözüne kestiren müşteriye ânında yaklaşacaksın, saygılı bir sesle, 'Götürelim mi abla?' diye soracaksın. İsterse yüz yaşında olsun, kadınlara 'anne, hanımanne, teyze' demek yok. Sen sekiz, o seksen yaşında olsa, kadın, senin 'abla'ndır. Erkeklerin de tek adı vardır: 'Beyefendi!' Kimseye 'baba, dayı, amca' demeyeceksin! Hamallık konusunda kafamdan geçen her şey kural oluyor. Temel kural, çok uzakta da olsan, müşterinin sana doğru geldiğini sezip ona doğru koşmak! Bu kurala uyarsan, müşteri kaçırma olasılığı ortadan kalkar.

İlk müşterimi bu yöntemle buluyorum; hamal aradığını seziyor, ona doğru koşuyorum. 'Lüfeten'li günler geride kalmış; saygılı bir sesle, "Götürelim mi, abla?" diye sorunca, bu çıtı pıtı hanımın, yorgun, kirli yüzüme acıyarak baktığını anlıyor, ondan iyi para alacağımı geçiriyorum içimden.

"Alacaklarımı taşıyabilir misin?"

Müşteri buldum ya, sırtıma dağ yükleseler taşırım. Görüyorum, deneyimli hamallar, ben bir iş tutuncaya değin bir-iki sefer yapıp geldiler. Müşteriyi kaçırır mıyım hiç!.. Umutsuzluğun umuda dönüştüğü bir sırada, küfemin yeniliğine de güvenerek sorusunu yanıtlıyorum:

"Tabii taşırım, ne alırsan al, istersen küfeyi ağzına kadar doldur!"

"Ama yolumuz uzak."

"Olsun! Dünyanın öbür ucu olsa götürürüm!"

Çıtı pıtı hanım sanki yürümüyor, uzun topuklu ayakkabılarıyla keklik gibi sekiyor. Arkasından gidiyor, doğal bir benzeşimle ben de onun gibi sekerek yürüyorum. Görüp beni kovmayacağını bilsem, sevinçten oynayacağım. Duruyorsa duruyor, yürüyorsa yürüyorum. Paraları babamın eline sayacağım, kazanıp istediğimi alacağım, kardeşime simit bile alacağım!.. Gölgemden anlıyorum, yepyeni küfem tepeleme dolmuş. Alışveriş bitip yola koyulunca, ardından sürüklenen tez adımlarımın hızı kısa sürüyor. Maçka yokuşunu tırmanırken soluk soluğa kalıyorum. Sık sık tökezliyorum. Dizlerim bükülüyor. Kollarıma tonlarca ağırlık biniyor. Sırtımda alışmadığım seğirmeler... Kadın zorlandığımı anlayınca, küfenin üstünden bir-iki kesekâğıdını alıp elindeki fileye koyuyor. Üstüme dağ yükleseler taşıyabilecektim sözde!.. Yol uzadıkça yokuş gözümde büyüyor, sırtımdaki ağırlığa ağırlıklar yükleniyor. Her adımda, sanki ayaklarım daha da küçülüyor. Kadından gerilerde kalıyorum. Kafama bir kural daha yerleşiyor: Müşteri arkada kalan hamaldan hoşlanmaz. Dünyanın en namuslu insanı da olsan, geride kalınca sepetten bir şeyler aşırdığını sanırlar.

Adımlarım küçülüp ağırlaştıkça kendimi bir böcek gibi görüyorum. Böcek yürüyüşüyle kendi adımlarımı karşılaştırıyorum. Bu böcek kırkayak da olsa, büyük bir adamın bir adımını kırk ayağıyla kaç adımda yürür, diye bir soru geçiriyorum içimden. Kırkayakçık bir de açsa, yorgunsa, yeylik (hafif) şiltelerde uykulara doymamışsa... Bunları düşünürken, cılız bedenimde güç bulacağımı, kadının kapısının önüne nasıl olsa ulaşacağımı kuruyorum içimden. Kadın içimden geçenleri sezip ikide bir, "Az kaldı, yaklaştık," diye beni yüreklendiriyor. Yüksek, görkemli bir apartmanın kapısından içeriye girince, yükten kurtulacağımı anlıyor, kadına sezdirmeden içimden bir oh, çekiyorum. Sonunda geldim diye, bu kez gerçek bir oh, çekiyorum. Apartmanın girişinde küçük bir kapı açılıyor. Kadın kapıdan giriyor. Arkasından da ben. Girdiğimiz yer küçücük bir oda. O zamana kadar böylesine küçük bir oda görmemişim. Odacık yukarıya doğru çıkmaya başlayınca içimden ürpertiler geçiyor, kasıklarımdan aşağı bir şeyler akıyor. Kadın, anlıyor şaşkınlığımı: "Burası asansör, apartmanlarda üst katlara bunlarla çıkılır." Asansörde ürpertilere uğrayan ben değilmişim gibi, biliyormuşçasına başımı sallıyorum. Bir kural daha: Hamal keleklik yapıp bilgisizliğini açığa vurmamalı!

Asansörün aynasında birden kendimle göz göze geliyorum. Omuzlarımı aşağıya çeken küfenin altında kuş kadarım; küçücük, güçsüz... Aynadaki ben miyim?.. Yük omuzlarımdan asılsa da, asansörde ayakta durmanın, yük altında yürümekten daha iyi olduğunu geçiriyorum içimden. Avuntuyu darlıklar yaratır. Kadından alacağım parayı düşünerek yüzümde sevinç izleri bile görüyorum. İşin sonuna gelmişim, şimdi onun bedelini alacağım. Puslu aynada içi gülen gözler benim gözlerim!

Asansör yükseldikçe yorgunluğumu unutuyorum. Yeni işim bana asansöre binme olanağı verdi, daha ne isterim! Asansörden çıkıp daire kapısının önüne gelince bu sevinç coşkuya dönüşüyor. Sırtımda küfeyle girsem de, bindim ya asansöre! Sahi, asansöre ilk kez sırtımda küfeyle biniyorum... Birkaç dakikalığına da olsa mutlu insanların arasında olmak ne güzel! İyiliksever bir kadın müşteri, asansör, elime sıkıştırılan para... Mutluluğun başka tanımı var mı?..

Parayı avucuma sıkıştıran kadına karşı ayıp olur diye hemen ne verdiğine bakmıyorum. Merdivenlerden aşağı inerken avucumu açınca, parlak üç yirmi beşlik görüyorum. O zamana göre bir hamala, hele bir çocuk hamala verilebilecek en yüksek para bu. Bu parayla bebek kardeşime şişelerle süt, öbürüne de onlarca simit alabileceğimi düşünüyorum.

Para kazanmanın coşkusuyla pazaryerine geri dönüyorum. Kafamda bu parayı nasıl harcayacağıma ilişkin tasarımlar var. Önce kardeşime salep içireceğim. İçsin, içi ısınsın! Kardeşim bıraktığım yerde duruyor. Soluk yüzü, kâğıtların en renksizinden de renksiz. O yüz ve karga kadar gövdesiyle, kendisi küfelerde taşınacak bir yük yığınına dönmüş. Kardeşimin yük taşıyacağına kim inanır da onu hamal tutar!.. "Gel," dedim, "benim aldığım ikimize de yeter, gidelim; önce salep içelim. Bebek evde süt bekliyor, onun sütünü götürelim. Çok para verdiler. Babama bu paranın yarısını da senin kazandığını söylerim, korkma!" diyorum. Hüznün her renginin birbirine karıştığı gözleri parlıyor kardeşimin. "Sen öyle dersen babam beni dövmez, değil mi, abi?" diye soruyor. Kazandığım ilk parayla, tarçını bol saleplerimizi ısmarlıyorum. Isınan kardeşimin içi mi, benim yüreğim mi?.. Salepten aldığı her yudumda kardeşimin yüzüne, kanın damarlarda dolaşımına benzer bir kırmızılık yayılıyor.

Elimizde sütle simidi görünce üvey annemiz, gözyaşlarını tutamıyor. Kimbilir, aklına hangi kayırmalar geldi!.. Bizim hamallık parasıyla aldığımız simidini yerken, üvey kardeşimiz bize bir lokma vermek istemiyor. O yetmiyormuş gibi, kötü koktuğumuzu söyleyerek burnunu tutuyor. Bunu söylerken, bizim getirdiğimiz simidi daha yutmadığını görüyoruz. Oysa onun yerine biz yiyebilirdik elindeki o gevrek simidi. Zamanla, yaşam zorlukları, simit yemede önce kendimizi düşünmeyi de, babama eksik hesap verip para kaçırmayı da öğretiyor.

İstanbul'un ayazlı kışlarında soğuk en çok parmaklarda duyulur. Soğuktan parmaklarım diplerinden kopup yere düşecek! Ellerimden sarkanlar parmak değil, saçaklardan koparılıp elime parmak yerine eklenmiş buzdan parçalar... Soluğumla ısıtmaya çalışıyorum. Hangi solukla? Soluğumu ellerime ulaştıracak güç nerede! Soluğum havada buğulanıp uçuyor. Parmaklarım sızlıyor, yerinden düşecek gibi oluyor.

Analarını babalarını yaramazlıklarıyla bunaltan çocuklar vardır. Düz duvara tırmanan bu çocukların içinde şeytan dolandığı sanılır. Oysa, çocuktan güçsüz yine çocuktur. Soğuktan ve açlıktan bir köşeye büzülüp oturan bir çocuğun solgun yüzünü görmediyseniz, güçsüzlüğün ne olduğunu anlayamazsınız. Ben yıllarca, kardeşimin o soluk, buruşuk, canı çekilmiş yüzündeki bezgin anlamı gördüm. Hayat, sivri dişlerini yavru ceylanın can damarına saplayan bir kaplanın ısırışı kadar acımasızdır. Sanki, boğazına acımasız kaplanların sivri dişleri saplanmış ceylan yavrularının ölgün bakışları, gelip kardeşimin gözlerine yerleşmişti.

Kış, hamallığın kötü mevsimidir. Bir de müşterin yoksa, bir köşede donup kalmayı beklersin. Soğuk, yerinde çakılıp kalanın düşmanıdır. Bu düşmana karşı uyanık olmalı. Seni tutan bir müşterinin yükünü sırtladığında umudun da, sıcaklığın da yükselir. Sekiz yaşındaki bu çocuğun öğüdünü unutma!

*Ey, yurdumun çocuk hamalları,
müşterin olmasa da, çakılıp kalmayacaksın yerinde;
hamallık gezginlik ister;
bir uçtan bir uca gidip geleceksin.
Sen sen ol, yerinde çakılıp kalma;
bir de bakarsın ayakların buz kesmiş, parmakların sepeti
tutamaz olmuş.
Kaynar sulara da soksalar
artık yaşam boyunca duygularının buzu çözülmez.*

Parmak uçlarımın soğuktan buza kestiği ayazlı bir İstanbul kışında, Beşiktaş pazarında bir kadın yanıma yaklaştı. Hep de kadınlar yaklaşıyor. Erkekler ya pazara gelmiyorlar ya da yüklerini kendileri taşıyorlar. Acıdan kıvranan çocukların durumunu ancak bir kadın anlar. Çocuklar, kadınların acıma duygularını daha bakışlarından sezerler. Kadın, duyguların kesiştiği insanlık noktasında, kirlere bulanmış bir hamalı bile kendi çocuğundan ayırmaz; bir anda, dünyanın bütün çocuklarını dokuz ay karnında barındıran kutsal 'ana' olur. Kadının, acıma duygusuyla tensel ürpertiler geçirdiğini de ancak çocuk sezer. Çocuk, sesinden, gözlerinden algılar bu duygu geçişimini. Çocuk umandır, sarmalanmak isteyendir... Kadın, acıma duygusunun, sevginin yaratıcısıdır.

Omzumu okşayarak, bana, "Gel bakalım, seninle gidelim, meyveler, sebzeler alalım," diyen, öyle bir kadındı. Bu seste, bir ananın koruyucu damarlarında dolaşan kanın çağıltısı vardı. Sanki hiç doğmamıştım; o kadının rahminde can bulma tırmanışları içindeydim. Beni o rahme kim yerleştirmiş olursa olsundu; erkekler, kadının dölyolunda dolaşan turistik yaratıklardır; yaratan, canından can veren, bu canı karnında dokuz ay koruyan kadındır.

Yüreğimi dolduran bu duygularla takıldım kadının arkasına. Beni orada burada dolaştırmadan, her zaman alışveriş ettiği bildik manava uğradı. Meyvesini, sebzesini oradan aldı. Ev pazara uzak değildi. İki yüz metre vardı yoktu. Yükü boşaltırken, "Ayakkabılarını çıkar gel, sana bir kaşık çorba içireyim," dedi. Çorba mı? Sıcak çorba yüzü görmeyeli kaç ay oldu?.. 'Sıcak çorba' sözü, yüreğimde sıcak odaları, buğusu tüten yemekleri çağrıştırdı. Ah! O kadının omuzlarımda dolaşan yumuşak elleri...

*Mutluluk yok diyenlere inanmayın;
yeryüzünde acıma duygusunu yitirmemiş
bir tek insan kalıncaya dek,
mutluluk da var olacaktır.
Dünyada insanlar gibi dolaşan canlı aynalar olmalı,
en puslusu gelip yüzünü bana, benim yüzüme çevirmeli;
yüreğimden, gözlerimden taşan mutluluğu bütün
insanlığa göstermeli!..
Bir tas çorba, sıcacık bir oda, sevginin
kaynayan yüreği...
Erenler ocağının cennetle muştulanmış hangi ermişi,
sevginin kaynayan yüreğini bu sıcaklıkta görmüştür?..*

Yukarıya çıktık. Soğuktan parmaklarım tutmuyordu. Ayakkabılarımın bağını çözemiyorum. Kadın, parmaklarımın işlemezliğini görünce, çamurlarla yüzünü yitirmiş ayakkabılarımın bağını, eğilip kendi elleriyle çözdü. "Şöyle sobanın yanına otur da iyice ısın," dedi, altıma bir minder koyup çini sobanın yanına oturttu beni. Sobanın kapağındaki mikadan, içeride yalımlanan mutluluk kızılı alevler görünüyordu. Kadın, bir tas da ılık su getirdi, "Ellerini sok şu suya; ısınırken sızlama duymazsın parmaklarında," dedi. Sızlama duyar mıyım? Hiçbir acı duymam! Ben artık beden değilim, güzelliklerle donanmış bir ruhum! Dediğini yaptım. Gerçek, ruhun dile getirdiği değildir; ruhun mutluluğu bedenin mutluluğuna yetmiyor; suyun içine girince, parmaklarımda, uyuşma titreşimleri oldu. Çok sürmedi bu; az sonra, parmaklarım üşümeyi hiç yaşamamış günlerdeki mutlu halini aldı. Dünyada her şey yolundaydı; o anda, parmaklarımı soktuğum ılık su ne ise, çocuk yüreğimi avuçlarında ısıtan kadın da o idi. Mutlulukla mutsuzluk arasındaki yol ne kısaydı! Bu kısa yolu ne çok uzatıyorlardı!..

Gerçekte mutluluk, acıların önüne gerdiğimiz yanıltıcı perdelerdir. Parmaklarım ılık suyun içindeyken, önümde mutluluğun aydınlık perdesinin gerili olduğunu görüyor, o anda bunun sonsuza dek süreceğini düşünüyordum. Beni koruyan bir kadın vardı, yüreğim onun sıcak avuçlarının içindeydi. Sıcaklık yalnızca bedenimin buzlarını çözmüyor, duygularımı da gevşetiyordu. Sobanın arkasında, kumaş parçalarından yapılmış minderine keyifle uzanmış kediyi görünce, hamal insanoğlu ile sultan kedigilleri bir araya getiren yazgıyı düşünmekten kendimi alamadım. İnsanın ömrü imrenmelerle geçer; bütün yaşam karelerini belleğimden geçiriyorum da, başka hiçbir şeye, o kedinin çini sobanın arkasındaki rahatlığına imrendiğim kadar imrendiğimi anımsamıyorum.

Kadın, küçük bir tepsiye koyduğu çorbayı, yanında kızarmış ekmekle getirdi. Mercimek çorbasıydı. Yaşamım boyunca, nane limonlu o mercimek çorbasının tadını hiçbir yemekte bulamadım. Çorbayı içip gözüm açılınca, çini sobanın okşayıcı sıcaklığını, pencerelerden sızan gün aydınlığını, büfedeki biblioların gülen yüzlerini, avizeden duvara yansıyan yedi rengi... ayrımsamaya başladım. Gene de, düşleme gücüm beni bulunduğum yerin dışına atıyor, böyle bir ortamın kilometrelerce uzağında bulunduğumu anlıyordum. Mutluluğumun tez biteceği korkusuyla titriyordum. Bir gün bizim de sobalı bir odamızın olacağını, sobanın üstünde bir çaydanlığın kaynayacağını, kardeşimle birlikte hoş kokulu yorganlara gömüleceğimizi ürpertiler duyarak geçiriyordum içimden. Kedinin mırıltıları arasında bunları düşleyerek dalıp gitmişim. Küfemi sırtlayıp pazarın yolunu tuttuğumda gün karanlığa dönüyordu.

Acı çekenin ancak an'larla ölçülen mutlulukları olur. Evden ayrılıp soğuğu parmak uçlarımda duyuncaya dek, o 'anlık' mutluluğu bütün varlığımla yaşadım. Bir tas çorba bakışları değiştirir, sağlam adımlar attırır, sevgileri duyumsatır. Yaşadığım anlarda bunlarla avunmuştum. Birden, önüme gerdiğim mutluluk perdesi, uzun bir oyunun açılımını duyumsatan bir tiyatro perdesi gibi yukarılara çekilmişti. O gün, 'anlık' mutluluğu yaşamış, perdeyi ve aydınlığı görmüştüm; bu bile bir şey değil miydi?..

Pazaryerine dönünce avuntumun üstüne karanlık çöktü. Hemen kardeşimin yanına gitmedim. Bir süre uzaktan izledim onu. Soğuktan kanı donmuş bir yaz güvercini gibi bir köşede büzülüp kalmıştı. Hamallık kuralına aykırıydı yaptığı. Hamal bir yerde çakılıp kalmamalıydı. Olmayan hayatta hamallığın kuralı mı kalırdı?.. İçimden geçeni duymuş gibi, büzülmüş gövdesini toparladı, tahta parçalarından yükselen alevlere doğru yürüyerek, buz kesmiş parmaklarını ateşe uzattı. Ateşin çevresini saran çocuklar arasında bir boşluk da o bulmuştu.

> *Dünya batsın!*
> *Dünyayı bu hale getirenler de batsın!*
> *Kardeşimin yanında,*
> *içtiğim çorbadan da,*
> *ısınan parmaklarımdan da utandım.*
> *Bulantılarımı midemde bastırdım,*
> *yediklerimi kusmamak için kendimi zor tuttum.*

Mutluluğumu ona iletemediğim sürece bu utançtan kurtulmam olanaksızdı. İnsanın acıyı tek başına çektiğini, onu kimseyle paylaşamayacağını bile bile kardeşimin yanına sokuldum. İnce parmaklarını, onunkinden daha sıcak olduğunu sandığım avucumun içine alıp ısıtmaya çalıştım.

> *Damardan damara kanın geçtiğini kim görmüş?..*

Gene yok olup gidiyor. Babamın evde izi tozu kalmıyor. Ardında bıraktığı bir bebekle, yeni annemizi ve onun oğlunu biz geçindiriyoruz. Hamallıkla ev mi geçindirilir! Pazarcıların verdiği çürük meyveleri yiyor, kazandığımızı eve getiriyoruz. Ne yazık ki ev geçimine gölge bile olamıyoruz. Ev kirasını ödeyememe, geçim sıkıntısının doruklara ulaşması, 'açlığın sarı rengi'... önceden çektiklerimizin daha da ağırını yaşatıyor bize. Bu kez, bir kadın, iki çocuktan oluşan babamın emanetlerinin sorumluluğu da var!

Hangi dayanılmaz darlıklara düştük de evi bırakıp Darıca'ya geldik, belleğimde bu bölümle ilgili ölü ayrıntılar bile yok. Herhalde, bir-iki eşyayı sırtladık, önce Ortaköy tramvayına, oradan Haydarpaşa vapuruna, sonra da doğuya giden trenlerden birine bindik; üvey annemizin yanında iki fazlalık olarak, Darıca'daki büyükannenin evine gittik. Kulaklarımda o günden yarı açık yarı kapalı sözler var.

Üvey annemizin bunları bizim duymamızı istemediğini, bize kanat gerdiğini unutamıyorum.

Darıca'da hamallık günlerimizi aratacak sıkıntılar yaşıyoruz. O günlerde hiç değilse çürük çarık bir şeyler giriyordu boğazımıza. Burada hem açız, üstelik horlanıyoruz. Savaş korkusu yaşayan o günün Türkiyesi'nde, üvey iki çocuğunu da ardına katarak annesinin evine sığınmış bir kadının değeri ne olabilirdi? Arkamızdan konuştuklarında, bizi 'piç' diye anıyorlar. Üvey annemiz, bu 'piçler'i sorun etmemek için, oralardan geçip gidelim diye bizlerden uzak duruyor. Öbür kardeşlerimizi ya az görüyoruz ya hiç göremiyoruz.

Açlıktan tahtaları kemiriyorum. Yazın sanatı sanılmasın; gerçekten, açlıktan tahtaları kemirdim. Çam kokulu tahtaları kemirirken doymuşluğu düşleyebiliyorsunuz. Üvey annemizin sığındığı ev ıssız bir yerde. Çevrede komşu yok ki bize acısınlar da ölmeyelim diye bir-iki lokma versinler. Umut kapıları kapanınca, kimsenin olmadığı zamanları kollayarak evin dibini köşesini arıyorum. Kilidi üstünde unutulmuş tahta dolapta tozşeker buluyorum. Bir bez torbaya iyice sarıldığına göre biri saklamış onu oraya. Elimi torbaya daldırıp ağzıma bir avuç tozşeker atıyorum. İçki nasılsa, tozşeker de öyle; torbada durduğu gibi durmuyor. Bir süre sonra midem bulanıyor, gözlerim kararıyor. Kusacak gibi oluyorum, kusamıyorum. Açlık insana her şeyi yaptırır. Birkaç gün sonra tahtaları kemirecek duruma gelince, yine o dip odaya giriyorum. Midemin bulanacağını, başımın döneceğini bile bile tozşeker atacağım ağzıma. Şekeri bulamadım yerinde. Ya benim gibi aç biri bulup canına okumuş ya da torbadan şeker eksildiğini görünce alıp daha gizli bir yere saklamışlardı.

O gün nasıl açım! Hırsızlık yapma umudum da yok. Nasılsa içimin bir köşesinde kalıvermiş bir umut kırıntısıyla, kimsenin olmadığını kolluyor, sedir altlarını, dolap üstlerini araştırmayı sürdürüyorum. Deliği deşiği araştırarak karanlık kilerde, eskinin eskisi bir dolapta bir şişe sirke ile zeytinyağı buluyorum. Boğazımdan bir şeyler geçsin de ne olursa olsun; bir yudum sirkeden, bir yudum zeytinyağından içiyorum. Başlangıçta ikisinin de tadı fena değil. Olan bir süre sonra oluyor; kazınmaktan midem yırtılacak. Parmakları telden cadılar, midemi alttan üste doğru kazıyorlar, yırtıp parçalıyorlar. Midem, iğne iriliğindeki milyonlarca okun saldırısına uğruyor.

Darıca'da geçen son günlerin bir yüzü baharda, bir yüzü yazda. Nerede bir yeşillik bulsak kırlara uzanıveriyoruz kardeşimle. Kırlarda yemlik, kuzukulağı çıkmış, onları yiyoruz. Çok yiyince midemiz bulanıyor, yeşil sular kusuyoruz. Ağzımızın iki yanında yeşil yollar oluşuyor. Nenemin dediği oluyor, yemlik yapacağını yapıyor. Erkenden tepemize dikilen güneş başkalarını ısıttığı gibi ısıtmıyor bizi. Açlıktan, saydam, lekesiz gökyüzü gözüme puslu görünüyor. Gene de bahar seslerinin içimize yaydığı bir umut var.

Bir gün, kardeşimi, ahırdan bozma karanlık odamızda uyur bırakarak yalnız başıma kırlara açıldım. Kıyıya dik inen kayalıkların üstünden denize bakarak beni kurtaracak uzaklıkların düşlerini kurdum. Denize atlasam o uzaklığı bulabilecek miydim? Bu düşünceler içinde, engin denizlerde umut arayan gözlerim kapanıyor, açlıktan bahar toprağının üstüne yığılıp kalıyorum. Güneşin yakıcı etkisiyle, öğle sonuna kadar toprak ananın kucağında öyle uyumuş kalmışım. Nasılsa uyanıyorum. Uzaktan çocuk sesleri geliyor. Demek, hâlâ yaşayan bir dünya var! Toparlanıp içgüdüsel bir yönelmeyle çocuk seslerine doğru ilerliyorum. Yarı sallanarak, yarı yürüyerek sesin geldiği yamaçtaki ilkokulu buluyorum.

Dayımdan okuma yazma öğrenmişim, ama bir okulla ilk kez karşılaşıyorum. Bahar güneşi doğayı, çayırları, hayvanların derilerini, çocukların yüzünü parlatıyor. Açlıktan, değil güneşin, Allah'ın koruyucu ışığının bile parlatmadığı bir tek ben varım yeryüzünde; bir de, karanlık odalarda uyuyan kardeşim. Sevinç içinde oradan oraya koşan, birbirleriyle alt alta üst üste boğuşan çocuklar, zil sesiyle bir araya gelip otların üstüne seriliyorlar. Ayakta duran öğretmenin işaretiyle şarkı söylemeye başlıyorlar: 'Meşeler gövermiş varsın göversin / Söyleyin huysuza durmasın gelsin'. Niye o çocuklardan biri de ben değilim! Gözkapaklarım tonlarca ağırlığın altında kapanıyor. Gören gözlerimle değil, düşsel duyarlıklarımla izliyorum onları. Hiçbir şeyin ayrımında değilim; onlara biraz daha yaklaştığımı görüyorum. Şarkılar bitiyor. Bu kez kuzu sesleri yayılıyor çayırların üstüne. Çocuklar, bir ağaca yüzlercesi konmuş serçeler gibi civ civ ötüyorlar. Sesleri birbirine karışıyor. Sözcükleri belirsiz bu karışık seslerle bir devinme başlıyor aralarında. O sırada azıklarını çıkarıyorlar. Ah, o bahar yumurtalarının yeşil soğan kokusu! Göze alıp üzerlerine saldırmalı, önlerindeki yiyecekleri kapmalıyım! Açın lokması dünyadan büyüktür. Çocukların bütün azıklarını ağzıma tıksam gene doymam.

Azıklarını yedikten sonra oyundan oyuna, şarkıdan şarkıya geçiyorlar. Bir sokak çocuğunun onlara bakmasından huylanıp, "Hadi oradan piç, defol git!" deyip, beni, bir kaşık çorba için Kızılay'ın yemek kazanlarının çevresinde dolaşan Yahudi gibi taşa tutacaklarından korkuyorum. Güneş devrilince serinlik başlıyor. Çocuklar, azık torbaları ellerinde, birden havalanan kırlangıç sürüsü gibi, okullarına koşup çantalarını alıyorlar. Okuldan bir bir çıkıp evlerinin yolunu tutuyorlar. Kimbilir, evlerinde neler yiyecekler! Ne gazozlar, ne dondurmalar, ne meyveler bekliyor onları... Bense, dizleri tutmayan yaşlılar gibi yerimden zorla doğruluyor, bir parça kuru ekmek bulamayacağımı bile bile ahırdan bozma odamıza sürükleniyorum.

Kardeşim bıraktığım yerde uyuyordu. Uyanmış, tekrar uyumuş olacak. Açlıktan tükenmiş cılız bedeniyle boş bir torba gibi büzülüp kalmıştı ıssız odada. Canlı değil, binlerce yıl sessiz kalmış bir mumya gibiydi. Güçsüzlüğünden mi böyle, sabrından mı, anlayamıyorum. Onun boynu düştükçe dünyam kararıyor. Yüzünü okşayınca gözlerini açıyor. Koynuna sakladığı kuru, kara bir ekmek parçasını çıkarıp bana veriyor. "Abi, bana bir kadın verdi ekmeği, yarısını sana sakladım," diyor. İki kez çiğniyorum ekmeği, üçüncüsüne kalmadan yutuveriyorum. Tok günlerde boğazımı yırtan çavdar ekmeği, bu kez aşağıya yağ gibi kayıyor. Ölüyü ayağa kaldıran Tanrısal buyruk gibi, bu bir parça kupkuru, kapkara çavdar ekmeğiyle gözüm ışıyor. Gün aydınlanıyor, toprak ısıtıyor, gök gülüyor...

Oradan kovulduk mu, hamallık edip geçimimizi sağlarız deyip biz mi ayrıldık; kendimizi yeniden sırtımızda küfelerle Beşiktaş pazarında buluyoruz. Bildiğimiz tek yer Beşiktaş. Ne de olsa oranın yerleşik hamallarından sayılıyoruz. Pazaryerinde yatacak bir karpuz sergisi bulabiliriz. Beşiktaş pazarında bizi tanıyan müşteriler, hamal arkadaşlarımız, kendimize göre çevremiz var.

Yaz, yoksulların kurtarıcısıdır. Geceleri nerede olsa kıvrılıp yatıyoruz. Beşiktaş pazarıyla yetinmeyip uzak pazarlara açılmaya başladık. Bir gün Beşiktaş'tan sabah erken çıkıp ta Kocamustafapaşalara gittik. Bizim gibi ortada kalanların zamanı çoktur. Uzaklara gitmek bize eğlence oluyor. İstanbullu çok yer tanımasıyla övünür. Biz de artık İstanbul'u tanıyanlar arasında sayıyoruz kendimizi. Tanıdıkça kendimize güven geliyor. Kocamustafapaşa'yı tanımamız iyi oldu. Orada bize daha yakın insanlar var. Yoksulu yoksul doyurur; Beşiktaş pazarında sergiciler darda kalana acıma nedir bilmeden kıçımıza tekmeyi vururken, Kocamustafapaşa'da, geceleri karpuz sergilerinin bir köşesinde uyumamıza kimse ses çıkarmıyor. Sergicilerden, "İtin uğursuzun arasında dolaşmayın, gelin burada yatın," diyenler oluyor. Biz de onların karpuz dizmelerine yardım ediyoruz. Arabadan atılan karpuzları çift tutmayı, tek elle karpuz yakalamayı kısa sürede öğreniyoruz. Uygarlık, merhameti yok eder. Beşiktaş'ın tuzu kuru karpuzcuları, bitlerimizin karpuzlarına geçeceğini (!) söyleyerek bizi sergilerinden uzak tutarlardı. Kocamustafapaşa'da sahipsizlere kanat gerenler çoktu. Yersiz yurtsuz zavallı çocukların açlığını, kimsesizliğini vicdanlarından geçiriyorlardı. Orada hemen herkesin bir ucu yoksulluğa dayandığından, halden anlıyorlardı. Bize acımayan, aç karnımızı doyurmayı düşünmeyen yok gibiydi. Kocamustafapaşa kurtuluşumuz olmuştu. Bir iş yapmasak da yiyecek bir-iki lokma veren çıkıyordu. Kocamustafapaşa pazarında ağzımız çürük meyvelerden kurtulmuştu. Pazarcılara yardım edince, yedikleri yemeklerden bize de veriyorlardı. Karnımız sıcak çorba görüyordu. Koca bir somunu ortadan kesip içine zeytinyağı sızdırıyorlar, bir parçasını bize veriyorlardı. Su getir diyenlere çeşmeden su taşıyorduk, sergilerini toplamaya yardım ediyorduk.

Kocamustafapaşalara kadar uzanmıştık ama, Beşiktaş'tan henüz kopmamıştık. Oradan çıkıp Kocamustafapaşa'ya gitmek gözümüzde büyüyünce, Beyazıt pazarına uğruyoruz. Oraya çok sık gitmediğimizden, Kumkapı'ya doğru, aşağılarda bir yerde bol yeşillikli bir pazar izlenimi kalmış belleğimde. Günü orada doldurduğumuzda Beyazıt Meydanı'nda geceliyoruz. Beyazıt Meydanı'nın iyi yanı, bankların geceleri bize yatak olması. Meydan o zamanlar böyle merdiven merdiven değil. Meydanın ortasında havuz var, ağaçtan geçilmiyor. Uyumaya elverişli banklar bu havuzun çevresine dizilmiş. Bu banklarda uyuyoruz geceleri. Bekçi gece yarısı sille tokat uyandırıp kovmasa, bizim beş yıldızlı otelimiz orası. Kan uykuda, koca elli bekçilerin tokadını yiyip banklardan deli gibi fırladığımız çok olmuştu. Kocamustafapaşa'nın karpuz sergileri gibi olmasa da, bize acıyıp uyandırmayan bekçiler nöbette ise, banklarda uyumanın keyfine değecek yoktu. Beyazıt Meydanı ışık içinde. Satıcılarıyla, eğlenceleriyle tam bir bayram yeri. Gündüzleri daha da şenlikli. İyi giyimli insanlar gelip geçiyor meydandan. O iyi giyimlilerden biri simit alıyorsa, bakışımızdan etkilenip bize de alıyor. Çok darda kaldığımızda, açlığımızı gidermenin bir yolu da bu. Sanatı geliştirip, aldığını tam ağzına götürürken bize de almasını rica ettiklerimiz oluyor. Elimiz pek boş çıkmıyor.

Kimsesizin felaketi kışın başlar. Açlıktan beter nedir dense, üşümek derim. Soğuk günlerde her şey zordur. Binaların bodrum katlarında börek, pasta pişirilen yerler olur. Oranın buğulu sıcaklığı demir mazgallardan dışarıya sızar. Pasta kokulu bu sıcaklık soba gibi ısıtır insanı. Oralarda hem ısınır, hem pasta kokularından mest olursunuz. Mazgalların üzerine oturuyor, ellerimizi sıcaklığa tutuyoruz. Ateşi görünmeyen bir açık hava sobamız da var artık! Pasta kokulu sıcak hava bacaklarımızı ısıtıyor. Oh, dünyada ne güzellikler varmış meğer! Pasta kokuları, çizgi filmlerdeki gibi, bükülüp burnumuzdan ciğerlerimize akıyor. İnsanın kokuya tutunma gücü olsa da, tutuna tutuna pastanın yapıldığı yere iniverse...

Korkmuyorsanız, garibanların en güvenli yatma yerleri mezarlıklardır. Birbirimizi yitirdikten sonra, kardeşim gecelerini mezarlıklarda geçirdiğini anlattı. Mezarlıkta yatmanın kötü yanı, orada geceledikten sonra, yaşam boyu ölülerin soluklarını kulaklarınızda duyuyorsunuz. Kardeşimin 'ölü' sözü duyar duymaz titremelere uğramasını buna bağlıyorum. Bir gece, mezarlık da bulup sığınamadık. İki kardeş, bütün İstanbul serserilerinin, katillerinin, pezevenklerinin, o zaman daha kullanım kazanmamış bir deyimle *üçkâğıtçı*'larının gecelediği Tophane Hamamı'nda yattık.

İstanbul caddelerini bir uçtan bir uca geze geze, kışları en lüks geceleme yerini bir rastlantı sonucu buluyoruz. Bir gece yarısına doğru, Beyoğlu'nda bir sinemanın önünden geçiyorduk. Hem aç, hem bitkindik. Bir duvara yaslansak, kertenkeleler gibi yapışıp orada öyle kalabilirdik. Sinemanın koca kapılarından ılık bir hava yayılıyordu dışarıya. Filmin bitmesine yakın, sinemanın kapılarını açmışlardı. İçeriden sokaklara akan ılık hava bizi o yöne çekti. Kapıda biletçi de, yer gösterici de yoktu. Girelim mi, girelim! Küfelerimizi sokağın görünmez bir yerine sakladık. Lüks bir otele girer gibi sinemanın kapısından girdik, deri koltuklara yerleştik. Perdede lekesiz yüzüyle insanda dinginlik yaratan bir kadın başı öylece duruyordu. Norma Shearer, Greta Garbo, Ingrid Bergman (*Casablanca*), Olivia de Havilland olabilir; belki Marlene Dietrich. Ya da adı pek yaygın olmayan, ama güzelliğini yüzündeki ince anlamdan alan bir başka kadın. Soluk kesen güzelliği, büyüleyici sesi düşlerimizde göremeyeceğimiz bir dünyaya sokmuştu beni. Koltuklara oturur oturmaz, o temiz yüzden yansıyan sevgi salonun sıcaklığıyla birleşince, iki kardeş, ânında uykunun yumuşak ellerine bırakmıştık yorgun bedenimizi.

Bu rastlantının bizde yarattığı esenliği anlatacak sözcük bulunamaz. Sinemanın arkasında küfelerimizi saklayacak yer de bulmuştuk. Dışarıda sabahlara kadar taşların üstünde oradan oraya attığımız bedenimiz sıcağı görünce gevşiyor, yıllardır tadamadığımız gerçek uykunun koynuna bırakıyorduk kendimizi. Dışarıda yatarken her an küfelerimiz çalınabilirdi. Çok güvenli bir yer bulmuştuk. Artık böyle bir korku da yoktu.

Ne yazık ki sinemanın lüks koltuklarından oluşan yataklarımızın keyfi uzun sürmedi. İlk gecelememizde olduğu gibi, sinemadaki kimi görevliler, kendilerini koltuklara bırakıp uyuyanları görmezlikten geliyorlardı. Bunu her görevli yapmıyordu. Kimi de sille tokat dışarıya atıyordu uyuyanları. Güzel rüyalı uykulardan sille tokat uyandırılmanın insanı nasıl sersemlettiğini yaşamayan bilemez. Çok geçmedi, üçüncü gecemizde güçlü tekmelerle dışarıya atılınca, sanki göğün irili ufaklı bütün yıldızları başımıza yağdı. Görevli bizi tekmeleyip sokağın yağmur bulanığı karanlıklarına attığında, sinemada in cin kalmamıştı. Kapısı önceden açılan sinemaları bellemiştik. Tümünde de aynı durumla karşılaştık. Göğün altında yer mi tükenirdi, yeni yerler aramalıydık...

BABANIN YENİDEN ORTAYA ÇIKIŞI...

Geceleri küfelerimizin içinde yatarak, o pazar bu pazar dolaşarak kışı atlatmaya çalışırken, umulmadık bir olayla karşılaştık; Beşiktaş pazarında babamızı gördük. Hiçbir şey olmamış gibi, "Neredesiniz, aramadığım yer kalmadı; evde kimse yok; onlar nereye gittiler?" diye sordu. Aradan aylar geçmişti; babam kimi kimden soruyordu? Olanı biteni anlatıyoruz. Bize muştuyu veriyor:

"Hadi, hemen gidiyoruz, kurtulduk artık. Atın sırtınızdan küfeleri! Ben bir cam fabrikasına müdür oldum. Orada size de iş verecekler."

"Fabrika nerede?"

"Kocamustafapaşa'da."

Babamıza yeniden kavuştuk diye sevinçten ne yapacağımızı bilemiyoruz. Üstelik, iyi bir iş sahibi olacak, hamallıktan kurtulacağız.

"Orayı biliyorum. Pazarı çok güzel! Orada tanıdıklarımız var," diyorum.

Küfeleri Beşiktaş pazarının çöplüğüne atıyor, coşku içinde babamın arkasından yürüyoruz.

Gökten inmiş bir baba, tramvay, otobüs ve Kocamustafapaşa... Dünya ne güzel!..

Fabrika, Kocamustafapaşa'da, Küçükhamam yakınlarında bir yerde. Adı fabrika. Gerçekte büyücek bir hangar. Hangardan içeri giriyoruz. İşçilerin, çubuklarını yukarıya kaldırıp camı şişirmelerini düğünlerde klarnet çalmaya benzetiyorum. Kendimi bir anda, klarnetli, cümbüşlü, davullu bir düğün ortamında bulmuş gibi oluyorum. Oyuncusu olmayan bir düğün. Düğünün oyuncuları biz olacağız. Yanlarına pislikten, kokudan yaklaşılmayan çöp kollu iki kardeş, bu düğünün oyuncuları arasında yer alacak!.. İyi bir işimiz olacak, para kazanacağız diye içim içime sığmıyor. Kardeşimin de gözleri parlıyor.

Klarnetçiler, ellerindeki çubuğu derin bir ateş çukuruna sokuyorlar. Oradan aldıkları elma büyüklüğündeki erimiş cam topağını şişiriyorlar. Sonra onu, yanlarındaki kulpları tutarak açıp kapatan çocukların önündeki demirden kalıba sokuyorlar. Sıralanmış ona yakın çocuk, camın soğumasına fırsat vermeden kalıplarını sıkıyorlar. Bizim işimiz bu, kalıpçılık. Kalıba sokulan içi şişirilmiş elma topağına benzeyen cama biz biçim vereceğiz. Sonunda cam, hiçbir yerinden hava girmeyen, üstü kapalı bardak biçimini alıyor. Bardaklar, yürüyen bantlara konacak, ince deliklerden süzülen mavi alevler bardakların üstündeki fazlalığı koparacak. Sabahları keyifle çay yudumladığınız bardaklar işte bunlar. Biz, çırpı kollarımızla sıkarak onlara bu biçimi veriyoruz.

Sözde işimiz kalıpçılık, ama her yere çocukları koşturuyorlar. Bantları çeviren kayışların (volan) sık sık domuz yağıyla yağlanması gerekiyor. Klarnetçi ustalardan biri, "Git, yağı al da gel!" diyor. Yağın nerede olduğunu biliyorum. Buyruğu alır almaz koşuyorum. İki-üç dakikalığına da olsa kalıp başından kurtulmuş oluyorum. Kalıp başında sabahtan akşama kadar iki büklüm oturmaktan önümüzdeki kalıplara dönüyoruz. Arada kalkıp yürüyünce uyuşuk bacaklarımız açılıyor. Kalın yağlı kâğıtlara sarılmış domuz yağını açınca ne göreyim! Yağın içinde binlerce beyaz kurt cobuluyor (deviniyor). Nice çürük elmalar, kokmuş çikolatalar, bayat yemekler yemiş olmama karşın, o görüntüden anlatılamaz bir tiksinti duyuyorum. Tiksintiyle tuttuğum kâğıdı getiriyor, ustanın eline veriyorum. Usta, "Bu ne ulan, kurtlanmış bu be! Sana bunu mu getir dedim, yallah, git kurtlanmamışını getir!" diye bir de azarlıyor beni. Yağı aldığım yere geri gidiyor, açtığım her kâğıdın içinde oynaşan kurtlarla karşılaşıyorum. Kendini yağ topağı içinde yaratmış kurtların, volanla silindirler arasında ezildiğini düşündükçe sırtımdan serin ürpertiler geçiyor.

Fabrika günlerimize ilişkin renkli filmler bir süre sonra grileşiyor. Akşama kadar çalışıp fabrikanın bir köşesine ölü gibi serilen çocukların hangi filminde renk aranır? Babam da, biz de fabrikada yatıyoruz. İlk günden sonra yüzünü hiç göremediğimiz babam, sözde fabrikanın hesap işleri müdürü. Babamla ilişkimiz, bir boşluk içinde dönenen gezegenlerin ilişkisine benziyor. Aynı ortamda döneniyoruz; birbirimizle göz göze bile gelemiyoruz. O, dip odalardan birinde, fabrikanın üst düzeyinden (!) arkadaşlarıyla yatıyor. Biz ise, geceleri, köpek şiltesine dönmüş minderlerimizi alıyor, öbür çocuklar gibi, bulabildiğimiz sıcak köşelere kıvrılıveriyoruz. Nasıl uyuduğumuz, nasıl uyandığımız, kaç saat çalıştığımız belli değil. Ustalar en küçük dalgınlığımızı bağışlamıyorlar. Tokadı patlattıklarında uykulu gözlerimiz faltaşı gibi açılıyor.

Fabrikada olacaklar yağların kurtlanmasından belliydi. Bir sabah uyandığımda kimsenin işe başlamadığını görüyorum. Yerinden kalkan dışarıya fırlıyor. Klarnetçi işçilerden birinin, "Uyanın ulan eşşekoğlu eşşekler! Gün uyuma günü değil!" bağırtısıyla olmayan yataklarımızdan fırlıyoruz. Aynı sözleri yineleyerek uyanıkları dışarıya çıkarıyor, uyuyanları tekme tokat uyandırıyor. Uyku sersemliğini üzerinden atamamış çöp kemikli çocuk işçiler, ne olduğunu anlayamadan soluğu dışarıda alıyorlar. O zamanlar pankart falan yok. Topluca slogan atma da yok. Bileğine güvenen işçiler, ortaya çıkıp sözde ve eylemde öncülük ediyorlar. Öncümüz, bizi tekme tokat uyandıran, burnunun sivriliğinden dolayı 'Karga' diye adlandırılan Nuri Usta. Kir pas içindeki işçilerin dışında, fabrikayla ilgili hiç kimsenin bulunmadığı alanın boşluğuna bağırıyor: "Paramızı bugün ödemezseniz çalışmayacağız!"

Bizim ücretlerimizi sözde babam alıyor, bizim adımıza biriktiriyor. Az çok kazanmaya alışmışız. Ama para mara gördüğümüz yok. Onun için sesimiz çıkmıyor. Kime başkaldıracağımızı bilmiyoruz. Meğer aylardır kimse para alamıyormuş. Sabır, sabır, gün bugünü bulmuş. Fabrikada bir bağırtıdır gidiyor. Karşılarında kendilerini dinleyecek birini bulamayınca, öfkeleri tepelerine çıkıyor işçilerin. Babamı göremiyoruz. İşçilerden babamı arayan da yok. Öğleye doğru dışarıdan patron kılıklı beş-on kişi geldi fabrikaya. Babam onların arasında da değil. Zaman zaman gelip yapılan işleri denetleyen fabrikanın sorumlusu Müştak Bey'in orada olduğunu görüyoruz. Müştak Bey iyi giyimli, gözlüklü, tombul yanaklı bir adamdı. Bir şey olmamış gibi, "Siz işe başlayın, yakında ödenecek paralarınız!" demesiyle, irikıyım işçilerden birinin, "Ulan, bu kaçıncı söz, pezevenk!" deyip Müştak Bey'in üstüne atlaması bir oldu. Yumruklarını kurulmuş makine gibi, Müştak Bey'in tombul yanaklarına indiriyordu. İlk yumrukta Müştak Bey'in gözlüğü yere düştü, toprağa karıştı. Tekme tokat altındaki Müştak Bey'in, ellerini tozların içinde gezdirerek gözlük aramasına dayanamadım. Çaresizliğini görünce hıçkırıklar boğazımda düğümlendi. Kavga süredursun, ceketinin bir kolu birinin, biri bir başkasının elinde kalan Müştak Bey nasıl olduysa kaçmayı başardı. Yanındaki adamlar, dayak sırası onlara gelmeden, gözü dönmüş topluluktan korkup kaçtılar. "Nerede o pezevenk!" diye bağırarak patronu arayan işçiler, kaçanların ardına düştüler. Yerin dibine girmiş gibi, bir anda ortada kimse kalmadı. Dayak korkusundan fabrikaya dalanlar olmuştu. Onları yakalamaya gidenler de elleri boş döndüler. Gelenler, arka kapıdan kaçmanın bir yolunu bulmuşlardı.

Babam akıllarına gelmiş olmalı ki, kalıpçı arkadaşlarımızdan biri, kardeşimin üstüne yürüyerek, "Çocukları burada!" diye ünledi. "Babanız nerede ulan?" diye sordu bir başka işçi. Korkulara kapılan kardeşimin tarçın karası gözlerinden yaşlar dökülmeye başladı. Döveceklerinden korkarak, "Vallahi biz de bilmiyoruz nerede olduğunu! O bizi hep bırakıp gidiyor!" diye inledi. Soru soran, kardeşime tokadı tam yapıştıracaktı ki, irikıyım işçi, "Ulan, s...... ananı, ne istiyorsun çocuktan! Onlar da akşama kadar çalışmıyorlar mı, bizden ne farkı var onların?.. Orospu çocuğu! Sor bakalım, bir kuruş almışlar mı şimdiye kadar!" diye yakasından tutup onu duvara itti. Akşam serinliği başlayıncaya kadar fabrikanın önü ana baba günüydü. Sonra herkes evine gitti. Bizim, fabrikadan başka gideceğimiz yer yoktu.

İşçiler işbaşı yapmayınca fabrika son soluğunu verip eski hangar halini aldı. İki kardeş, bir zamanlar fabrika olan bu koca hangarın bir köşesinde kalmaya başlıyoruz. Son soluğunu verdi fabrika ama, fırınlar hemen soğumadı.

Fabrikanın duvarlarında tuğladan örülmüş fırınlar vardı. Cam malzemeler yüksek ısılı bu fırınlarda pişiriliyordu. Bu fırınlar haydi deyince soğumuyor. Soğuma aylar sürdü. Dayanılır sıcaklığa gelince, fırınlar bize güzel bir yatak odası oluyor. Altımızdaki çulu çaputu yüklenip yeni yatak odamıza (!) yerleştik. Bu fırınların yüksekliği çok çok elli-altmış santimetredir. Oraya girerken fırının ağzından ayakları sokup gövdeyi içeriye doğru sürüklemek gerekiyor. Bir-iki giriş-çıkıştan sonra onun da ustası oluyoruz. Çünkü, ancak iki gövdenin sığabileceği fırına hava bu ağızdan giriyor. İlk gece, iki kardeş birbirimize sarıldık, sinema koltuklarındaki derin uykulara benzer bir uykuya orada da daldık.

Fırının dar ağzından giren hava yetmiyordu. Birkaç gün sonra o derin uykular havasızlıktan yok oldu. Başımızı fırının ağzına iyice dayayarak uyuyabiliyorduk ancak. Uyku sırasında içeriye çekilince havasız kalıyorduk. Kardeşim bir gece, tuvalet gereksinimi için uyandı. Fırının yüksekliğini kestiremeyip, yattığımız yerin oda yüksekliğinde olduğunu sanarak ayağa kalkmak istedi. Başı fırının tavanına değince sabaha kadar ağladı. Ona ben de katıldım. İki yaş büyük olmam, bana koruyuculuk görevi yüklüyordu; oysa ben ne idim ki onu koruyayım? Beni kim koruyacaktı?.. Koruyuculuğum, ona acıyıp akıttığım gözyaşlarıyla kalıyordu. İstanbul'a gideceğimiz anlaşılınca, anam, "Bir yere giderken kardeşinin elini tut, sakın onu yalnız bırakma!" diye öğüt vermişti. O gece birbirimize sarıldık, "Anam anam, bizi buralara atan anam!" diye ağladık, ağladık... Bu, artık iyice tükendiğimizin göstergesiydi. Kardeşimin ağlaması yüreğimi paramparça ediyordu. Direnme gücümüzü iyice yitirmiştik. Uçurumun ucuna gelmiştik, bizi arkamızdan tutacak kimse yoktu. Tavana vurduğunda onun kafası acıyordu, paramparça olan ise benim yüreğimdi. Birkaç kez ben de hesap edemeyip kafamı tavana vurmama karşın, onun bu durumlara düşmesinden kendimi sorumlu tutuyordum. Anamın öğüdünü anımsayıp, niye, "Uyanırken birden kalkma, dikkat et, yoksa kafanı tavana vurursun!" dememiştim. O olaydan sonra, kardeşim kardeş olmaktan çıkmış, her an korunması gereken güçsüz, umarsız bir çocuk olmuştu gözümde.

Bahar serinliği geçince fırın odamızdan çıkıp şiltelerimizi boş fabrikanın bir köşesine seriyoruz. Hamallık günleri yeniden başlamıştı. Yaz öyle geçiyor. Yoksulun iyi mevsimi tez geçer. Gene kış geldi. Her yanından rüzgârlar giren fabrikada 1943 kışının soğukları kemiklerimize işliyordu. Soğuduğu için, ayı ininden ayrımı olmayan fabrikadaki fırınlar da bir işe yaramıyordu. Kimsesiz, aç sefil ortalarda kaldığımızı gören bir adam, bizi ünlü Küçükhamam'ın üst bölümlerinde bir odaya yerleştiriyor. Soğukluk ne ise sıcağın nemlisi de odur! Daha ilk gecemizde, nemin ve sıcaklığın kudurttuğu hamamböcekleri, iyi bir av bulduklarını anlamakta gecikmiyorlar. Eski hamam havlularından yapılmış yorganlarımızın bir yerlerinden girip etimizi kemirmeye başlıyorlar. Üstünüzde hamamböcekleri geziniyorsa bir saniye uyuyamazsınız. Onlarla savaşmanın tek yolu ışığı yakmaktır. Işık yanınca hış diye bir ses duyuluyor, hamamböcekleri, görülmemiş bir hızla ortadan yok oluyorlar. İstanbul'da karartma uygulanıyor. Hamamda ışık yok. Koca kentin bütün pencereleri battaniyelerle, kilimlerle, kalın perdelerle kaplı. Dışarıya ışık sızdırmayacaksınız. Her an, ışık görülen yere bombalar yağabilir! Otomobillerin farları donuk mavi kâğıtlarla kaplı. Şoförler kör ışıklarda yol alıyorlar. Hamamböceklerinin düşmanı ışık; ışık yakmak ise yasak!

Biz mi hamamböceklerine alıştık, onlar tadımıza baktılar da, kuru kemiğe dönmüş derimizde lezzetli bir parça mı bulamadılar, bir hayır sahibi ilaçla mı yok etti onları, bir süre sonra hamamböceklerini göremez olduk. Kışın dayanılıyor da, sıcaklar bastırınca hamamda uyumak ölüm. Sokaklarda gezerken, yıkıntılar arasında üstü açık bir oda bulmuştuk. Nemli sıcağa dayanamayınca, bir gün eski hamam havlularından yapılmış yataklarımızı topladık, yıkıntılar arasındaki bu açık hava odamıza taşındık. Bir kadın da, beş numara şişeli bir petrol lambası verdi bize. Oh, ışığımız da var, gel keyfim gel! Yarı gizleyerek, yarı açık, lambamızı yakıyoruz. Mumun sönerken saldığı o iğrenç kokudan kurtulmak ne güzelmiş! Mutluluk yanı başımızdaymış da haberimiz yokmuş! Taşındığımız 'yazlık'ta sıcak bunaltmıyor, nem soluk kesmiyor, ciğerimize tertemiz hava doluyor. Ilık yaz gecelerinde açık havada uyumanın keyfi sultanda yok!

BİT

Yıkıntılar arasında bulduğumuz yazlıkta bu 'gel keyfim gel' hayatımız uzun sürmüyor. Orada bitlerin işgaline uğruyoruz. Bit hamamböceğinden de beter! Hamamböcekleri üstünüzde dolaşıyor; bit, koltuk altlarına, kasıklara yerleşip kanınızı emiyor. Işığı görünce hamamböcekleri kaçıyor. Biti kaçıracak bir güç yok. Bitin ışığı, karanlığı yoktur. Bitin tek iyiliği var; kaşınan yere elinizi attınız mı, yakalıyorsunuz biti. Bir süre sonra onları imha etmenin başka yollarını buluyorum. Gerçekte bu bir yol değil, oyun. Genç kanımızla tombullaşmış, üzerinde kan emdiklerini gösteren kırmızı benekler taşıyan bu canavarları lamba şişesinin içine atıp onların patlamalarını görmek hoş bir oyun oluyor. Oyun oynayarak, tombul gövdeleri kanımızla renklenen bu küçük canavarlardan sözde öç alıyoruz. Buluşum kardeşimi çok eğlendiriyor. Kardeşimin baygın, hüzünlü kara gözlerinde sevinci gördükçe, bitleri imha etmenin yeni yollarını buluyorum. Başka bir yöntem de, biti iki tırnak arasında ezmek. Kanın tırnak üzerinde yayılmasıyla değişik desenler oluşuyor. Kardeşimle desen benzetme oyunları oynuyoruz. Bilsin bilmesin, "İyi bildin!" diyor, onu güldürüyorum. O da bir şey bilmenin mutluluğuyla seviniyor.

İstediğiniz kadar öç aldığınızı sanın; bitler üreyip çoğalıyor, kol altlarımızdan, kasıklarımızdan dışarılara çıkıp üstümüzde yürüyorlar. Bunu gören çocuklar, 'Bitli' diyerek bizi oyunlarına almıyorlar. Ünümüz öyle yayılıyor ki, yanımızdan geçenler kaşınmaya başlıyorlar. Bir gün, bir arkadaşımızın annesi, sevap olsun diye bizi bitlerden kurtarmak amacıyla büyük bir operasyon başlatıyor. Neredeyse bütün mahalleli, kadının bizi çırılçıplak soyup yıkadığı alana toplanmıştı. Operasyon, böylece, Küçükhamam'da tam bir mahalle şenliğine dönüştü.

'Şenlik' şöyle başladı: Arkadaşımızın annesi, bir sabah erkenden küçük, tek katlı evlerinin önüne kazanlar kurdu, kazanlarda sular kaynattı. İlk işi, üstümüzdeki bitli çamaşırları çıkarıp harıl harıl yanan ocağa atmak oldu. Bu arınma törenini izleyenlerden biri, bitlerin ateşte patlamasını duyunca, "Hey maşallah, her biri bayram fişeği!" diyerek bizimle alay etti. Kazanın başındakiler kahkahayla gülüyorlardı. Biz ise, o kadar insanın içinde çıplaklığımızdan utanıyor, önümüzü küçük ellerimizle örtmeye çalışıyoruz. Kadın, koca bir leğen getirdi, kazanların yanına koydu. Bizi leğenin içine soktu, kendi çocuğunu yıkar gibi, tepeden tırnağa yıkadı pakladı. Yıkanınca yüzümüz gözümüz açıldı. Bulup buluşturduğu bitsiz giysileri giydirince dünyaya yeniden gelmiş gibi olduk. Açlıktan kurtulmanın mutluluğu, bitten kurtulmanın mutluluğunun yanında hiç kalır. Bitlerden kurtulmak, masalsı hazlar yaşatıyor insana. Masal kahramanları uzak yollardan gelir. Yorgundur. Kir pas içindedir. Padişahı görecektir. Padişah, "Hamama götürün, üstüne değerli giysiler giydirin, sonra huzuruma çıkarın!" der. Yıkanıp bir köşeye oturtulunca kendimi hamamdan çıkıp çivit renkli, sabun kokulu giysiler giymiş masal kahramanları gibi gördüm. Bitlerden kurtulan kardeşim fazla dayanamadı, kendini uykunun kollarına bırakıverdi.

Bunca emeğe, bunca tantanaya karşın, bitsizliğimiz bir gece bile sürmedi. Yıkıntılar arasındaki yazlığımıza gidip pırtılarımızın içine girince nenemin dediği çıktı: "Bit, temize gelir, çağam." Öyle oldu; mutluluğumuz, pılı pırtıdan oluşan yatağımıza girince sona erdi. Sabun kokusunu alır almaz, bitler, çok geçmeden saklandıkları yerden yürüyüp temiz giysilerimizi bulmuştu. Zavallı kadının kendini bir din kahramanı gibi görüp rahatlaması çok kısa sürmüştü.

Kötülükler, acılar gelir yoksulu bulur. Küçükhamam'ın arkalarında dolaşırken, ayağım yolun kıyısına dökülmüş hamam külüne girdi. Dışarıdan kızgınlığı anlaşılmayan küle giren ayağım oradan kızıl bir et parçası olarak çıktı. Acıdan var gücümle bağırıyorum; sesim göklere çıkıyor. O zaman 'Asker Ağa' diyoruz, bir er sırtına alıp ambulans hızıyla Gureba Hastanesi'ne koşturdu beni. Üstümde, sinemanın makine dairesinde çıkan yangında ölen gencin keten giysisi var. Ölüden kalanlar yoksullara dağıtılırken bana da bu keten giysi düşmüştü. Büyük geliyor ama, olsun; beni çıplaklıktan kurtarıyor ya! Gerçekte değişen bir şey yok; halimize bakılırsa ölen gençten ne ayrımımız var, biz de birer yaşayan ölüyüz.

Hastanede muayene masasına uzandığımda, kana doymuş tombul bir bitin omzumda yürüdüğünü gördüm. Utançtan yerin dibine girdim. O sırada ayağımın dayanılmaz acısını unuttum. Benim gördüğümü başkaları da görecek diye gözümü bitin olduğu yerden ayırıyorum. Utanmasam, iki tırnağımın arasına alıp çıt diye ezeceğim biti. Demek, insana boşuna 'bitli' demiyorlar! Doktor yanıma yaklaşınca, ilgim bitten kopuyor, acı, yeniden ayağımda toplanıyor. Doktor merhem sürdü, sarıp sarmaladı ayağımı. Beni getiren askere, "Asker Ağa, al, getirdiğin yere, evine geri götür bu çocuğu," dedi. İçinde sarı sıvı bulunan bir şişe verdi elime, güle güle dedi.

Kimin evine, hangi eve?..

Anam, "Senin etin temiz, yaraların tez iyileşiyor," derdi. Bu cılk yaraya etin temizliği ne yapsın! Nice deneyimlerden geçmiş anamın dediği doğru çıktı; bitlerin arasında, o sarı ilacı sabah akşam sürerek yarayı bir hafta içinde iyileştirdim. Bu tez iyileşmede bitlerin de etkisi olmadı değil. Yaşamayan bilmez; bit yaralı yerden hoşlanmıyor. Çamaşırlarımın her noktasında bit olmasına karşın, ayağımdaki sargı bezlerinin arasında bite hiç rastlamadım. Bitler de ağızlarının tadını biliyor; yanık yarasının ağır kokusundan uzak duruyorlardı.

Yaram iyileşti. Bitlerle savaşımımız ise sürüp gidiyor. Öldürme makinemiz hâlâ beş numaralı petrol lambası. Vücut bitinin ateşte daha iyi patladığını, baş bitinin fos diye bir sesle içinin boşaldığını, bitleri iki tırnak arasında sıkıştırarak öldürmenin iğrenç bir yöntem olduğunu zamanla öğreniyoruz. İki tırnak arasında öldürürken, bitin kanı yüzümüze gözümüze sıçrıyor. Bit patlatmayı önceleri bir eğlence sayan kardeşimin bu işten tiksindiğini yüzünden anlıyorum. O sırada rengi kaçıyor, sapsarı oluyor. Biti iki tırnak arasında ezerken tırnakta oluşan desenler artık ilgimizi çekmiyor. Pislik içinde boğulsak da, pisliğe dayanmanın da bir sınırı olduğunu bu bit deneyiminden çıkarıyoruz. Küçükhamam günlerimiz bir hırsızlık olayı ile sona eriyor. O sıra kimse yiyecek vermiyor. Acımızdan kıvranıyoruz. Bizi yıkayıp paklayan kadını kendimize yakın bulmalıyız ki, "İyilik yapma bulursun!" sözünde olduğu gibi, onun evinden ekmek çalmayı tasarlıyoruz. Gövdesi daha küçük olduğu için, pencereden kardeşim girecek, ben sağı solu kollayacağım. "Bütün ekmek alma, parçaları al!" diyerek kardeşimi pencereden içeriye itiyorum. Böylece yaşamımıza hırsızlık da giriyor. Bize bunca iyilik yapan kadının yüzüne bakmaktan utandığımız için oralardan kaçıp gitmek istiyoruz.

Sefil yaşamımız dayanılamayacak noktalara geldi. Mahalleli bir şeyler yapmaya çalışıyor. Ne ki, bütün kapılar kapalı. Bir gün, kardeşim aniden ortadan kayboldu. Birkaç gün sonra, elektrik işleriyle uğraşan Murat Usta diye birinin, kardeşimi yarı evlatlık, yarı çırak aldığını duyuyorum. Böylece kardeşimle birbirimizi yitiriyoruz. O gece yıkıntılar arasındaki yalnızlığımı sanırım yeryüzünde çok az insan duymuştur. Kardeşimi uzun süre göremiyorum. Onu görmek için, Murat Usta'nın evini arayıp buldum. Yanlarında bir fazlalık varken, ikincinin ziyareti hoşlarına gitmiyor. Kimseden yüz bulamayınca dönüp yıkıntıma geldim. Kardeşimin yazgısı bir süre sonra da beni buldu. Kocamustafapaşa yoksullarının babası Polis Recep, beni de kardeşim gibi, bir aşçıya yarı çırak, yarı evlatlık verdi.

POLİS RECEP

Polis Recep, Sümbülefendi Camisi'nin kabristana yakın bir köşesinde elimdeki gazete parçasını okurken buldu beni. Bunca okuma yazma bilmeyenin bulunduğu bir ortamda, dokuz yaşındaki bir sokak çocuğunun gazete okuması Polis Recep'i şaşırtmış olmalı ki, şaşkınlıkla, "Elindekini okuyabiliyor musun?" diye sordu. Yanıt bile vermeden elimdeki gazeteyi okumaya başladım. Yüzü, ateş basmış insanlarınki gibi kızarıktı Polis Recep'in. Şişmanlığın içtenlik kazandırdığı yüzündeki bu kızıl kırmızılıkta bir sıcaklık sezmiştim. Önce beni tutup yetimhaneye gönderir diye başıma dikilen bu polisten çekinmiştim. Ondan kötülük gelmeyeceğini sezince, elimdekini daha hızlı okumaya başladım. Şöyle bir düşündü. "Kimin kimsen var mı senin?" Yok anlamında boynumu büktüm. "Çalışmak ister misin?" Çalışmak istediğimi gözlerimin parlamasından anladı. Yanıtımı beklemeden, elimden tuttu, camekânında 'İbrahim Özgür / Aşçı' yazan bir dükkâna götürdü beni. Sandalyeye yan oturmuş, eli ensesinde, peşkiri omzunda sallanan Usta'ya, "Çırak arıyordun, al sana çakı gibi bir çırak!" dedi.

Usta, omzunda kirli peşkiri, kabak kafasıyla, ortaoyununa çıkmış bir Osmanlı celladına benziyordu. Gözünün ucuyla şöyle bir süzdükten sonra, "Ne çakı ne çakı! Bunun kiri temizlenmez bir ayda be!" diye beni beğenmediğini belirtti. Polis Recep, "Sahip çık bu çocuğa, pişman olmazsın," dedi ve ekledi: "Okuma yazma da biliyor; gazeteni okur, mektuplarını yazar..." Her karar öncesinde olduğu gibi, Usta, usturayla tıraş edilmiş şimşir kafasını kirli tırnaklarıyla kaşıdı. Lütufta bulunuyormuşçasına, Polis Recep'e, "Aramızda hemşerilik olmasa almazdım ya, hadi neyse..." Bana dönerek, "Dua et Polis Recep'e, yoksa Allah getirse seni bu kapıdan içeriye sokmazdım! Hadi bakam (bakalım), tak şu önlüğü önüne, doğru bulaşıkların başına; yallah!" diyerek beni işe başlattı. Hemen önlüğü taktım, bulaşıkların başına geçtim.

Herkesin dış görünüşüne bakarak olmadık sıfatlar bulan Kocamustafapaşalılar kesinlikle Polis Recep'e 'Şişman Recep' ya da kısaca 'Şişko' demişlerdir. Ne ki, ben hiç kimsenin ona böyle bir sıfatla seslendiğini ya da ardından onu böyle andığını duymadım. Bunda sürekli güleç yüzünün, polislikle hiç bağdaşmayacak sıcak bakışlarının etkisi olabilirdi. İri gövdesi bacaklarını içe doğru büktüğünden, futbolcular gibi yaylanarak yürürdü. Yaşlı genç, kadın erkek, çoluk çocuk, kimse selam vermeden geçmezdi yanından. Semtlilerin onu 'Kocamustafapaşa'nın babası' saymaları boşuna değildi. Evlerine Sümbülefendi Camisi'nin bizim dükkânın tam karşısına düşen kapısının güney yönünden gidilirdi. Evinden çıkar, caminin içinden geçerek doğru bizim dükkâna gelirdi. Dükkânın kapısında durur, dar polis pantolonunun kasıkları arasına sıkıştırdığı yumurtalıklarını kısa bacakları üstünde yaylanıp açarak ferahlığa kavuştururdu. Bunu burnunu çeker gibi, doğallıkla yapardı. Yıllar sonra, bunu sahnede ya da beyazperdede bekçi rolü oynayan Ulvi Uraz ve Müjdat Gezen gibi gerçek sanatçılarda da görünce, böyle bir davranışın mesleki bir tavır olduğuna inandım.

Bir gün, her zaman olduğu gibi, caminin kapısından çıkıp dükkâna geldi. Elinde defter kalem vardı. Bana uzattı elindekileri; "Al bunları, hem çalış, hem oku," dedi. Polis Recep, okuma yazma bildiğim için, politikaya düşkünlüğünden dolayı gazeteleri izlemek isteyen Usta'ya yalnızca bir çırak değil, bir beyin de kazandırdığı inancındaydı. Usta değerimi bilmeli, beni okula göndermeliydi. Oysa, değerimi bilme, okula gönderme bir yana, Usta, dayak atma yöntemlerinin tümünü benim üzerimde deniyordu. Bu zulüm makinesiyle Polis Recep'in nasıl olup da birbirinin hemşerisi olduklarını bir türlü anlayamıyordum. Biri yaz ise, biri kıştı çünkü.

Polis Recep'in ne yaptığını, nasıl yaşadığını bilmiyordum. O, benim için arada dükkâna uğrayan, beni koruyup gözeten bir insandı. Evine bir kez, manavdan aldığı meyveleri götürmek üzere gitmiştim. Karısını hiç görmedim. Başında başörtüsü, sırtında mantosuyla, dışarıya çıkmaya hazırlanan bir kız karşıladı beni kapıda. Kızın güzelliğini sıkıca bağladığı başörtüsü de, sarındığı manto da gizleyemiyordu. Gözleri kamaştıracak kadar güzeldi. Hele gözleri... Kara, kahverengi, mavi, yeşil, ela değildi; bütün bu renklerden ışık alan görülmemiş bir renkte idi. Manavın oğlu Necati söylemişti daha önce, kız Polis Recep'in gerçek kızı değil, evlatlığı idi. Necati de deli gibi âşıktı ona. Görür görmez kıza ben de tutulmuştum. Dokuz yaşlarındaydım; âşıkların aralarında neler geçtiğini bilmiyordum ama, aşkın ne olduğunu seziyordum. Üç dükkân ötemizdeki manavın oğlu Necati onunla mektuplaştığını söyleyince deliye döndüm. Necati okullu idi. Dükkânda çalıştığı sıralarda bile başından çıkarmadığı okul şapkası ona çok yakışıyordu. Benden beş-altı yaş büyüktü. Bisikletinin olması ise, Necati'ye rakip olma şansımı tümüyle yok ediyordu. O bir dükkân sahibinin oğlu, ben bir çırak parçasıydım. Çok da yakışıklıydı Necati. Ben ise, yüzümdeki şark çıbanı izlerinden dolayı, yakışıklılık nerede, yüzüne şöyle bakılabilecek çirkinlerden bile sayılmazdım. Ak tenli İstanbul çocuklarının yanında kömür topu gibi bir şeydim.

Bir gün, kız, alı al moru mor, dükkânının önünden geçerken Necati'nin önüne bir kâğıt attı, oradan hızla uzaklaştı. Beni gördü, ama tanımazlıktan geldi. Günüm kararmıştı. Bu kâğıdı aldıktan sonra Necati günlerce ne yapacağını bilemedi. Birkaç gün sonra bana, yazdığı mektubu gösterdi. Yer yer lekeli kâğıtta 'sevgilim, canım, çiçeğim, gülüm' gibi sözcükler vardı. Ama Necati, neden temiz bir kâğıda yazmamıştı da böyle lekeli bir kâğıda yazmıştı? Merak edip kâğıdın neden lekeli olduğunu sordum. Elini göğsüne vurarak, "Sen daha çaylaksın, oğlum! Bunlar leke değil, ersuyunun izleri. Bir kıza önce erkekliğini göstereceksin!" dedi. Bu yanıttan bir şey anlamadım. Lekelerin, elmalardan, portakallardan bulaştığını sandım. Necati'ye özenip, ben de içimden mektuplar yazıyordum kıza. Benim yazdıklarım bir güzelliğeydi, o gözlereydi. Kızı etinden kemiğinden sıyırmış, bir 'anlam'a dönüştürmüştüm. Necati kıza yakındı, ben 'anlam'a! Necati'nin bana üstünlüklerini biliyordum; ama kızın sevgilisi o diye onu kıskanmıyordum. Kız onundu, 'güzellik' benimdi.

ÇIRAKLIK YILLARI

Usta, iskemlenin arkasına sarkıttığı eli, kazıtılmış kafası, her an kızacakmış izlenimi bırakan bakışları, omzuna attığı, beyazken kirden grileşmiş peşkiriyle canlanır gözümde. Afyonkarahisar'ın bir köyündendi. İstanbul'a gelmiş, iş tutmuştu. Konuşmasıyla, davranışıyla köyünde neyse öyle kalmıştı. İstanbul'dan hiçbir şey kapmamış olmak en büyük gururuydu. Sokakta kocalarının kollarına girmiş açık saçık kadınları orospu sayardı. Onlar ahlaksızdı. Dünyayı bu ahlaksızlık batıracaktı. Karılarını kollarına takıp gezen erkekler yalnızca pezevenk değil, boynuzlu pezevenkti. Namuslu adam, karısını onların boynuzlarından korumayı bilmeliydi. Erkekleri istemese, karıları yanlarında kalçalarını kıvıra kıvıra yürüyüp iştah kabartamazlardı. Daha ilk günden, ben de, açık saçık, kocasının koluna giren kadınları ahlaksız sayıyorum. İleride, ahlaksız saymak bir yana, Usta'nın gözüne girerim diye, sözle, davranışla onlara yapmadığımı bırakmıyorum. Usta kadın düşmanı ise, ben de kadın saldırganıyım.

Polis Recep beni etimin, kemiğimin sahibime teslim edip gidince ilkelerini sıralamıştı. İlk sözü şu olmuştu: "Burada çok çalışacaksın. Çalışmayana ekmek yok. Tembellik yaptın mı, kemiklerini kırarım. Kemiğin de yok ama, ben kıracak kemik bulurum! İyi dinle; hırsızlığını arsızlığını görürsem, ortadan kaybol, gözüme görünme! Bu dükkânın şerefi var. Sokakta dövüşmeyeceksin. Dövüşürsen, döveceksin; dövülüp gelmeyeceksin! Döveceksin ki, dövdün diye ben de seni döveyim! Dediklerimi kulağına iyi sok! Hadi bakam, şimdi s..tir git işinin başına, it baytarı! Yallah!" dedi, beni gene bulaşıkların başına gönderdi.

Dediğini gerçekten yaptı, bedenimde kırmadık kemik bırakmadı...

Aşçı dükkânı yirmi-yirmi beş metre kare var yoktu. Üzerlerinde kirli mermerler bulunan dört küçük masayı dörder iskemle tamamlıyordu. Usta'nın yan verip oturduğu iskemle bunlardan biriydi. İskemleyi çeker, kalçasının bir yanını boşta bırakacak biçimde otururdu. Daha da yana kaykılması, yelleneceğini gösterirdi. Sağa sola buyrukları bu 'makam'dan yağdırırdı. Yan gelip oturduğu bu tahta iskemle Usta'nın azarlama ve küfür üretme üssüydü. Daha işe başlamadan ağzında küfürler gevelerdi. Usta'nın yalnızca kendine özgü bir sigortası vardı. Kendisine küfredileceğini hesaba katarak, güne başlarken besmele yerine, önce o herkesin anasına avradına küfrederdi. Dipteki küçük kapıdan bulaşıkların yıkandığı yalağa varılırdı. Orası koyu karanlık bir 'labirent'e açılır, aralıktan geçilerek nasılsa ortasında bir ağaççık kalmış çok küçük bir bahçeye varılırdı. Tuvalet, bahçenin dip köşesindeydi. Hırsız girer diye bahçeye açılan kapısı kapalı tutulan 'labirent', benim için bir korku geçidiydi. Her an, birinin karanlıklardan fırlayıp boğazımı sıkacağından korkardım. 'Labirent'ten her geçişimde titremelere tutulur, ağzımın kuruduğunu duyumsardım. Yüreğimin kulağımda tık tık atması ta o yıllarda başlamıştır.

Tuvalet bir ölçüde 'umumi'ydi. Bitişiğimizdeki leblebici ile bir ötemizdeki manav da kendi ara kapılarını kullanarak bizim tuvalete giderlerdi. Benim 'korku geçidi'nin başka işlere de yaradığını bir gün gözlerimle gördüm. Ceplerime leblebi dolduran leblebicinin kardeşine çok acırdım. Ayağı, oynak kemiğinden hep sarılı olurdu. Kemikteki yara oyuğu sürekli işliyordu. O cerahatli oyuğu ben de görmüştüm. Oyuktan görünen kemikler günlerce içimi bulandırmıştı. Çocuğun yüzüne demiyorlardı, ama kemik veremi olduğunu herkes biliyordu. O sıralarda daha çok akciğerlerde görülen verem, aman vermiyor, insanı erite erite öldürüyordu. On sekiz-yirmi yaşlarındaki soluk yüzlü bu delikanlıyı bir ölüm adayı gibi görüyor, ona çok acıyordum. Bu yüzden, ölünce cebime leblebi dolduran ellerinin de öleceğini düşünüyordum. Halise adında güzelliği dillerde dolaşan bir nişanlı kızın veremden öldüğünü duymuştum. Halise

117

hem kız, hem güzel, hem nişanlı idi. Ölüm, bunca güzelliği bir anda yok etmişti. Güzelliğin 'ölüm' denen bilinmezlikle birden yok olup gitmesini bir türlü içime sindiremiyordum. O yaşlarımda, yüzünü görmediğim Halise'nin kan kusarak ölmesini, bir güzelliğin yok oluşu olarak algılamış, Halise'yi gecelerce rüyamda görmüştüm. Anamın, "Ciğerlerin ağzından gele!" diye beddua ettiğini anımsayarak, 'kan kusma' deyimi, çürümüş ciğerlerin parçalanarak ağızdan dökülmesini gözlerimin önüne getiriyor, bu görüntü bende büyük korkulara yol açıyordu. Bir gün leblebicinin kardeşi de, belki kan kusmayacak, ama kemiğindeki oyuktan irin fışkırarak ölecekti. Her acı çekene, yüreğimin duyargalarıyla uzanıyordum; bu da mutsuzluğuma yetiyordu.

Bir öğle sonrası, bulaşıkları yıkamış, tabakları duruluyordum. Kasıkları çatlatan çiş de durup suyun bol aktığı durulama sırasında gelir. Ellerim yarı ıslak yarı kuru, labirentten geçip tuvalete koştum. Oradan her geçişimde ürperdiğim için, göz gözü görmez karanlıktaki soluk seslerini duyunca korkudan altıma kaçırdım. Gözlerim karanlığa alışınca, soluk seslerinin leblebicinin kemik veremi kardeşinden geldiğini gördüm. Veremli kardeş bir kadının üstündeydi. Korkunun yerini merak almıştı. Bu inleyen kadın ne yapıyordu? Her saat, her dakika, 's..' ile başlayan sözcükler duyuyor, bir kadınla bir erkek arasında bedensel bir şeyler olduğunu kestirebiliyordum. Ama duyduğum solukların, inlemelerin ne anlama geldiğini o yaşlarda bilmiyordum. Gene de yaptıklarının kötü bir şey olduğu takılmıştı kafama. Tuvaletten döndüğümde labirentten geçerken, toparlanıp gitmiş olduklarını gördüm. Demek kötü bir işti yaptıkları?..

Gördüğümü Usta'ya da, başkalarına da söylemedim. Usta kemik veremi demez, her kötülüğü yapabilirdi leblebicinin kardeşine. Bir de, bu olayı elli yedi yıldır kimseye söylememiş olmam, bu çiftleşmeye tanıklığın, içimde yarattığı bedensel kıpırdanışlara bağlanabilir. Gördüğümü gizleyerek, ben de içimden geçenleri gizlemiş oluyordum. Leblebicinin kardeşi kemik vereminden ölecekti; ölecek gözüyle bakılan bir insan herkesin karşısında nasıl rezil edilirdi!.. Rastlaştığımızda, onun yüzünde bir utanma belirtisi göremiyordum. Çocuk doğal bir iş yapmış kadar rahattı. Susmak ve utanmak bana düşüyordu.

ODAM

Ortasından bulaşık sularının aktığı dar bir sokakta bulunan Usta'nın evi üç katlı. Girişin karşısındaki küçük kapı belki onlarca yıldır el değmemiş bakımsız bir bahçeye açılıyor. Üst katta eşi ve ben yaşlarda bir oğluyla onlar kalıyor. Yalnızca büyük bir salondan oluşan orta kat bana 'tahsis' (!) edilmiş. Gözünüzün önüne elli metre karelik geniş bir salon getirin. Salonda, duvarlara kimbilir ne zaman çakılmış paslı çivilerin dışında, eşya diye bir şey yok. Ne dolap, ne masa, ne sandalye... Odanın tam ortasında, üç-dört kişinin zor kaldırabileceği, içine ot doldurulmuş, geniş bir telis döşek. Döşeğin üstünde bir asker kaputu. Askere gidip sağ dönmeyen bir erin kaputuymuş. Ölenin eşyaları arasından çıkmış. Yorganım bu kaput. Döşeğin alt yanında, masalların demir çarığı gibi, derisi demirden de sert bir çift çizme duruyor. Çizmeyi bir gün giyiyorum; vurduğu yerlerin yaraları bir ayda geçmiyor. Onu giymektense, yaz kış yalınayak gezmeyi yeğliyorum. Salonun camsız pencerelerine kâğıt yapıştırılmış. Tozdan görünmeyen pencereler duvardan ayırt edilmiyor. Nasılsa camları kırılmamış pencereleri örümcek ağları sarmış. Pencere kapakları ise sokağın ortasına düştü düşecek! Ne camı, ne kâğıdı kalmış pencereler de var. Çerçeveleri yağmurdan yaştan çürümüş bu pencereler ancak geceleri işime yarıyor. Her basamağından korku filmlerinin gürültülerine benzer sesler duyulan merdivenleri inip çıkmaktan ürktüğüm için, geceleri bahçedeki tuvalete gitmiyor, bu açık pencerelerden aşağıya salıveriyorum. Aşçıda çalıştığımı duyup ara sıra beni görmeye gelen kardeşime de yaptırıyorum aynı işi. Kardeşimle, bol sabah çişini sokağın karşı duvarına ulaştırma yarışmaları yapıyoruz. O çok hoşlanıyor bu yarıştan. Bunu yaparken, yüzünde sevinçler uçuşuyor; hiç acı çekmemiş, ana baba yanında sevgilere doymuş bir çocuğun kahkahalarıyla gülüyor. Hedefini bulunca, hüznün karattığı yüzüne güneş vurmuş gibi oluyor. Onu mutlu görünce işi daha da ileriye götürüyorum. Saçak altlarında geçenlerin başına işemeye başlıyoruz. Gülüp kendimizi ele vermezsek, başına çiş değenler, saksılardan su sızdığını sanıp ellerini saçlarından geçiriyorlar. Gülünce iş anlaşılıyor. Bu oyunu uzun süre oynadık. Foyamız ortaya çıkınca, Usta o günkü dayak faslına kardeşimi de kattı. O günden sonra kardeşim artık odama giremedi. Bu kez onu kaçak soktum; yarışmalarımızı da sürdürdük. Çünkü ne eğlencemiz vardı, ne gezmemiz; özgür kalıp kendi yarattığımız tek oyun bu idi.

Bir zamanlar görkemli eşyalarıyla göz kamaştıran konağın iskelete dönmüş bu kabul salonu, benim yatıp kalktığım oda oluyor; çıplak tabanıyla, camsız pencereleriyle, onu yalnız koyup giden eşyaların bıraktığı çıplaklıkla... Çocuklukta, ot minderle kuzu yünüyle doldurulmuş yataklar aynıdır. Günde on beş saat çalıştıktan sonra yorgun düşen beden ot yatak, yün yatak aramıyor; uzanır uzanmaz kendini uykunun kucağına bırakıveriyor. Ah, şu gece sıçramaları olmasa, yüreğimin atışı kulağımda patlamasa, ot yatak sultan yatağı olacak bana! Bu ıssız odada en çok rüzgârın vuv vuv diye ötmesinden, bir de kapının ve pencere kapaklarının birbirine çarpmasından korkuyorum. Rüzgârın şiddetli estiği yağmurlu gecelerde uyku bana haram. Karanlıkta bütün gözler kördür; insan hep birilerinin kendisini arkasından yakalayacağını sanır. Ürküntümün kaynağı bu. Kardeşimle olduğumuzda korkunun yerini olmadık maskaralıklar, gülmeler, boğuşmalar alıyor. İki kardeş bir mutluluk orkestrası kuruyor, sevinçten çıldırıyoruz.

Bir gece, kör karanlık yapacağını yaptı! Birileri arkamdan yakalayıp boğazımı sıkmadı ama, korkunun dili yüzümde dolaştı. Bir kurban bayramında koç alınmış, ertesi gün kesilmek üzere bahçede bir ağaca bağlanmıştı. Şiddetli rüzgârların yağmurları oradan oraya çarpıp seslerden ses çıkardığı bu kurban bayramı gecesinde, sen ipini kopar, basamakları çık, gel beni bul, yüzümü yala! Doğrusu bu görkemli kabul salonunda yatan bulaşıkçı şehzadenin yüzü bir koçu doyuracak kadar tuzlu ve kirlidir! Ne var ki, insan tuz taşı olsa, beklenmedik bu gece konuğunun soluklarını kulaklarında duyunca, ölümle korkunun kardeş olduklarını anlamakta gecikmiyor. Ben de öyle oldum; koç yüzümün keyfini çıkaradursun, korkuyla yerimden fırladım, odayı cinlerin, perilerin sardığı sanısıyla bağırmaya başladım. Gecenin kör karanlığında kulağımda soluğunu duyduğum bu garip varlık cinden periden başka ne olabilirdi?.. Ertesi sabah olayı Usta'ya anlattığımda, bağırtımı duyduklarını, ama bunu sayıklama sandıklarını söyledi. Usta, yüzümü cinlerin, perilerin değil, ipten kurtulan koçun yalamış olabileceğini söyledi. "Hayır, Usta, cindi, periydi!" diye üsteleyince, "Bak, tokadı patlatırım gözünün üstüne, çakan şimşekleri de cin sanırsın!" diyerek beni susturdu. O geceden sonra, bu eski zaman konağının kabul salonu, cinlerin cirit attığı bir yıkıntı gibi geldi. Geceleri bir yandan korkunun, bir yandan soğuğun etkisiyle ot yatağımda uyuşup sabahı bekliyordum. Korkudan titreyerek olmayacak sabahları ne çok bekledim!

Analı babalı günlerde bile bayram, yılbaşı, doğum günü kutladığımızı hiç anımsamıyorum. Usta'nın yanında kaldığım yedi yıl içinde de bunları görmedim. Onlar bayramlarda akrabalarıyla bir araya geliyorlar, yiyip içiyorlardı. Hiçbir bayramda bana yeni bir şey alınmadı, elime üç-beş kuruş sıkıştırılmadı. Odamda, yukarıdaki gülüşmeleri duyunca, onların arasında bulunmayı çok isterdim. Çağrılmaktan umudu kesince, korkuları unutmuşsam, herkesi eşit kılan uykunun kollarına bırakırdım kendimi. Ne bayramlarda, ne başka bir gün, ustalar kendi kaldıkları kata çıkarmadılar beni. Usta bayramlarda da dükkânı açık tutardı. O günler, çorbanın yağını biraz fazla koyardı, o kadar. Usta'ya göre, bayram akşamlarında vakit geçirmemeli, dükkândaki işlerin görülmesi için erken kalkıp erken yatmalıydım. Yukarıya onun için çağırmıyorlardı beni. Onlar çağırmasalar da, yalnız bir kez, yukarıda adam öldürüldüğünü sanıp yanlarına ben çıkmıştım. Merdivenleri tırmanıp aralık kalmış kapıdan bakınca, öldürülenin adam değil, bir kadının ancak sahibine özgürce teslim edeceği tek varlığı olduğunu anladım.

Usta'nın Sadık adında bir kaynı vardı. Askerden dönmüş, oradan getirdiği postalları, sütçülük yaparak Kocamustafapaşa'nın dar sokaklarında eskitiyordu. Öylesine kötü kokuyordu ki, sanki askere gittiği gün uğur getirir diye yıkanmış, dört yıl askerlik yaptıktan sonra o temizlikle (!) geri dönmüştü. Fazla vakit geçirmeden, üç-beş gün güldürücü askerlik anısı anlattıktan sonra eski işine, sütçülüğe başlamıştı.

Köy geleneği Sadık'ı da dışlamamış, askerlik yapmadığını ileri sürerek –o kızı– ona vermemişlerdi. Kızı Sadık'a verip yakmamak için de aile bu geleneğe sığınmış olabilirdi. Sadık geleneğe uymuş, askerliğini bitirir bitirmez, köyünden tanıdığı –o kızı–, Necmiye'yi alacağım diye tutturmuştu. Önceden kızlarını vermeye gönüllü olan aile, İstanbul'a yerleşip hanyayı konyayı anlayınca, Sadık gibi tembel, süütt, diye bağırmasının ötesinde bir becerisi olmayan çıplak bir adama kızlarını vermek istememişlerdi. Sadık ise, Necmiye diyor başka birini istemiyordu. Her gün Usta'dan önce kalkıp erkenden dükkâna gittiğim için görüyordum; Necmiyelerin kapısının önünden geçerken, Sadık'ın süütt, sesi daha gür çıkıyordu.

Bir gece, derin uykuda iken, merdivende gürültülü ayak sesleri duydum. Eve konuk geldiğinde on beş-yirmi kişiyi buluyorlardı. Önce eve konuk geldi sandım. Bir süre sonra ses birden kesildi. Çok geçmeden, merdivenlerden inip çıkmalar, bu arada da bir kadın ağlaması duydum. Yatağımdan fırlayıp yukarıya çıktım, aralık kalmış kapıdan olanı biteni izledim. Usta, "Sustur ulan şu kızı! Sustur da, al götür. Hadi, yallah, hepiniz s..tirin gidin!" diye Sadık'a çıkışıyordu. Karısına döndü, "Ulan avrat, bütün bunlar senin başının altından çıktı, hadi ortaya çık da temizle yaptığını!" diye bağırdı. Sadık'ın sesi çıkmıyor, Usta'nın karşısında yeni gelin gibi süzülüyordu. Usta'nın karısı ise, "Oldu bir kez," deyip boynunu büküyordu.

Olay bir süre sonra anlaşıldı. Sadık, kızı arkadaşlarıyla birlikte kaçırmış, ablasının önerisiyle Usta'nın evine getirmişti. Kızla Sadık'ı bir odaya tıkmışlar; işte o zaman olan olmuştu. Kızın saçı başı karışık, iki gözü birer kan çanağıydı. Kulakları yırtarcasına bağırıp eteklerini kaldırdı.

Bacaklarından aşağı yol yol kan sızıyordu. "Mahvoldum, kızlığım gitti, bu kanlarla nasıl giderim ben şimdi evime! Öldürün beni, n'olursunuz öldürün!" diyerek ağlıyor, evin büyüğü diye Usta'ya yalvarıyordu. Usta ise, işin olup bittiğini bilmenin rahatlığıyla, ağzına hiç de yakışmayan bir sevecenlikle, "Ağlama artık canım, olan olmuş. Kaçırdı da seni dağda mı bıraktı? Her şey olmuş bitmiş! Hadi çıkın evinize gidin," diye kızı avutuyordu.

Yalvarma para etmedi. Kızı birlikte kaçırdıkları arkadaşları, susturmak için kızın ağzına mendil gibi bir şey basıp benim odama getirdiler. Arkalarından ben de girdim odaya. Mavi gömlekli olanı bana, "Hadi ulan, s..tir git buradan, bu gece bahçede sabahlayacaksın!" dedi. İstersen sabahlama; uysal bir kedi gibi süzülüp bir zamanlar koçu bağladıkları ağacın dibine sindim. Korkulardan korku beğen!

Sabahleyin, Sadık'la kaçırdığı kız bir şey olmamış gibi evden çıkıp gittiler. Sadık elindeki güğümlerden birini de kızın eline vermişti. Sadık dünya evine böyle girdi. Aradan çok geçmeden, Usta, kaynı ile kızın ailesinin aralarını buldu. Böylece, Türkiye Cumhuriyeti, yurttaşları arasına bir aile daha katmış oldu.

İŞKENCE YILLARI

Sokakta büyümüş çocuklardan ince davranışlar beklenemez. Usta dövüyordu, sövüyordu. O dövüp sövdükçe arsızlaşıyor, aynı şeyi ben de başkalarına yapıyordum. Hiçbir neden yokken, gittiğim her yerde olmadık olaylar yaratıyordum. Gittiğim yerden sorunsuz döndüğümü anımsamıyorum. Yediğim dayaklar bendeki utanma duygusunu yok etmişti. Büyük küçük tanımıyordum. O anda aklıma eseni yapıyordum. Nerede, hangi koşulda olursa olsun, arının yuvasına parmak sokmaktan kaçınmıyordum. Yalnızca yaramaz değildim, bir sürü sabıkası olan yaramazlardandım. Benim içinde olmadığım bir olayda bile önce beni buluyor, gerçek suçluyu yakalamışçasına seviniyorlardı. Yalnızca konu komşu benden yakınmıyor, nasılsa Kocamustafapaşa'ya yolu düşmüş kadın ya da erkek, özellikle de çocuk, yanlarında polisle geliyor, yaptıklarımı Usta'ya anlatıyorlardı. Adamların geldiğini gören Usta, onlar ağzını açmadan beni dövmeye başlıyordu. Böylece, işlediğim suçtan dolayı beni yargılamış, gereken cezayı da vermiş oluyordu. Usta tarafından cezalandırılmamı isteyen çok kişi, burnumdan akan kana, parçalanmış dudağıma bakmaya dayanamayarak, tek sözcük etmeden dükkândan uzaklaşıyordu. Usta onları sorun etmiyor, ama polislerden yılıyordu. Polis beni önüne oturtup öğüt vermeye başlayınca dükkândaki işler aksıyordu. Getirip götürmekten, bulaşıktan ben sorumluydum. Dükkândan içeri girmişken, bir tas çorba içen, üstüne kuru fasulye gezdirilmiş pilav yiyen polislerden para almıyordu. Almıyor değil, alamıyordu. Bunu gönül rahatlığıyla yapmamasına karşın, yediklerinin üstüne tatlıyı da onlar istemeden gönüllü olarak kendi getirip önlerine koyuyordu. Polisi, zabıtayı gözetmenin hiç umulmadık anlarda ona büyük yararlar sağlayacağını biliyor, istemeye istemeye bunları yapıyordu.

Bir gün, gösterişli giysilerine ilgi çekmek için yolda kırıtarak yürüyen bir kadınla karşılaşmıştım. Kadın, ne kadar dükkân varsa hepsinin önünde duruyor, camekânı ayna gibi kullanarak boyuna bosuna, güzelliğine bakıyordu. Hele yükselip alçalarak, sağa sola kayarak kendine çekidüzen verdiğini görünce, onu av alanıma sokmakta gecikmedim. Bunları güzel bulduğum bir kadın yapsaydı sorun yoktu. Güzel karşısında elim ayağım tutulurdu. Oysa o güzel değildi; camekânın önünde ağzını yüzünü oynatarak güzelliğe özendikçe daha çok çirkinleşiyordu. Buna dayanamıyordum. Kadının giyimi kuşamı yerindeydi. Onunla yetinse, kılına dokunmak aklımdan geçmezdi. Camekânların donuk yansımalarında ayrıntılarından arınıyor, kendisini güzel sanıyordu. Dönüp dönüp kendisini gözden geçirmesi ondandı. Öyle yaptıkça, satır yüzü daha da uzuyor, karga burnunda yeni eğriler oluşuyordu. Beyaz bluzu, uzun topuklarına basarak yürüyüşü, yürürken kalçalarını sallaması, bugünün deyimiyle, gıcığıma gitmişti. Camekânın önünde tam pozunu alırken, pazarcıların tezgâh arkasına attıkları çürük domateslerden birini kaptığım gibi suratına çarpıverdim.

Domatesi o pozda birden suratında gören kadının şaşkınlığına bakıp gülecektim. İnsanı çileden çıkaran yaramazlıklar yapmamın özünde bu vardı. Onu, bulunduğu durumdan başka bir duruma sokacaktım. Bunu da ben yapacaktım! Görenler, bravo, o yaptı diyeceklerdi. Başta Usta olmak üzere, beni itip kakmayan yoktu. Ben de, bunları yaparak herkesi karşımda umarsız bırakmış oluyordum. Hoşuma gidiyordu bu. O sırada şunu düşünüyordum: Onlar varsa, ben de varım! Her şeyi bu geçici üstünlük duygusunu yaşamak için yapıyordum. Dalgın anlarımda Usta'dan yediğim tokatların beni ürküttüğü gibi, ben de, önüme kim çıkarsa onu ürkütecektim. Bir insanın bir durumdan başka bir duruma geçmesinde gülünecek şeyler buluyordum. Örneğin ölüm sırasında özel pozlar takınarak ağlayan bir adam, başından geçen bir olayı gözlerini açarak, abartmalı el kol hareketiyle anlatan bir kadın güldürürdü beni. Domatesi yiyen kadının şaşkınlığı, ne yapacağını bilmez hali, yüzündeki alabora beni mutlu etmeye yetiyordu. İçime şeytan girmişti de, bütün bunları o yapıyordu gibi bir duygu vardı içimde. O şeytanın buyruğuyla, onları şaşırtıyor, ne yapacaklarını bilemez hale getiriyordum.

Bir gün anam, bunamış bir yaşlı kadını anlatıyordu. Belki anamın canlı anlatımıyla da ilgiliydi bu; kadının, her gün yüz yüze geldiği bacısını erkek sanması, bir erkeğin yanında yapılmaması gereken davranışlarda bulunması, yakınlarını başka adlarla çağırması, en çok da bulunduğu ortamın ayrımında olmaması gülmekten bayıltmıştı beni. Anam, anlatımını keserek yüzüme bakmış, "Ne de gülünecek şey, delirdin mi ula sen!" diye tepki göstermişti. Yıllar sonra, çok saygı beslediğim bir hanım arkadaşım, Paris'te kızının üstü kapaklı bir onarım çukuruna düştüğünü, çocuğun birden kayboluşu karşısında düştüğü dehşeti anlatırken gülmeye başlamış, günlerce kendimi tutamamıştım. Hemen yanında yürümekte olan kızı, kapağa basıyor, kapak yerinden oynayınca kızcağız kendini çukurda buluyor; kapak küt diye üstüne kapanıyor. Bir anda, var olan capcanlı kız kayıplara karışıyor... Anlatırken, arkadaşımın yüzündeki dehşet fırtınalarının nasıl estiğini ayrımsamama, onun yüz yüze geldiği olay karşısındaki umarsızlığını kavramama karşın gülmemi tutamıyordum. Olayı dile getirirken, akı bol gözlerini ayırmasında, etsiz dudaklarını büzmesinde gülünçlükler buluyordum. Bayramlarda ya da gösterilerde, bandoyu yöneten adamın, elindeki değneği havaya atıp tutarak yaptığı abartmalı hareketlerle kendinden geçmesi, kahkahalarla güldürürdü beni. Aynı durumda, ortada bir şey yokken, yolda kendi halinde yürüyen bir adamın, bandonun temposuna kendini kaptırarak oynayıp zıplamaya başlaması ise, gülme bir yana, gözlerimden yaş akarcasına ağlatır. Ağlanacak hallere güldüğüm, gülünecek hallere ağladığım çok olmuştur.

İyi giyimli her kadına yapmıyordum bunları. Yüzüne domates attığım kadın, yolda doğru dürüst yürüseydi, dünyayı ben yarattım der gibi sağa sola çalım atmasaydı ona da yapmazdım. Yürürken kalçalarını kıvıran, boyalı dudaklarını büzüp yapay uzatmalarla konuşan kadınları komedya sahnesinde rol kesen başarısız oyunculara benzetiyordum. Beni yapaylıklar öldürüyordu. Bugün bile, annelerin, babaların çocuklarıyla ilgilenirken, davranışlarında dayanılmaz yapaylıklar bulurum. Bir arkadaşımın, yetişkin sayılan iki oğlunu ellerinden tutup hayvanat bahçesine gezdirmeye götürmesine günlerce gülmüştüm. Çocuklarının elinden tutup yürümesi, onu alıştığından başka bir duruma sokuyordu; buna gülüyordum. Sevgililer arasında geçen 'canım, gülüm, meleğim, gözbebeğim, canikom, güvercinim, cicim, cicikom, canişkom' vb. sözler bana içtenlik dışı gelir. Öyle söyleyenler, gözümde bir oyuncak çocuğa dönüşür. Benim için evler birer tiyatro sahnesidir; anneler, babalar, büyükanne ya da büyükbabalar, çocuklar, akrabalar, bu sahnede, doğanın sınır koyduğu bir 'zaman' içinde, sürekli gösteri yapıp oyuncaklar gibi devinir dururlar. Çoğu insan, yeryüzünün herhangi bir noktasında, yerine göre oyuncu, yerine göre seyirci olarak, 'insanlık komedyası' denen bu karmaşadan kurtulmaya çalışırken daha da batar. Ölüm döşeğindeki Beethoven'ın, verdiği her varlığı, her yeteneği insanın burnundan getirircesine geri alan 'doğa' karşısında, "Elveda dostlarım, komedya sona erdi..." dediği söylenir.

Çocukluk dünyasının bencilliğinden olmalı; o sırada, yaptıklarımda haksız olduğumu hiç düşünmüyordum. İş olup bittikten sonra, kimi kişilerin, yaptıklarımı hak etmemiş olduğunu anlıyor, bundan büyük acı duyuyordum. Olayın yaratıcısı olmama karşın, pişmanlık duyarak, olayın ardından hüngür hüngür ağladığım olmuştur. Yapan da bendim, ağlayan da... Eminönü-Topkapı tramvayının en arkasına binerdim. İki tramvay arasında fazla uzaklık yoksa, arkadan gelen tramvayın vatmanıyla yüz yüze olurduk. Vatmanı tepeden tırnağa süzüp onu nasıl huylandıracağımı kurgulardım. Adamın tiki varsa başlardım onun gibi yapmaya. Asık yüzlü ise, ben de yüzümü asardım. Yüzümü asmayıp güleç bir yüz takınırsam, vatman açısından, önemli bir yanılgıya yol açardı bu. İşinde gücünde sigarasını tüttüren vatman, tramvayın arkasındakini bir tanıdığı sanır, nezaket gereği, zoraki de olsa o da gülerdi. Bir süre sonra bunun böyle olmadığını anlayan adam, yanılgıya düşerek saflık gösterdiğine yanarak, izlediği tramvayın arkasında kendi kopyasını görünce sinirden deliye dönerdi. Diyelim adamın ağzı büyük; iki parmağımla ağzımı ayırıp onun ağzı gibi yapardım. İri burunlulara, ellerimi oynatarak abartılı burunlar uydururdum. Demek, insan kendi doğal varlığına aldırmıyor da, karşısında kopyasını görünce çıldırıyordu.

Bu oyunlarımın birinde, vatman tramvayı durdurmuş, aşağıya atlamıştı. Önündeki tramvayda kıstırılacağımı anlayınca tramvaydan ben de atlamıştım. Kovalamaca başlamıştı. Herkes işine gücüne giderken, vatman tramvayı durduruyor, ağzında küfürlerin bini bir para, caddede çocuk kovalıyor! Kovalamaca tam bir ortaoyununa dönüşmüştü. Olayı izleyenler kızacaklarına gülüyorlardı. Motor takılmış gibi koştuğumdan vatmanın beni yakalaması olanaksızdı. Bunu bildiğim için, hızımı kesip adamın bana yaklaşmasını bekliyor, tramvayın arkasında yaptıklarımı daha abartılı biçimde yineleyerek, adamı delirtiyordum. Beni yakalama umuduna kapılmış adamın bütün umutlarını suya düşürdükten sonra var gücümle koşuyordum. Böyle bir koşuş sırasında vatman neredeyse bir arabanın altında kalacaktı. Oradan kaçıp kurtuldum. Kaçarken, yaptığımın nelere yol açabileceğini düşünerek bir daha tramvay taklitçiliği yapmadım.

Temiz pak, iyi giydirilmiş çocukların, özellikle kız çocuklarının düşmanıydım. Bir çocuğun yanından geçeyim de, onun kırmızı yanaklarını sıkmayayım, parmaklarımı geçirip ağzını ayırmayayım... Usta öldüresiye döverdi, gene de yapacağımı yapardım. Ben bir lokma bulup yiyemezken, verilenleri mızmızlanarak alanlar da benim av alanıma girerdi. Nazlı çocuklardan nefret ederdim. Analarının, babalarının üstüne titredikleri çocuklar ise benim yalnızca düşmanım değil, baş düşmanımdı. Nedense, çocuklar sevmedikleri yiyecekleri ellerinden alındığında bile basarlar yaygarayı. Oysa, üç gün dursa, önündekileri yemeyeceklerdir. O tür çocukların ellerindekini kapıp ağzıma atıyor, her fırsatta haklarından geliyordum. Avıma yakalanmış hiçbir çocuk bana bir şey yapamıyordu. Ancak anneleri babaları ardıma düşüyorlardı. Onlar da beni yakalayamıyorlardı.

Bir gün, Usta beni bir yere göndermişti. Yolda av alanıma girdiğinden kuşku duymadığım bir kız çocuğunun gözebatacak ölçüde uzun burnunu işaretparmağımla ortaparmağım arasında sıkıştırmış, burnu kökünden koparırcasına sağa sola sallamıştım. Anasının, "Kızımın boynundaki altını çalıyorlar! Çocuğumu öldürüyorlar!" diye bağırmasından korkup başka yer bulamayınca geri dönüp dükkâna sığınmıştım. Yani, aslanın ağzına lokma olmuştum. Arkamdan yetişen kadının bağırıp çağırmasını duyan Usta, ocaktan aldığı ucu sivri, kızgın maşayı, "Ulan, nedir senin elinden çektiğim!" diyerek, sol baldırıma saplamıştı. Burnunu sıktığım çocuğun annesi, baldırımı cızırdayarak oyan maşanın sallanışına dayanamamış, "Allahım, olamaz, olamaz! Vahşet, vahşet!" diye bağırarak çocuğunu alıp dükkândan uzaklaşmıştı.

Şimdi, o 'vahşet'in izi olarak, öküzgözü iriliğinde bir yara oyuğu vardır sol baldırımın arkasında!

Sol elimin ortaparmağındaki tırnak çatlağı da o günlerden kalmadır. Bu kez, öyle av mav yakaladığım yok. İçeride yemeğin başındayım. Her gün olduğu gibi çok erken kalkmışım. Bir ara ocağın başında uyuklayıp kendimden geçmişim. Parmaklarımın ucuna maşayı –bu kez kızgın değil– yiyince gözlerimde şimşekler çaktı. Etle tırnak arasını morumsu bir kan kapladı birden. Görüntü korkunçtu. Tırnağımdaki acı, görünüşünden de korkunçtu. Uzun süre parmağımın morluğu gitmedi. Dipten gelen tırnak, zamanla, önündekini ite ite morluğu giderdi. Çatlaklık ise öyle kaldı. Nice yaraları onaran doku, candan can yaratıyor da, sert tırnağı onarmaya güç yetiremiyor.

O günden bu güne öyle çatlak durur ortaparmak tırnağım!

Kafamdan geçenlere dalıp gitmişken, filmlerin salak oğlanları gibi, ağzım açılır, açılmakla kalmaz, farkında olmadan ağzımdan salyalar akardı. Dalgın anlarımda aynada karşılaştığım yüzümün bana nasıl aptalca bir görüntü verdiğini anlardım. Bir gün, böyle dalıp gitmişken, salyalarımın karıştırdığım çorba tencesine aktığını ayrımsayınca ağzımı topladım ama iş işten geçmişti. Her zamanki gibi, iskemlesine yan verip oturmuş olan Usta bunu görünce öfkeden göklere çıktı. Tencerenin yanında duran acı biber tabağını kaptığı gibi yüzüme çarptı. Gözlerime bir top ateş girdi sanki. Sokağa fırlayıp, "Allahım, gözlerim çıkacak, kurtar beni n'olursun Allahım!" diye bağırmaya başladım. Çevreme toplananlar, "Ne oldu, ne oldu?" diye soruyorlardı. Gözlerimin acısından dilimi toplayıp derdimi söyleyemiyor, yalnızca, "Yandım, Allahım, yandım! Gözlerim yerinden fırlayacak!" diye bağırıyordum. Usta'nın oğlu Eşref, başımda toplananlara gülerek, "Babam yüzüne acı biber attı da!" dedi. Yediğim dayakların tanığı olan bir kadın, "Dünyada insaf kalmamış, sahipsiz diye böyle mi yapılır bir çocuğa!" diye Usta'ya çıkıştı. Tepesi atmış olan Usta, "Hadi oradan a.. boklu, ekmeğini sen mi veriyorsun!" diyerek kadını payladı. Kadın bana döndü, "Çeşmeye koş, yavrum, yüzüne gözüne su çarp!" dedi. Dedi demesine, ben de yaptım yapmasına; keşke o demez olaydı, ben de yapmaz olaydım. Yüz binlerce küçük ok gözbebeklerime saplanıyordu sanki. Yüzünün küçüklüğünden dolayı 'Fındık Rüştü' diye anılan, Kocamustafapaşa-Eminönü otobüsünün şoförü, saati gelmeden arabasını çalıştırarak beni Cerrahpaşa Hastanesi'ne götürdü. Hastaneye girer girmez gözümün yanması geçti. Doktora bile göstermeden dönüp geldim. Usta şöyle bir baktı, "Ulan it baytarı, gözlerim çıktı diye bağırıp dünya âlemi başıma yıkıyordun; bak, çıkmamış, gözlerin yerinde!" diye benimle alay etti. Alay etmekle de kalmadı, hiçbir şey olmamış gibi, "Görmüyor musun, dağ gibi yığıldı, hadi bakam, bulaşıkların başına, yallah!" dedi.

Gel de gülme; bulaşıkları yıkadıktan sonra dışarıya çıktım ki ne göreyim; pazarcılar, üstüne iri pul biber serptikleri salyalı çorbaya oh oh diyerek çalıyorlar kaşığı! Ya arsızlıktan ya içimden kaynayan gülme yeteneğinden ya da gözlerimdeki acı geçtiğinden, o olayları yaşayan ben değilmişim gibi, müşteri önlüğümü taktım, kollarımı sıvadım, Usta'nın gözüne girmek için, oraya buraya daha çok koşuşturdum. İnsan çektiği acıları unutmayı bilmese ne olurdu acaba? Demek, beden gibi, duygular da sürekli onarıyor kendini.

Unutamadığım dayaklardan birini de, emekli bir yüzbaşıyla dalga geçince yedim. Yüzbaşılıktan emekli Alâeddin Bey, nice savaşlara katılmış, davranışıyla, yiyip içmesiyle saygın bir insandı. Her gün dükkâna yemeğe geldiğini bildiğimden, karşıdan görünce koşup koluna giriyor, her zamanki yerine oturtuyordum. Koluna girişimden çok mutlu oluyor, dar olanaklarına karşın bana küçük bahşişler veriyordu. En ucuz yemek olduğundan mı, sevdiğinden mi, askerde yiye yiye iyice alıştığından mı, yoksa ağzında nasılsa kalmış bir-iki dişine uygun düştüğünden mi, her zaman kuru fasulye isterdi. 'Sulu' istediği bir tabak kuru fasulyenin içine ekmek doğrar, sevdiği bu yemeği lezzetle yerdi. O zamanlar her şey gibi kibrit darlığı da çekiliyor. Tek kibritle çok lamba yakan kadını 'ev kadını' sayıp onun erdemlerinden söz ediyorlar. Herkes kibriti tutumlu kullanıyor. Buna uyarak, biz de müşterilerin sigarasını mangaldan aldığımız küçük közlerle yakıyoruz. Alâeddin Bey iyice bozuk gözlerinden dolayı, sigara ile köz parçasını tam denk getiremiyordu. Onun denk getirme çabalamaları beni eğlendiriyordu. O denk getirse de, ateşi yana kaydırıyor, titrek ellerine bakarak denkliği ben bozuyordum. Daha da ileri giderek, ateşi kıvrık, uzun burnuna yaklaştırdığım oluyordu. Yüzündeki o allak bullak anlamı görmek, sinirlenip bana değil de ateşe küfretmesi hoşuma gidiyordu. Bunu sürekli yapıyordum. Alâeddin Bey, sigara ile közü denk getirememeyi yaşlılığına bağlıyordu. Yalnızlığın bunaltıları içinde, belki, kurduğum oyundan o da hoşlanıyordu. Yaptıklarımı bir eğlence sayıyor da olabilirdi. Bir gün, işi daha da azıtarak, köz parçasını, ne yapacak diye uzun ince burnuna değdiriverdim. Canı yanmıştı. Gözlerinden yaşlar dökülmeye başladı. Alâeddin Bey, sesten çok soluğa benzer inlemesiyle, Usta'ya döndü, "Bu çocuğa söyle, bir daha yapmasın bunu, canım çok acıdı!" dedi. Alâeddin Bey'in sessiz ağlayışını görünce yaptığıma bin pişman olmuştum ama, geriye dönüş yoktu. Öbür tarafta başkalarıyla ağız kavgası yapan Usta, fırlayıp yanıma geldi; ayaklarının altına alıp eşek sudan gelinceye dek dövdü beni. Ağzımdan burnumdan kanlar boşalınca, gençliğinde bir söğüt dalı gibi olduğunu, gösterdiği resimlerden bildiğim Gazi Yüzbaşı Alâeddin Bey yerinden kalktı, titreyerek beni Usta'nın elinden almaya çalıştı. Titrek bacaklarıyla ne yapabilirdi ki, bir-iki çabalamadan sonra masanın altına yığılıverdi.

Yaşlıların sessiz gözyaşları... Koca dayağından inleyen kadınların, ille de çocukların hiç dinmeyen ağlamaları... Bunlar öldürüyordu beni.

Ağzı çarpılmış felçlilerin, gözlerini bir noktaya dikip bakan parkinson hastalarının, dilsizlerin, tiklilerin karşısına geçer onlar gibi yapardım. Kendi dertleri yetmezmiş gibi, karşılarında bir de kopyalarını görmek onları çaresizlikten çılgına çevirirdi. Koşamazlardı ki gelip tutsunlar, söyleyemezlerdi ki, küfretsinler... Hadi, çok kısa adamların karşısına geçip karış tutarak onlara kısalıklarını göstermenin çocukça bir yanı olsun; ya felçliler ya parkinsonlular ya tikliler ya dilsizler... O gün onları çaresizliğe sokmaktan budalaca bir haz duyardım. Yıllarca sonra, 'haz' duyduğum o aptalca oyunlardan utanacağımı nereden bilirdim?..

Unutmak, insanoğlunun en büyük gücüdür. Bütün bunları unutmak, beynimde açılan sayfaların kapanmasını istiyorum. Hangi birini unutacaksın?.. Hayatta, kapanması gereken ne çok sayfa var!.. Ne ki, bir sayfa açılmayagörsün, onu kapatmaya insanın gücü yetmiyor.

Şimdi açılmış o sayfaları düşünüyor, bunları neden yaptığıma iç dünyamda bir çözüm bulmaya çalışıyorum. Ustamın gücü bana yetiyordu; ben de sokakta gücümün yeteceğini kestirdiğim kadınları, çocukları buluyor, onlara yapacağımı yapıyordum. Erkeklerin astığı astık kestiği kestik bir dönemde, kadınlarla çocuklar savunmasızdılar. Olaylar dizisi gözden geçirilirse, kadın ve çocuklara yaptığım işkenceleri erkeklere yapmadığım görülecektir. Yapacaklarımı uzaktan yapıyordum erkeklere. Örneğin, tramvayın içinde korunaklı olmasam, vatmanı deli edecek hareketleri kolayca yapamazdım. Alâeddin Bey'in burnuna ateşi, kurnazlığa getirip yapıştırıyordum. Usta'yla benim işkencelerimin yöntemi ayrıydı. O, bedenimi hırpalıyor, ben karşımdakileri umulmadık hareketlerle davranış şokuna uğratıyordum. Yüzüne aniden domatesi yiyen kadın, ağzı ayrılan, saçı çekilen bir küçük kız, duygu atlamalarıyla kendi içlerinde alabora oluyorlardı. Usta'yla aramızdaki ilişki (ya da çelişki) ise, şefiyle görevlisi arasındaki ilişkiye benziyordu. Şefin şunu yap, bunu yap demesine gerek yoktu. Koşullanmış kişi, şefinin bıyık oynatmasından, kime nasıl işkence edeceğini kestirebilirdi. İşin ucunda öldürmeye kadar gitme varsa, şefin bir kaş hareketinden, gözlerinden geçen yalımdan, ne yapması gerektiğinin sinyallerini alırdı. İşkence yapan, kölelik ve birine yaranma duygusunun batağına saplanarak koşullanmış bir hayvandır. Buyruğu yerine getirmede köle, kendi içinde bir 'kahraman'! Oysa, kahramanlığın derinliklerinde, kişilik bozukluğunun en belirgin yansıması olan yaranma duygusu yatar. İnsanı insanlıktan çıkaran, bu aşağılık yaranma duygusudur. Üzerimde kurduğu baskı ve işkencenin etkisiyle, her şeyi Usta'ya yaranma duygusuyla yapıyordum. O beni ezip küçülttükçe, ben de içimde bir 'kahraman' yaratıyor, o kahramanın zafer (!) bayrağını elimde taşıyarak, ezecek insanlar arıyordum. En çaresiz durumda olanları seçerek onlara yapacağımı yapıyordum. Bakanı gibi giyinen, saçını onun gibi kestiren, konuşmalarında onun sözcüklerini kullanmaya özen gösteren koskoca bürokratların yaranma duygusuyla düştükleri tuzağa benzer bir tuzağa ben de düşmüş oluyordum. Bunun sonu, devlet yönetimindeki efendi-köle ilişkisine kadar varıyordu.

Bunca işkence yapmasına, dövüp sövmesine karşın, bir gün Usta beni korumuştu. Bir sabah, çok erken, ocakta sütün kaynamaya koyulduğu saatlerde, köylü kılıklı, gürültülü beş kişi geldi dükkâna. Süt istediler. Süt kâselerinin içine ekmek doğradılar. Öbürleri sütlerini üç-beş kaşıkta bitirirken, içlerinden birisi, içine ekmek doğradığı tası bir kenara itti. Su katmamıza karşın, sütümüz mis gibi kokardı. Kapıdan geçenler, içeride süt kaynatıldığını kokusundan anlarlardı. Usta niye içmediğini sordu adama. Beğenmemiş miydi yoksa? Adam bir şeyler açıklamaya çalıştı, ama ses çıkaramadı. Onun yerine arkadaşı yanıtladı Usta'yı: "Bunun boğazında yiyici yara (kanser) çıktı, hastaneye tedaviye getirdik. Belki sütü içer dedik ama, görüyorsun, onu da içemedi. Yutkunması durdu bunun, bir şey yutamıyor; yemek yiyemiyor, su içemiyor. Bakalım, doktor ne diyecek?" dedi.

O zamanlar kanser nedir bildiğim yok. Usta bana süt müt içirmiyor. Yutkunamayan adamın içemediğini ben içerim diye seviniyor, tası bir an önce içeriye götürmeyi düşünüyordum. Usta, yemeklerin ya artanını yediriyor ya bayatını. Sütün dumanı üstündeydi. Ah, o zamanın sütlerinin kokusu!.. Nasıl olduysa, bir gün baklava tepsisinin dibini kazımama bir şey dememişti de dünyalar benim olmuştu. Çünkü bu hak öncelikle oğlunundu. Yazları yaptığımız vişne kompostosundan, Usta'nın görmez yanına rastlatarak bol bol içiyordum. Eksilmeyi anlamasın diye de tencereye basıyordum suyu. Artanları yemeye alışmışım ya, tam süt kâsesinin başına oturacakken, Usta içeriye süzülüp, "Geberirsin onu içmesen; duymadın mı adamın dediklerini ulan, it baytarı? Boğazında yiyici yara varmış, yutkunamadığı için içemedi. İç de sen de onun gibi ol! Yaşatmıyor o hastalık, gebertiyor, gebertiyor! Sen de gebermek mi istiyorsun?.." diyerek adamdan arta kalan sütü içirmedi bana.

O yaşlarda, Usta'nın kullandığı bu 'geberme' sözü, bir ana baba okşaması gibi gelmişti bana.

Usta istese, bu sorunlu çocuğa bas git der, onu dükkânından kovardı. Kovmuyor. Zaman zaman, beni yetiştirip iyi bir aşçı yapacağını, askere gönderip sonra da evlendireceğini söylüyor. Evin adamıymışım gibi, geleceğimi düşünüyor. Dövme sövme adamın genlerine yerleşmiş. Öyle alışmış. Gücünün yettiğini dövmek bir tutku onda. Bir de, benim onun açısından kaçınılmaz özelliklerim var. Okuma yazma bilmiyor; gazeteye de çok meraklı, politikayı seviyor. Polis Recep'in getirdiği defterlerle, kalemlerle okumayı daha da ilerlettim. Gazetesini ben okuyorum. Ele karşı, kendini okur-yazar gösteriyor, ama okurken gazeteyi ters tuttuğunun ayrımında değil. O zaman radyo nerede?.. Duyma kültürü yok, okumayı da o bilmiyor. Nuri Demirağ'ın kurduğu Milli Kalkınma Partisi'ni tutuyor ve partinin politikasını ölesiye savunuyor. Politik tartışmalara girmesi günlük gazete izlemesine bağlıydı. Yoksa 'sadık bir taraftar' olarak partisini nasıl savunacak, ileri geri konuşanların ağzının payını nasıl verecekti? Aşçılıkta olduğu gibi, ahkâm kesmede, her aklına geleni konuşanları susturmada da ustaydı.

Lokantaların ölü zamanları olur. Sabah çorbası verildikten sonra saat on bire, öğleden sonra da saat on dörtten on yediye kadar ölü zamanlardır. Genellikle sabahın ölü zamanlarında okurdum gazetesini. Kafasına yatmayan bir cümle okuduğumda enseme tokadı patlatırdı. "İyi oku ulan, gene sırtın kaşınıyor, ayağımın altına alır kırarım kemiklerini!" derdi. Birden nereden geldiğini kestiremediğim bu tokatlar beni gazeteden de, 'havadis' okumaktan da bezdirmişti. Oysa, başlangıçta, okuma becerisinin bende yarattığı üstünlük duygusuyla, Usta'ya karşı büyüklük taslar olmuştum. Okuma yazma bilmeyen Usta'nın karşımda küçüldüğünü görmenin sevincini yaşıyordum. Ama, saatleri bulan okumalardan sonra dayak yemek çok ağırıma gidiyordu. Zamanla ona da bir çözüm buldum. Gazete ne yazarsa yazsın, Usta'nın hoşuna ne gidecekse onları okumaya başladım. Uzun süre yuttu. Bir gün dışarıdan geldi, "Ulan, sen parti gittikçe büyüyor dedin, halbuki her gün batıyormuş..." dedi. Çaresiz kalınca insan her şeye bir kulp buluyor; "Vallahi, benim okuduğum gazete öyle yazıyordu," dedim. Partinin her gün yavaş yavaş ölür gibi batışına o da inandığından üstünde pek durmadı. Ufukta muhalif bir partinin kurulacağına ilişkin umutlar belirmişti. Tartışmalarından anladığıma göre, Milli Kalkınma Partisi'nden umudu kesmişti. Daha şimdiden, henüz kurulmamış partinin, Demokrat Parti'nin en 'sadık taraftarları'ndan biri olma hazırlıkları yapıyordu.

Bas git dememesinin bir nedeni de, pazarcılara çorba dağıtmada gösterdiğim başarı idi. Pazarcıların ağzından girip burnundan çıkıyor, çorbayı satıyorum onlara. Oğlu Eşref benim gibi yırtıcı değil. Silik, uyuşuk bir çocuk. Onun dağıttığı günler çorba kazanda ekşiyor. Pazarın bir ucundan öbür ucuna sesim çınlıyor: Üstüne acı pul biber ekilmiş tarhana çorbasını elimdeki askıda gezdirip satarken, "Çorba içmeyeceksiniz, içinizde soba kurulacak, içiniz dışınız ısınacak!.. Kazanda çorba kalmadı; kaçırmayın fırsatı, bir daha bulamazsınız! Usta'nın dediği bu: İçen değil, içmeyen pişman!" diye bağırmam, pazarın bir ucundan öbür ucuna yayılırdı.

Bundan da önemlisi, Usta'nın veresiyelerini ben topluyordum. Gideceğim yerin bir kez tarif edilmesi yetiyordu. Köylü deyimiyle, 'öküzün boynuzuna girseler' borcu olanları arayıp buluyor, yakalarına yapışarak paraları topluyordum. Vermezlerse bağırıp çağırıyor, onları esnaf içinde rezil ediyordum. Artık ünüm yayılıyor; adamlar beni görür görmez ya tuvalete kaçıyorlar ya da hemen ellerini ceplerine atıyorlardı. Bütün bunları Usta'nın gözüne girip dayaktan kurtulmak için yapıyordum. Gene de evdeki hesap çarşıya uymuyor, adamları bulup üç-beş kuruşu getiremedim diye Usta, kemiklerimi kırarcasına dövüyordu beni.

Vereceklerini aldıktan sonra, "Sökülün bakalım benim payımı!" deyip bahşişimi de koparıyordum. Aldığım bahşişlerle kendime helva-ekmek ziyafeti çekerdim. Lokantanın kokmuş yemeklerinin yarattığı tiksintinin etkisiyle bu helva-ekmekler kral yemeği oluyordu bana. Usta'dan kaçırabildiklerimi –çünkü müşterilerin verdiği bahşişlere de el koyuyordu Usta– Darülaceze'de okuyan kardeşime harçlık veriyordum. Kardeşim her hafta sonu geliyordu. Dükkândan kaçmayı göze alabilirsem, bazı hafta sonları, harçlığını vermek üzere ben kardeşimi ziyarete gidiyordum. O da duvardan aşırarak zerde-pilav getiriyordu bana. Zerde-pilava bayılıyordum. Mecidiyeköy ile Darülaceze arasındaki incir ağaçlarının ballı incirlerinin tadını ise hiç unutmadım.

"Nerede bıldır yağan karlar şimdi!"

NEVİN İLE KARNİK AĞA

İnsan hangi koşulda yaşarsa yaşasın, âşksız olamıyor; ne yapıp edip kendine bir aşk uyduruyor. Ben de Nevin'e âşığım. Necati'nin aşkı var, benimki niye olmasın! Necati'den duyuyorum; âşık olanlar sinemaya gidiyorlar, koltuklarda birbirlerine sarılıp film seyrediyorlar. Necati, kızla el ele tutuşmasını, yanlışlık gibi gösterip kızın göğsünü tutmasını, karanlığı fırsat bilip filmin ortasında elini kızın orasına daldırmasını anlatırken kendinden geçiyor. Nevin yüzünü şöyle bir çevirirse, o bana yetiyor. Tek isteğim, başımı dizlerine koyup uyumak. Başım dizlerinde, yumuşak bacaklarındaki nemli sıcaklık yüzümü okşamalı. Yaşamım boyunca uyanmadan, öyle kalmalıyım. Bunları düşünürken Nevin'in yüzüne bakıyorum. Gördüğüm Nevin değil, düşlerimde yarattığım bir görüntü. Gözlerime çakılıp kalıyor bu görüntü. Nereye baksam Nevin, neye baksam Nevin... Beni sigara aldırtmaya gönderirler diye müşterilerin gözlerinin içine bakıyorum. Bu mutlu anları günde birkaç kez yaşıyorum. Nevin'e yaklaşır yaklaşmaz görüntü siliniyor gözlerimden. Gerçek Nevin, müşteri olmadığı zamanlarda kapının önünde beş taş oynayan bir kızcık. Benim içimden geçenlerin yüzde biri onun içinden de geçse, Nevin bir saniye olsun yanımdan ayrılamaz. Biliyorum, o, oynadığı beş taşı benden çok düşünüyor. Onlar varlıklı, Nevin güzel, Nevin okula gidiyor. Okulda arkadaşları var. Beni niye düşünsün; benim bir şeyim yok ki... Umutsuz bir aşk yaşıyorum. Bu aşkın ilacı yok! Nevin'in aşkı beni öldürecek...

Nevin, köşedeki büfecinin kızı. Okuldan geldikten sonra büfede o oturup satış yapıyor. Soluk yüzlü, düz saçlı, ince uzun boylu, sessiz bir kız. Bana güler yüz gösteriyor, yakın davranıyor. Bu ilgisi, ona bütün varlığımı vermeme yetiyor. Onunla karşılaştığımda dilim ağzımda kuruyor. Ağzım kuruyup ne söyleyeceğimi bilemediğimde, beni dardan kurtarıyor, sorularla açıyor konuşmamı. Sesi su gibi akıyor. Başımı koymak istediğim bacakları gibi yumuşak, okşayıcı bir sesi var. Sigara almaya giderken, kaşla göz arasında saçımı ıslatıyorum. Aylardır berber yüzü görmemiş vahşi saçlarıma tarak vurup biçim vermeye çalışıyorum. Yüzümdeki şark çıbanı izlerini görmesin diye, yüzümün yaralı yanını ona göstermiyorum. Eski giysilerime, yağ kokusundan yanına yaklaşılmaz durumuma bakmadan, beni yakışıklı görmesi için düşük pantolonumu yukarılara çekiyor, kayışı iyice sıkıyorum. Ceketimin önünü açıp ellerimi pantolonumun cebine sokuyorum. Kendimi beğendiğim günler ıslık bile çalıyorum.

Usta'dan gizleme başarısını gösterdiğim bahşiş paralarıyla, arkadan bükülünce ucu çıkan bir kurşunkalem satın almıştım. Kalemler, ceketlerin sol üst cebine takılırdı. Okuma yazma bilmeyenler bile, okuryazar görünmek için yaparlardı bunu. Kalemin sol üst cebe takılmasının kişiye entelektüel bir hava verdiğine inanılırdı. Ben de, üstüne aşçıda pişen bütün yemeklerin kokusu sinmiş zavallı bir çırak olarak, cebimdeki kalemle kendimi entelektüel sayıyordum. Bir yandan, kalemim görünüyor mu diye sağın solun bakışını izliyor, bir yandan da kalemin yerinde durup durmadığını yoklamak için elimi ikide bir göğsüme götürüyordum. Kalemimi ilk gören, Nevin olmalıydı. Kalemim, marangozların yaptığı gibi kulağımın arkasına sıkıştırılmamıştı, göğsümün sol üst köşesindeki cebime takılıydı. Nevin beni böyle görmeliydi. Gördü mü görmedi mi, bilmiyorum; ama ben onun için hazırlanmış, görmesi için dakikalarca büfenin önünde beklemiştim.

Saçlarımı ıslatıp yakışıklı görünme çabalarım da, entelektüelliğim de işe yaramamıştı. Nevin kalemime ilişkin bir şey söylememişti. Öyleyse, ona kahramanlıklarımı göstermenin sırası gelmişti. O zaman her şeyi görüp gözleri faltaşı gibi açılacaktı! Nevinlere yakın oturan Karnik Ağa, konsolosluklarda üst düzeyde memur olarak çalışmış, ufak tefekten de ufak tefek, biblo kadar bir yaşlıydı. Çalıştığı günlerdeki temiz ve gösterişli giysilerini sanki hiç üstünden çıkarmamış izlenimi veren sevimli bir görünüşü vardı. Üstünden temizlik akan bu eski diplomat, kelebeklere özgü sessiz uçuşmaları andıran bir yumuşaklıkla yürürdü. Doksan yaşlarına, büyümeden kalan bir Japon ağacı gibi gelmişti. Kocamustafapaşa'dan Samatya'ya inilen yokuşun başındaki köşkümsü evde yalnız başına otururdu. Ev beyaza boyanmıştı. Karnik Ağa'nın evi ne kadar beyazsa, giysileri de o kadar siyahtı. Siyah giysilerinin göğsünden, kollarından, boynundan görünen gömleği ise, evi gibi, sakız beyazlığındaydı. Evi, çatısından giriş merdivenlerine, eşiğinden odalarına, yüz binlerce el tarafından yıkanmış kadar temizdi. Karnik Ağa da, ev de, Kocamustafapaşa'nın yoksul halkına aykırılık içinde, parlatılarak sokağın başına takılmış bir onur madalyası gibiydi. Öğlenleri evine yemeği ben götürürdüm. Uzaktan da olsa, Nevin'i görmeme de olanak veren bu görev, Karnik Ağa'yı, evinin içini dışını tanımamı sağlıyordu. Karnik Ağa, arada bir Kocamustafapaşa'nın sokaklarında sessizce dolaşan bir gölgeydi.

Yürüyüşü kelebek uçuşmalarına benzeyen Karnik Ağa'yı en hafif bir gürültü ürkütür, onun soylu dinginliğini allak bullak ederdi. Yanında bir kedi miyavlasa, hıh, diye irkilirdi. Sese çok duyarlıydı. Bu zayıflıklarını bilmek bana yetiyor; onu daha çok ürkütmenin yollarını arıyordum. Yemek taşıdığım askılığı kapılara, duvarlara her çarpışımda, Karnik Ağa hıh, hıh, diye sesler çıkararak sıçramaya başlardı. Yerinde motor supabı gibi zıplaması hoşuma gidiyordu. Bir durumdan başka bir duruma böylesine hızla geçen Karnik Ağa'nın ani zıplamaları kahkahalara boğuyordu beni. Her gittiğimde onu ürkütecek bir oyun buluyordum. Her şeyi tasarlayarak yapıyor, bu zavallı adamın ürkerken neler çektiğini aklıma bile getirmiyordum. Karnik Ağa, inceliğinden ya da gürültü çıkarmayı çıraklığın doğal kabalığı saydığından ürkmelere, sıçramalara katlanıyor, bana kötü davranmıyordu. Davranmıyordu; çünkü Karnik Ağa, birine kötülük yapmak bir yana, herkese iyilikler saçıp dünyaya insanlıktan kötülüğü kaldırmak için gelmiş bir Hıristiyan ermişiydi.

Karnik Ağa, her günkü gibi aynı saatte evinden çıkmış, sigara almak üzere büfeye yaklaşıyordu. Nevin'in görebileceği bir yere gelince, büfenin önündeki boş çöp tenekesini alıp yere vurmamla Karnik Ağa'nın havaya fırlaması bir oldu. Ondan kaçayım derken, o hızla kafamı elektrik direğine çarptım. Gözlerimde şimşekler çaktı. Belamı bulmuştum. Kafamdan yüzüme kan sızıyordu. Sıcak akıntı gözüme dolmuştu. Nevin kanı görünce, ayyyy, diye bağırdı. Bu ayyy, onun bana acıdığını gösteriyordu. Acısa da, ilgisini çekmeyi başarmış, amacıma ulaşmıştım. Oysa, bana acıması için yapmamıştım bunu; onun, nelere gücümün yettiğini, yaşlı bir adamı nasıl ürküttüğümü görmesini istemiştim. Kafam kan içindeydi ve Nevin bana acıyordu... Gerçekte, yakışıklılıkta, entelektüellikte uğradığım yenilgiye bunda da uğramıştım. Nevin'in bana acımasını istemiyor, bir an önce oradan kaçmanın yollarını arıyordum. Midem bulanıyordu, başım dönüyordu. Bulunduğum yere çivi gibi çakılmıştım. Ayaklarıma egemen olup çakıldığım yerden uzaklaşamıyordum. Şoka uğramış insanların katılığıyla, ayakta dimdik duruyordum. Karnik Ağa büfenin köşesine yığılıp kalmıştı. Güç soluk alıp veriyordu. Sapsarı yüzü, üstündeki siyah tören giysileriyle, yakınlarının son ziyaretine sunulmuş soylu bir ölüye benziyordu. Bir anda başımın acısını da, Nevin'e duyduğum aşkı da unuttum. Karnik Ağa'nın sararmış yüzüne bakmaya utanıyordum. Yerimden kımıldar kımıldamaz, Karnik Ağa'nın yanına gittim. Yerde uzanırken gözüme daha da küçük göründü. Duyduğu sesten ürküp büzülünce bir bebek kadar küçülmüştü. Koluna girip onu ayağa kaldırdım. "Bir daha yapmam, vallahi bir daha yapmam," diyerek ondan özür diledim. İçimde acılar dolanıyordu. Gözyaşımı tutamadım. O siyah giysili yaşlı meleğe yaptıklarımı düşünüp ağladım, ağladım...

O günden sonra Karnik Ağa'nın yanına bir ipek mendile dokunur gibi yaklaşıyordum. Onu çok uzaktan da görsem, büfenin önündeki merdivenleri çıkamayacağını düşünerek yanına gidip koluna giriyordum. Koluna girdiğimde, yürürken gövdesini dikleştiriyor, titrek ayaklarına diplomatlara özgü adımlar attırıyordu. Bir zaman göstergesi gibi yaşadığından büfeye gelişlerini izleyebiliyordum. Sigaralarını bana da, başka birine de aldırtmıyordu. Belki de, dışarıya çıkıp kendi başına yaptığı tek işti bu. 'Serkidoryan' markalı sigarasını büfeden kendisi alırdı. Sigarayı burnuna yaklaştırıp koklar, aradığı koku ne ise onu bulduktan sonra parayı Nevin'in küçük, ince parmaklı avucuna bırakırdı.

Duyduğum utançtan dolayı içimde bir eziklik vardı. Gözlerimi kaldırıp yüzüne bakamıyordum Karnik Ağa'nın. Her adımını büyük çabalarla attığını görünce, benliğimi saran acıma duygusu gözyaşına dönüşüyordu. Koluna girdiğimde terslemiyordu beni. Yaşlı bir insanın, düşmanının yardımına bile gereksinimi vardır. O olaylı günü hiç anımsatmıyordu bana. Aramızdaki eski düzen, giderek dede-torun ilişkisine bırakmıştı yerini. Yemeklerini evine götürmekle kalmıyor, tabakları ak örtülü masasının üstüne diziyordum. Sandalyeyi becerikli bir garson gibi altına sürdüğümde, ona özlemini duyduğu eski günleri yaşattığımı anlıyordum. O sırada, tertemiz peçetesini ince parmaklarıyla yemek masası ile dizleri arasına gererken, Karnik Ağa, Fransız ağzıyla anlattığı günlerdeki gibi, Viyana'da, Berlin'de, Paris'te –ah, Paris!..– yalnızca kendisine hizmet veren lüks lokantanın kızları arasındaydı sanki. Hafif eğilişinde, ellerini dirseklerinin üstünde tutuşunda, masasında hep dürülü duran ak peçeteyi açıp dizlerine yerleştirişinde o eski günlerin –ah, o eski günler!– inceliği vardı.

Çocukluğumun çelişkileri, aklına her geleni yapmak, sonunda duyulan derin pişmanlıklar, ardından dökülen gözyaşları idi.

Çok iyi anımsıyorum; aşçıdan kaçıp Kocamustafapaşa'dan ayrılmadan bir gün önce, akşamüzeri büfenin önüne gidip hiç belli etmeden Nevin'e uzaktan bakarken, Kocamustafapaşa'nın o dar sokağına son gözyaşlarımı dökmüştüm. Çok iyi biliyordum ki, bu ayrılış gözyaşları Nevin'e duyduğum gizli aşkla ilgili değildi. Karnik Ağa'ya yaptıklarımın pişmanlığı ağlatıyordu beni. O yaşlarda, benim gibi sığıntıların kendi dünyaları içinde uydurdukları aşkların ömrü ne olabilirdi!.. İnsandım; içimde sevgiler kurmadan yaşayamıyordum. Nevin'e duyduğum aşkı ben uydurmuştum, sahneye ben koymuştum, sahnenin tek oyuncusu olarak kendimi duygudan duyguya atan bendim. Oyunun bittiğini anlıyor, yalnızca Nevin'e değil, aşkıma da 'elveda' diyordum.

Karnik Ağa, ancak içine bir bebeğin sığabileceği, üstü çiçeklerle donatılmış bir tabutta; sapsarı bir yüz, kolalı tertemiz gömlekler, bembeyaz masa örtüleri, özenle dürülmüş peçeteler, titrek kelebek uçuşları, incelikli adım atışlar olarak kaldı belleğimde. Aradan elli yedi yıl geçti. Bu geçmiş zaman ermişi gözlerimin önüne her gelişinde yüreğimden bir yaprak düşer.

İSMAİL DÜMBÜLLÜ

Nice acılar yaşasa da, insan, varoluşundaki eğlenme duygusundan kopamıyor. Onca dayağa, onca aşağılanmaya karşın, yine de içimde renkler, coşkular, görüntüler kaynıyordu. Sümbülefendi Camisi'nin giriş kapısının tam sağında, önüne renk renk çiçekler ekilmiş bir kahve vardı. Kocamustafapaşa otobüslerinin son durağındaki bu kahvede, kokusu ta bizim dükkâna ulaşan çaylar demlenirdi. Haftada bir, renk renk giysileriyle kahvede oynamaya gelen Çingene kızlarının iç gıcıklayan ağır parfüm kokuları, demli çayların uzayan kokusunu bastırırdı. Kahvenin önü serin olurdu. Orada, Eminönü'ne inmek için toplanan yolculardan çok otobüs şoförleri çay içerlerdi. Arada ünlü kişiler de gelirdi kahveye. O zamanlar geleni gideni, yabancıyı yerliyi herkes bilirdi. Kel kafalı bir adam da arada bir geliyor, kahvenin önünde oturuyordu. Onun ünlü bir güldürücü, büyük bir sanatçı olduğunu nereden bilebilirdim? Ben onu kel kafası, kalkık kaşları, boğazında düğümlenerek çıkan kendine özgü konuşması, yürüyüşündeki yaylanmalarla çevresinde toplananları güldüren bir yaşlı olarak tanıyordum. Sesiyle, bakışlarıyla, davranışlarıyla herkesi güldüren bu adam, uzaktan bakınca dedeme de benziyordu. Kahveciye seslenişinde, çocuklara takılışında bir başkalık vardı. Gülerken güldürüyor, güldürürken gülüyordu. Gününe göre değişiyordu; bir geldiğinde yanındakileri gülmekten kırıp geçirirken, başka bir geldiğinde yalnız başına oturuyor, kahvenin önündeki çiçeklere bakarak düşüncelere dalıyordu. Kahvedekiler de en çok bu sıralarda takılıyorlardı. Dalıp gitmişken bile, hafif argoya kaçan güldürücü sözler bularak, ânında onların ağzının payını veriyordu. Çevresini saranlar ağızlarını tavanına kadar açıp gülüyorlardı.

Dümbüllü'den sunturlu bir küfür yiyip bozulanı, "Yedin mi baba toriği!" diyerek bir de çevrede toplanıp gülenler bozuyordu.

Her gün, akla gelmedik yaramazlıklarımın ayrımında olan Usta, İsmail Dümbüllü'yü göstererek, "Git, o kel herifin kafasının tam ortasına bas, bakalım ne yapacak!" dedi. Başkalarına yaptığımda arabalarla dayak atan Usta benden neden böyle bir şeyi yapmamı istiyordu? Körün istediği tek göz, Usta ikisini birden veriyordu. Kafaya basıp dudakları büzerek öpüşe benzer ses çıkarmanın bir insana 'pezevenk' demek olduğunu biliyordum. Dümbüllü sahnede sokaktaki gibi espriler yapıyor ya, Usta da beni kullanarak ona espri yapacak! "Eşeğe marifetini göster demişler, o da yellenmiş..."

Gerçekte, daha çok büyükler arasında geçen, içtenlikli bir gösteriye dönüşmüş 'pezevenk' deme eylemine katılmaya nicedir ben de özeniyordum. Ya pezevenklerin çokluğundan ya da pezevenk sözünün anlamsal etkisini yitirmesinden, akşama kadar herkes birbirine binlerce kez yapıyordu bu şakayı. Usta'dan emri alır almaz koştum, Dümbüllü'nün tepesine basıverdim. Onların amacı, Dümbüllü'yü kızdırıp ondan küfür yemekti. Dümbüllü, kendisine bir şey soracağımı sanarak, ona yaklaşırken güler yüzle karşıladı beni. Tepesine parmağı üslubunca yiyince, "Seni veled-i zina!" diyerek ayağa fırladı, beni kovalamaya başladı. Tutana aşk olsun! Kocamustafapaşa'nın en hızlı koşanları tutamazdı beni, bu 'bunak' mı tutacaktı! Usta ve yanındakiler kasıklarını tutarcasına gülüyorlar, ben de meydanda fır dönerken, Usta'ya böyle bir keyfi yaşattığıma seviniyor, dediğini başarıyla yerine getirdiğimi düşünerek bana bir daha dayak atmayacağını kuruyorum.

Her davranışıma karşı çıkan Usta, yaşamım boyunca utanacağım böyle bir şeyi niye yaptırmıştı bana?

Bizim insanımız, sanatçıyı kendi çıkarına göre biçimlendirirse, kendi kültürü, kendi düzeysiz anlayışı içinde görürse değerli buluyor. Usta da, sanatçının, sahnede yaptıklarının bir 'insanlık hali'ni sergileme olduğunu kavrayamadan, onu dışarıda kendiyle eş tutuyor. Halkımızın büyük bir kesimi, kendisi gibi olanı, kendi düzeyinin altında işlevi benimseyenleri seviyordu. Her alanda değersiz olanın öne çıkmasının nedeni bu idi.

Dümbüllü'nün bastıra bastıra söylediği veled-i zîna sözüne o sırada çok gülmüştüm. Sonradan bunun 'piç' anlamına geldiğini öğrendim. Bu kara, yüzünün her tarafını şark çıbanı kaplamış, analı babalı, ama anasız babasız, ortalarda sürünen çocuğun piç olduğuna herkes gibi Dümbüllü'nün de inandığını düşünerek çok üzülmüştüm.

Bu olay, Kocamustafapaşa'nın önü çiçekli, gölgeli, yaprakları gür ağaçlardan oluşan kahvesinde bana büyük ün kazandırmıştı. "Helal olsun!" dediler, "Dümbüllü gibi adama bile yaptı bunu..." Ün için karıştığım nice olayın sonradan utançtan beni yerin dibine batıracağını o yaşlarda anlayamamıştım.

HAMİYET YÜCESES

Semtte, Hamiyet Yüceses'i sesiyle, güzelliğiyle tanımayan yok. O zamanlar, bugünkü gibi, her kahvede, her dükkânda, her evde radyo bulunmuyor. TV'nin ne olduğu duyulmuş, ama hayallerden bile geçirilemiyor. Sinemalarda, film başlamadan önce şarkılar çalınıyor. O zamanların şenlik yeri sinemalar. Bu şarkılar sinema kapılarından caddelere, sokaklara, çevredeki evlere taşıyor. Ünlü şarkıcıların gazinolarda programları var. Şenlik yerlerinden biri de gazinolar. Bir-iki reklamın dışında, duvarlarda, o da belli yerlerde, yalnızca şarkıcı afişlerine rastlanıyor. Ünlü şarkıcıların, dansözlerin adları ışıkla gazinoların kapı üstlerine yazılıyor. Afişlere bakıp ah vah ederek orada resmi olanlara tutulanlar var. Gazinolara gidenler, gördüklerini ballandıra ballandıra anlatıyorlar. Gitmeyenler boyunlarını büküp oturuyorlar. Gazinoya gitmedikleri halde, orada olup bitenleri görmüş gibi anlatanlar da çıkıyor. Bir şarkıcıya, dansöze yakın olmak çok önemli. Şarkıcılara ilişkin dedikodular kulaktan kulağa geçerek ağızdan ağıza dolaşıyor. Günümüzde olduğu gibi, o günlerde de düzeysizin değeri hiçbir zaman değer yitirmiyor. Dedikodularıyla ağza sakız olmamış şarkıcılar 'Hanımefendi' diye anılıyor. Bunlar arasında Hamiyet Yüceses, Müzeyyen Senar, Safiye Ayla, Perihan Altındağ başta sayılıyor.

Kocamustafapaşa'nın popüler şarkıcısı Suzan Yakar. Halkın hoşlanacağı türküleri, şarkıları o söylüyor. Okuduklarında Anadolu ağzının çağrışımları varsa, bizim gibi kültür çöplüğünde debelenenler için ondan 'büyük' yok! Suzan Yakar bu yönüyle ünlü. Sahnede, öbürlerine göre daha hareketli. Coşuyor, kendinden geçiyor. Şarkı sözlerinin iç gıcıklayıcı olanlarını başka türlü söylüyor. Her fırsatta Kocamustafapaşa'ya gelip İstanbul Sineması'nda konserler veriyor. Her gelişi olay! Kocamustafapaşalılar onu görmeye can atıyorlar. Konserlere çocukları sokmuyorlar. Soksalar para nerede! Sinemaya bir yolunu bulup kaçak girenler ertesi gün kurnazlıklarını anlattıklarında öbürleri bundan uzak kalmanın üzüntüsüyle boyunlarını büküyorlar. Anlatılanları dinlemek de insana deneyim kazandırıyor. Biz çırak takımı, bir gece, Suzan Yakar'ın İstanbul Sineması'ndaki konserine tuvalet penceresinden girerek gitmiştik. Salonları dolduran gür sesine karşın, Suzan Yakar, Anadolu havası estiren iki türküden sonra bizi uyanık tutamamıştı. Akşama kadar koşuşturmaktan hurdaya dönmüş bedenlerimiz, sinemanın tahta koltuklarına yığılıp kalmıştı. Tuvalet penceresinden sinemaya kaçak girişimizi, giremeyenler, bu kez bizim ağzımızdan bir kurnazlık öyküsü gibi dinlemişlerdi. O zamanlar, kurnazlık ya da yüzsüzlükle, yapılmaması gerekeni yapmak büyük başarı sayılıyor: birini dövmek, sezdirmeden bir şeyler araklamak (çalmak), hızla giden tramvaya binmek, tramvaydan atlamak, maçlara, sinemalara biletsiz girmek... Bunları yapabilenler becerikli, kurnaz, akıllı sayılıyor.

Hamiyet Yüceses üst düzey şarkıcısı. Suzan Yakar'ın söylediği gibi, öyle oynak şarkılar, Anadolu ağzı türküler okumuyor; okuyunca, 'Her Yer Karanlık'ı, duyulmamış ağır şarkıları okuyor. İstanbul Sineması onun konser vereceği yer değil; peki, Hamiyet Yüceses'in Kocamustafapaşa'da işi ne? Onun, Eskici İbrahim'in kız kardeşi olduğu söyleniyor. 'Söyleniyor' diyorum; çünkü ikisi arasında böyle bir bağlantı kurulması olanaksız. Gerçek olmasına karşın, kimse buna inanmıyor. Yoksullukla zenginlik arasındaki uçurum, gerçeğin yüzünü gölgeler. Oysa, Eskici İbrahim'le Hamiyet Yüceses arasında bağlantı kurmayı gerektiren somut benzerlikler var. İbrahim, "Eskiler, eski ayakkabılar, eski ceketler, eski pantolonlar alırııımmmm!" diye bağırırken, sokakları çınlatırdı. Onun sesi de çok güzeldi. Cuma selasının, Kadir gecesi ve bayram ezanlarının Eskici İbrahim'e okutturulmasından da belliydi bu.

O dönemde eskiciliği genellikle Yahudiler yapardı. Yaptığı işten dolayı, Usta, İbrahim'e 'Yahudi' derdi. İbrahim'in okuduğu ezan Sümbülefendi Camisi'nin minaresinden Kocamustafapaşa'nın temiz göğüne yayıldığında, Usta başını minareye döner, "Ulan Yahudi, yüreğimde yine bir yerleri titrettin!" derdi. Yüreğini titreten sesinden dolayı İbrahim'den yemek parası almazdı. Öte yandan, gece gündüz çalışmama karşın bana yevmiye (gündelik) vermezdi, müşterilerin elime sıkıştırdığı bahşişlere bile el koyardı.

Bir gün, Hamiyet Yüceses, Usta'nın deyimiyle 'Yahudi' ağabeyini ziyarete gelmişti Kocamustafapaşa'ya. Böylece, Hamiyet'le Eskici İbrahim arasındaki kardeşlik ilişkisinin doğruluğu da kanıtlanmıştı. Hamiyet'in, Kadıköy taraflarında, lüks semtlerde oturduğu söyleniyordu. Kardeşini ziyaret etmiş, kendi semtine gitmek üzere dükkânın karşısındaki durakta yalnız başına otobüs bekliyordu. Nasılsa, onu yolcu eden yoktu. Durakta yolcu da yoktu. Ününü duymuşum ya, durakta beklediğini görünce yanına yaklaştım, bir şarkıcıyı yakından gördüğümü herkese anlatacağım...

Kuşkum sürüyordu. Ezan okumasına diyecek yoktu Eskici İbrahim'in. Ne var ki, sulu şakalar yapıyordu. Çok da geveze idi. Bu geveze ağabeyle 'Hanımefendi' şarkıcıyı bir türlü bir araya getiremiyordum. Hamiyet Yüceses'i yakından görüp kafamda çözemediğimi gözlerimle çözmek istiyordum: Hamiyet Yüceses, ağabeyine benziyor muydu? Hamiyet Yüceses adını, şarkıların ne olduğunu bilmediğim yaşlarda duymuştum. Beşiktaş'a geldiğimiz günlerde, bir kadının okuduğu 'Çile Bülbülüm Çile' şarkısı pencerelerden bostanlara yayılırdı. Anımsadığıma göre, 'Çile Bülbülüm Çile' Hamiyet'in şarkısıydı. Dediklerine göre kadın, en az Hamiyet kadar güzel okuyordu bu şarkıyı. Beni şarkı ilgilendirmiyordu; postacının ıslığını duyar duymaz pencereye koşan kadını görmek istiyordum. Sonunda gördüm: Kadın, pencereden sarkan sepet saçlı bir baş, kocaman memelerdi. Guguklu saatin kuşu gibi, postacının ıslığını duymasıyla kadının pencerede görünmesi bir olurdu. Hamiyet deyince, gözümde öyle bir kadın canlanırdı. Görünce anladım, Hamiyet, öyle bir kadın değildi, kapısı açılır açılmaz saatten şakrak guguk kuşları gibi fırlamıyordu. Görünüşü, duruşu alımlıydı, ama o kadın gibi sepet saçlı, iri memeli değildi.

Sırtına görkemli bir kürk manto giymişti. Önünde, iki ucundan ellerini içine soktuğu boru gibi bir kürk daha vardı. Hayranlıktan ağzımı açmış, güzelliğine, giysilerinin görkemine bakıyordum. Yanakları, dudakları boyalıydı. Takmış takıştırmıştı. O zamanlar takıp takıştıran, aşırı makyaj yapan kadınlar pek 'makbul' sayılmazdı. Ne var ki Hamiyet Yüceses'te bunlar göze batmıyordu. Tam tersine onu daha da güzelleştirmişti. Gözlerimi ayırmadan bakıyordum ona. O halimle beni dilenci sandı herhalde. Ellerini o boru gibi kürkten çıkarıp çantasına soktu; çıkardığı yirmi beş kuruşu, "Al, evladım," diyerek sıkıştırıverdi elime. Yirmi beş kuruş büyük paraydı o zaman. Kardeşimin haftalık harçlığı çıktı diye seviniyorum. Dilim tutulmuşçasına, dilenci olmadığımı, kendisine hayran olduğumu söylemek istiyorum; söyleyemiyorum. Parayı cebime koyarken otobüs geldi. Kulaklarımda, onun 'evladım' diyen sıcak sesi kaldı.

Kırıtarak yürüyüşlerine dayanamayıp suratlarına çürük domates attığım kadınları getiriyordum gözlerimin önüne. Birkaç gün önce, arkasından yürüyüşünü taklit ettiğim bir kadının uzun eteğine basıp, etek sökülünce onu çırılçıplak bırakarak unutulmaz gösterimi sergilemiştim. Giyinişte Hamiyet Yüceses de onlar gibi süslüydü, ama kırıtmıyordu. Duruşunda bir ağırlık vardı. Süsünden püsünden dolayı ona bir şey yapmak aklımdan geçmemişti. Hiç kimseden duymadığım 'evladım' sözüyle bana ilk seslenen Hamiyet Yüceses olmuştu. Onun bu seslenişinde anaların çocuklarına gösterdiği yakınlık vardı. Bu olaydan sonra, 'evladım' diyerek küçüklere yakınlık gösteren kürklü kadınları ana gibi görmüş, onun etkisiyle, öbür süslü kadınlara yaptığımı bir daha yapmamıştım.

Kocamustafapaşalıları şarkıcılardan çok, arada bir karşımızdaki kahveye gelip orada vur patlasın çal oynasın gösteriler yapan Sulukule Çingeneleri eğlendirirdi. Sulukuleliler geldiğinde, çay ısmarlamadan oturan beleşçiler içeriyi görmesinler diye, belki de 'asayiş' öyle gerektiriyordu, gündüz gözü, kahvenin pencerelerine koyu perdeler gerilirdi. Görüntüyü gizliyorlarsa da, ses dışarıya taşıyordu. Dükkândan ayrılıp gidemeyeceğime göre sesle yetinmek zorundaydım. Yetinsem de, gösteri boyunca aklım kahvede oynayanlarda kalıyordu. Aklım oradayken yemekleri taşırıyorum; dayak! Dalgınlıktan, çenemden aşağı salyalar süzülüyor; dayak! Usta seyretmezdi Çingeneleri, bana da seyrettirmezdi. Oysa canım giderdi. Bin bir çeşit renkleriyle kimbilir nasıl dönüyorlardı... Sinema saatlerinde dükkân açık oluyordu. Onun için sinema haramdı bana. Ustanın yanında yedi-sekiz yıl kalmış, ancak birkaç kez, o da dükkândan kaçmayı göze alarak sinemaya gidebilmiştim. Sanırım ilk gördüğüm filmin adı 'Çöl Fedaisi' idi. Güzel bir kızı, içinde fokur fokur su kaynayan bir kuyunun üstünde sallandırıyorlardı. Her şey onu kurtaracak sevgilinin gelmesine bağlıydı. Bir türlü yetişemiyordu sevgili. Kız çığlık çığlığa dumanlar arasında sallanıyordu. Heyecandan yüreğim ağzıma gelmişti. Sonraları, on iki yaşlarımda, 'Çöl Fedaisi'nin yarattığı coşkuyla, dövülmeyi, sövülmeyi göze alarak dükkândan kaçmanın bir yolunu buluyor, 'Tarzan' filmlerine gidiyordum.

Nasıl olmuşsa, kaçmayı göze almış, kahvedeki Sulukule gösterilerini kapı aralığından görmüştüm. İnsanların bir araya gelip coşmaları, renkli giysiler içindeki kadınların oryantal kıvrılışları beni deliye çevirmişti. Oyunculardan çok da, onları seyredenlerin davranışları ilgimi çekmişti. Sıradan insanlar, oyun sırasında umulmadık espriler yapıyorlardı. Şapkasını çıkarıp eline vuranlar, kendinden geçip nara atanlar beni güldürüyordu. Oyun ortamında insanların yüzüne ayrı bir güzellik geliyordu. O ortamda kötülük, düzenbazlık kalmıyordu. Orada insanın tekdüzeleşmiş yaşamı gidiyor, onun yerini duygusal varlığı alıyordu. Bu duyarlıktan yoksun olan Usta, kahveye gitmemi engelleyerek beni de yoksun bırakıyordu.

Sonradan az çok izleme olanağı bulduğum filmlerden, gösterilerden anladım; oyun sırasında, içimdeki dinginliğe ulaşıyordum. Gösterilerin renk ve ses karmaşasında buluyordum dinginliği. Kendi özgürlük sınırlarımı filmlerle, oyunlarla çiziyordum. Film izlerken, beyazperdeye yüz binlerce rengin, ışığın dökülüp saçılmasından çok hoşlanırdım. Hani, film güzel bir müzikle başlar; kamera bütün kenti ya da kasabayı tarar. Bu tarama sırasında pencerelerde bir bir ışıklar yanar. Böyle görünümler karşısında kendimden geçerdim. Her ışık bir mutluluğun belirmesi gibi gelirdi bana. O ışık altında aileler kusursuz sofralarda otururlar, güzel kadınlar güzel giysiler içinde dolaşırlardı. Beni asıl büyüleyen o ışık altındaki sevgili sesleriydi. Işığın ve rengin patlayışını o seslerde bulurdum. Ben, ışığımı yitirmiştim; bütün bunlardan, görmeyi istediğim her şeyden yoksundum. Gösterilerimi, filmlerimi kendim, kendi içimde yaratmaya kalkıyordum. Eksik bırakılanı yaratma coşkusu vardı içimde. Bu coşkuyu bulamayınca, yaptığımız her şeyin bocalamalardan ileri gitmeyeceğini duyumsuyor, yaratma cehennemine düşmemişleri lanetlenmiş sayıyordum. Lanete uğramışlardan biri de bendim!

O ABLA!

Usta, çırpı kollarım omuzlarımdan düşünceye kadar çalıştırıyordu beni. Bulaşıkları yıkamadan dükkândan ayrılmam ölüm fermanımı yazmam demekti. İşlerimi bitirdiğimde, Usta yan verip oturduğu sandalyede kestiriyorsa, bunu fırsat bilip soluğu aktar dükkânında alıyordum. Binlerce baharatın bulunduğu vitrinin önü, masallarla beslenmiş dünyamın renkleriyle doluydu. Orada, Usta'nın beni arayan sesini duyuncaya değin, büyülenmiş gibi, öyle dikilip duruyordum. Beni ilgilendiren, baharat değildi, tezgâhın üstüne serpiştirilmiş kitaplardı. Vitrinin camına alnımı dayadığımda raflardaki öbür kitapları da görüyordum. Kitapların, sevgilileri sarmaş dolaş gösteren kapaklarında, önceden dinlediğim hikâyelerin kişileriyle bir araya geliyor, mutluluk içinde yüzüyordum. Kapaktaki resimlerde, dinlediğim Doğu öykülerinin katıksız sevgileri, bitmez tükenmez özlemleri vardı. Kitaplara bakarken, dayaklardan, aşağılanmalardan kurtuluyor, sevgilerin kucağına sokuluyordum. Yemyeşil kırlarda, has bahçelerde, o bahçelerde dolaşanların arasında, 'bir serçe kadar hür' oluyordum. Önümde ardımda, memleketimin alabildiğine uzayan tarlalarının hafiften de hafif kelebekleri uçuşuyordu. Yerimden yurdumdan ayrılınca, masalımın dili, gece karanlığını gün aydınlığına ulayan bülbülün sesi gibi kesilmişti. O sesi, vitrinde gördüğüm kitapların düşsel dünyama açılan kapaklarında arıyordum.

Ağın'da, nenemin akrabası bir Nuri Dayı vardı. Köyde oturur, daha perşembeden, cuma namazlarını kılmaya kasabaya gelirdi. Dayımlarda kalır, her kaldığında da geceleri ağzına baktıracak kadar güzel hikâyeler anlatırdı. Onun geldiğini duyan komşular, Doğu'nun uzun kış gecelerini o dar odalara sığışarak dayımlarda geçirirlerdi. Nuri Dayı, halk hikâyelerinin insanda umut yaratan düşsel dünyasını güzel sesiyle ezgileyerek, bu odaların baş konuğu olurdu. Sözcükleri dilinde dolaştırarak anlattığı hikâyelerde, araya sıkıştırdığı esprilerle konukları gülmekten kırar geçirirdi. Ben, anlatırken konukları yerine göre güldüren, yerine göre ağlatan Nuri Dayı'nın bu esprilerini anlayacak yaşta değildim. Diliyle dişi arasında ne söylerdi de milleti güldürürdü; merak eder, el gülünce ben de gülerdim. Anlattığı öyküleri ise sözcük kaçırmadan dinlerdim. Nuri Dayı, bu hikâyelerde, bilmediğim, ama düş dünyamda var olduğuna inandığım bir başka dünyanın kapısını aralıyordu bana. Onun kırk kapısını birden ardına kadar açıp beni içine soktuğu dünya, nenemin korku yaratarak anlattığı 'öbür dünya' gibi değildi. Elinde demir çatal taşıyan zebaniler yoktu orada. Kimse, sırat köprüsünü tam geçecekken, gelmiş geçmiş bütün ölülerin yanarak ceza gördüğü gayya kuyusuna düşmüyordu. Onun anlattıklarında, yaşamın en kısa özeti sayılması gereken, "Bir varmış... Bir yokmuş..."un ibret verici olayları arasında herkes kendi dünyasını buluyordu. Bu dünyada her şey sesimizle, varlığımızla, duyarlıklarımızla var oluyordu. Kendi yarattığımız bir dünyada olanlar bize yaşama umudu veriyordu.

 Sesi olağanüstü güzeldi Nuri Dayı'nın. Olayları anlatırken en uyumlu sözcükleri bulan Nuri Dayı, hikâyelerin ölçülü uyaklı (manzum) bölümlerini ezgili söylerdi. Nasıl içe işlerdi sesi! Sesi kadınsı değildi, ama anlattıklarında ağıt yakan kadınsa, sesini kadınınki gibi çıkarırdı. Oysa sesi neyse oydu; ne inceltirdi sesini, ne kalınlaştırırdı. Bir halk meddahı gibi taklit yoluna gitmezdi; ayrıntıları sesine yüklediği tonlarla yansıtırdı. Sözcüklerin bir harfi bile onun dilinde derin anlamlar taşırdı.

 Sesle yaratılmış bu anlatı dünyasında, dinleyenler, düşleme yeteneklerine göre, o dar odalarda derin soluklar alırlardı. Nuri Dayı'yı dinleyerek yarattıkları bu dünyada mutluluğa erdikleri, gözlerindeki buğulanmadan, ikide bir sevinçten parlayan dişlerinden anlaşılırdı. Gözünüzün önüne tabanı renk renk kilimlerle, sedirleri kuş işlemeli kanaviçe yastıklarla döşeli bir oda getirin. Odanın baş kısmında ocak. Ocağın her iki yanında büyüklerin oturmasına ayrılan kabartılmış minderler serilmiş. Ocak davlumbazının örtüsü, o yöre insanlarının dokuduğu bezlerden seçilmiş. Davlumbazın tahta çıkıntısında beş numara camlı petrol lambası. Hikâye dinlemeye hazırlananların sessizliğini, ocakta yalımlanan kuru kütüklerin çatırtıları bozuyor. Odunlardan yayılan gevrek koku, geniş kırların serin havasını estiriyor odada.

Odanın tam ortasında, altına yükselti konulmuş Erzincan işi kalaylı bakır bir sini. Sinide türlü çerezler. Dışarıdan hiçbir şey yok. Hepsi babaların, anaların el emeğiyle, alın teriyle yapılmış: kabuğundan soyulup tatlandırılan acı badem, kumda kavrulmuş leblebi, her biri gerçekten öküzgözü iriliğindeki üzümlerden çıkarılmış şıralarla yapılmış pestiller, ipe dizili cevizlerin üzerine üzüm bulamacı (malez) bandırılarak elde edilen sucuklar, her renkte kuruüzüm... Kurutulmuş üzümün üzümü daha başka. Işıklı kırmızı. Üzüm bulamacına ceviz, badem kırıkları katılarak yapılan tarhana, kırmıtik... Yüzüne bakıldığında şifa getiren, her tanesi güleç yüzlü bir kızın parlak dişlerini andıran iri nar taneleri... Günün yorgunluğu yüzüne vurmuş, uyuklayan neneler, dedeler... Bedenlerinde bir dirhem fazla et bulunmayan suna boylu kadınlar, her biri söğüt dalı erkekler... Kadınların ellerinde geceleri yapacakları örgüleri var. İp eğiren, kazak, hırka, patik, çorap ören becerikli analar; çeyiz işleyen utangaç kızlar... Çocuk, çocuk, çocuk...

'Yatsı' kılınmış, odalara girilmiştir.

Nuri Dayı bir Şaman ozanı gibi, etrafa saygınlık, kutsallık yayıyor. Onu dinlemeye gelenler, kendi dünyalarını bulma umudunda. İçleri ferahlayacak, duyulmadık olaylar dinleyecekler, sevinecekler, gülecekler, geçmişi anıp ağlayacaklar, askerdeki oğullarını anacaklar, bu dünyadan göçüp giden yakınlarına ağıt yakacaklar... Birden, o yumruk kadar adamın, gövdesinden umulmayacak gür sesi dolduruyor odayı: "Hey! Hey, heyyyyyy!.. Hekâtı (hikâye) nerden verek; padişahtan mı verek, dünya gözeli gızından mı verek?.. Böğün (bugün) padişahla vezirin hekâtı! Her şeyleri varmış, bunların; varmış da dertleri de varmış; çocukları olmuyormuş..."

Nuri Dayı hikâyesine, düşsel dünyalara yol aldıran anlatısına başlamıştır. Uyuklayanlar uyanıyorlar. Suna boylu analar ellerindeki işleri bırakıyorlar. Söğüt dalı babalar sigaralarını söndürüyorlar. Bebeler, seslerini kesiyor. Nuri Dayı'nın içli sesi, ezgiden o ezgiye geçmektedir: 'Eladır gözlerin, siyahtır kaşın / Aradım dünyayı bulunmaz eşin / Yaylanın karından beyazdır döşün / Uzanıp üstüne ölesim gelir'. Ezgilere dayanamazlar. Kadınların güz elması gibi al yanaklarında buldur buldur damlalar birikir. İç çekişlerini saklamaya çalışırken, yanaklarında biriken damlaları ak örtülerinin ucuyla silerler.

İstanbul'a, o gecelerde söylenen ezgilerin gözyaşlarıyla gelmiştim. Gün geçtikçe de eksilmiyor, artıyordu gözyaşlarım. Nuri Dayı'nın anlattığı *Muhammet Hanefi Cengi, Kerem ile Aslı, Âşık Garip, Yusuf ile Züleyha, Elif ile Yaralı Mahmut...* belleğimde canlılığını koruyordu. Doğu Anadolu'nun o küçücük kasabasında dinlediğim hikâyelerin adlarını kitapların üzerinde görünce o ablanın vitrinine daha çok yaklaşıyordum. Onlara ulaşmam öyle olanaksızdı ki... Param yoktu ki kitapları satın alayım. Param olsa bile, yalınayaklarımla, yırtık pırtık giysilerimle nasıl girerdim o dükkândan içeriye! Vitrine alnımı yaslayarak, kapaklarında sarmaş dolaş sevgililerin resmi bulunan kitapları seyretmekle yetiniyordum.

Kitaplara dalıp gitmenin etkisiyle, salyalarımın, merakla alnımı dayadığım vitrin camında yağmur yolu gibi iz bıraktığı bir sırada, "Ne istiyorsun?" sesiyle birden irkildim. Yarı karanlık dükkânda, masasının başında gölge gibi oturduğunu gördüğüm abla, yerinden kalkıp kapının önüne gelmişti.

Suç işlemiş de yakalanmışım gibi olmuştum.

"Hiç, kitaplara bakıyordum..." dedim.

"Kitapları çok mu seviyorsun?"

Sustum. Ağzı burnu salyalar içinde görünmekten çok utanmıştım.

"Gel, hoşlandığını al! Hadi, utanma, utanma!"

Abla benden beş-altı yaş büyüktü. Eskiden kahve duvarlarına 'Dünya Güzeli Fatma' diye resimler asılırdı. Hemen her kahvenin duvarında görünürdü bu resimler. Gür

kara kaşlı, gözleri koyu sürmeli, yanakları elma kırmızısı
bu güzel, bilek kalınlığındaki örgülü saçlarıyla karşılardı
kahveye girenleri. Bana kitap veren abla, sanki o duvarlardan inmiş gelmişti. Biraz da o resme benzerliğinden dolayı,
ablayı güzelliğin yedi kat göklerinde dolaştırıyordum. Ablanın, çevresi kırmızı renkli ilaçlara bulanmış hasta gözlerini görmek istemiyordum. O, kafamda dünyanın en lekesiz
varlığı olan 'Dünya Güzeli Fatma'nın yerini almıştı. Her
şeyden, hastalıklardan, kötülüklerden uzakta olmalıydı o.
Nenemin duası geldi dilimin ucuna: "Allahım, iyileri dertlerinden kurtar, kötüleri ıslah et!" Abla, hastalıklı gözlerine karşın, gönlümün ceylan gözlü sevgilisiydi.

    Abla da benim gibi, bir dükkânda çalışıyordu. Dükkân
kendilerinindi. O zamanlar öyle güzel kızları işyerlerinde
çalıştırıp insan içine pek çıkartmazlardı. Kimbilir, belki
gözleri hasta diye, onun herkesçe görülmesini sakıncalı bulmamışlar, uzun kara saçlı ablayı tezgâha oturtmuşlardı.
Dükkânında karabiber, tarçın, zencefil, safran, salep, ıhlamur gibi baharatlar satılıyordu. Bu arada, dışarıya günlüğü iki buçuk kuruşa kiralık kitap da veriliyordu. Hasta
gözlerine aldırmadan, abla, çevresine toplanan çocuklara
kitaplardan parçalar okuyordu. Usta'nın uyuklamasını kolluyor, bin kapısı ayrı kilitli o aşçı dükkânından kaçıp ablayı dinleyen çocukların arasına benim katıldığım da oluyordu.

    Bu aşırı ilgimden mi, yoksulluğumu iyice gösteren üstümden başımdan mı, bir dükkânda çalışmaktan doğan
meslektaşça dayanışmamızdan mı bilmiyorum, abla kitapları verir, bunun karşılığı olan parayı benden istemezdi.
"İstediğini al, oku, sonra geri getir," derdi. Bir gün, kitaplar arasından *Elif ile Yaralı Mahmut*'u seçtim. Birbirine
yapışmış gözkapaklarını güçlükle kaldırarak, "Güzel bir hikâyedir bu," dedi, "onu dün gece ben de okudum, öyle hoştu
ki, bitirmeden uyuyamadım." Gözlerim onun yapış yapış
kirpiklerine dalmışken hikâyeyi anlatmaya başladı. Aradan ne kadar geçti bilmiyorum, birden durdu; "Hadi, sonunu söylemeyeyim de tadıyla oku," dedi, anlatmayı kesti.

    Sesinin insanı saran sıcaklığı, o biçimli dudaklarından
sözcüklerin şıkır şıkır dökülüşü, anlatılanın başka dünyala-

rına götürürdü beni. Uzak ülkelerde, lekesiz göklerde, bağ bahçe arasında, çayırların çimenlerin içinde, kulaklarımda binlerce böceğin, kuşun sesi, kendi dünyamı yaşardım onun anlattıklarında. İç evrenimde yarattığım bu dünyada her şey katıksızdı. Sevgiler, dostluklar doğa gibi tertemizdi. Güneş ısıtıyor, ay ışıtıyordu. Orada dayak, horlanma, korkunun yarattığı ürküntü yoktu. Bütün baskılardan, horlanmalardan uzak, kendi özgürlüğümün sınırlarını bilerek yaşıyordum.

Dükkânın bahçeye açılan karanlık aralıkları, yattığım odanın iri boşluğu korkular yaratmıştı bende. *1001 Roman* türü resimli kitapların ürküntü yaratan görüntülerinden korkuyordum. O kitaplarda geçen başları boynuzlu, elleri keskin çatallı yaratıkların, karanlık aralıklarda, oda boşluklarında beni arkamdan yakalayacaklarını sanıyordum. Üzerinde onların resmi bulunan kitaplardan uzak duruyordum. Korku yaratan bu bol resimli kitapları elime almazken, ablanın verdiği *Elif ile Yaralı Mahmut*'u ve öbür kitapları dönüp dönüp okuyordum. Onun elinden aldığım kitapların başka anlamları vardı. Kitabı veren ellerinin yumuşaklığı, ana kucağının yüreği ısıtan sıcaklığını taşıyordu.

Neresi çekiyordu da beni, dönüp dönüp okuyordum bu kitabı? Belki 'mutlu son'la bitmesi... Ana yok baba yok; Usta hastalanır demiyor, ölür demiyor, basıyordu dayağı. Tek umudu, bana kitap veren o güzel ablanın yarı aralanmış gözlerinin sönük ışığında buluyordum. Elif ile Mahmut'un, sonunda birbirine kavuştuğu gibi, bir gün bu ablanın gözleri de sağalacaktı; ben anama babama kavuşacaktım. O zaman ablanın yarı aralanmış kanlı gözlerinde umudu aramayacaktım. Sesi gibi, ışık ışık bakacaktı. Mahmut'un Elif'in dizlerine başını koyduğu gibi, ben de başımı onun dizlerine koyup bir sevgiyi sonsuza dek soluyacaktım. On iki yaşındaki bir çocuk için aşk bu ise, ona âşıktım. Abla, verdiği kitaplarla bana gelecek güzel günlerin ışığını tutuyordu. Şimdi adını bile anımsayamıyorum o ablanın! Beden gibi bellek de bir tükenişi yaşıyor. Yüzü belleğime güzelliğin simgesi olarak yerleşmiş bu ablayı, beynimin hangi derinliklerine dalsam da bulsam! Tıpkı, kahvelerden sureti kaldırılmış 'Dünya Güzeli Fatma' gibi...

CUMHURİYET BAYRAMI

Çocukluk yılları uzun olur derler; oysa benim yıllarım tez geçti. Bunu, her yıl 29 Ekim'de Taksim Meydanı'na gidişimizi nasıl sabırsızlıkla beklediğimizden çıkarıyorum. Yaşamımızda yılın tek eğlencesi olan Cumhuriyet Bayramları birden gelirdi. O gün Taksim Meydanı'na götürüleceğimizi bilir, günlerce öncesinden, bayrama katılmanın coşkusunu yaşardık. 29 Ekim akşamı Kocamustafapaşa'da bütün otobüsler sıraya dizilirdi. Yaşlı genç, kadın erkek, usta çırak, bir kuruş ödemeden bu otobüslere doluşur, Taksim Meydanı'na Cumhuriyet Bayramı'nı kutlamaya giderdik. Otobüslerde marş söylenmezdi. İşin sıkıcı ortamından kurtulup özgürlüğe kavuşmuş olanların gürültüsü bir marş kadar etkili olurdu. Öyle bir coşku yaşanırdı ki, o anda kimse çıraklığını, yediği dayakları, çektiği acıları düşünmezdi. Kocamustafapaşa'nın yoksul halkı, çoluğu çocuğuyla, 29 Ekim'de bir günün beyliğini yaşardı.

Bayram yerine gitmeden, daha otobüste espriler gırla giderdi. Otobüstekilerin her düzeydeki esprilerine, kaba şakalarına çok gülerdim. Ufak tefek adamlara 'pire', irilere 'ayı', kurnazlara 'tilki', eli uzunlara 'sansar', olmadık işler yapanlara 'çakal' vb. adlar takılırdı. Otobüste bu adlar daha da abartılırdı. Pireye 'it piresi', ayıya 'koca ayı', tilkiye 'kümes tilkisi', ad takılanın rengine göre, çakala 'boz çakal' derlerdi. Bu yakıştırma adlardan dolayı çoğunun gerçek adını bilmezdik. Gerçek adlarını bilmediğim adamların yüzüne dikkatle bakardım. Baktıkça, yakıştırılan adların ne kadar yerinde olduğunu görürdüm. Pire dedikleri gerçekten pireye, ayı dedikleri ayıya benziyordu. 'Tilki' dediklerinin durmadan gözleri oynuyordu. 'Çakal', gerçekten tam çakaldı. Küçükler onlara bu adlarla seslenemezlerdi. Bizler, hayvan adı yakıştırılan herkese 'ağabey' derdik. Espride ve takılmalarda yaş sınırı çok önemliydi. Büyüyüp onlara o adlarla seslenmeyi düşlerdim. Kişiler arasında böyle adlarla çağrılmanın sıcak bir yanı vardı. Onlar birbirlerinden hiç ayrılmazlardı. Yüzünün küçüklüğünden dolayı 'Fındık' denen Şoför Rüştü ile yüzünün genişliğinden dolayı 'İşkembe suratlı' diye anılan Şoför Kemal lokantaya birlikte gelirlerdi. Onlar yemek yerken bayram ederdim. Yaptıkları şakalarla içimi sevince boğarlardı. Orada yaşayanların komik bir yanını bulurlar, onları umulmadık sıfatlarla adlandırırlardı. Onların yemekte olduğu zamanlar, dükkâna bir tiyatro kumpanyası girmiş gibi olurdu.

Taksim Meydanı'nda en çok Atatürk Anıtı'yla renkli suları görmeye doyamazdım. Suyu boyadıklarını sanıyor, bunu nasıl yaptıklarını kavrayamıyordum. Suların gerçekte su renginde aktığını, suya renkli ışıklar vurdurulduğu için öyle göründüğünü sonradan öğrendim. Bayrakların dalgalanması beni çok duygulandırırdı. Zafer Anıtı'nın önünde kendimi o kişilerden biri sayar, onların savaştaki kahramanlıklarını düşlerdim. Kimbilir, onların gözleri ne öldürmeler, ne öldürülmeler görmüştü? Şimdi taş donukluğunda, ufuklara bakan tarihsel kahramanlar kendilerini nice toplardan, tüfeklerden, süngülerden, tabancalardan korumuşlardı. Ölümle burun buruna gelen onlardı. Bunları yalnız Taksim Anıtı'ndaki tunçtan kişileri görünce düşünürdüm. Yoksa Cumhuriyet Bayramı, renkli sular görmek, pamuk şekeri yemek, havai fişekler atmaktı. Ben, onca yaramazlığıma karşın hiç havai fişek atmamışımdır. Fişeklerin yönünü şaşırıp yalpa vuruşlarından korkardım. Dönüp bana değecek diye elime almazdım havai fişekleri. Herkes illallah ederdi benden; ama kimse, elime mantar tabancası bile almadığımı bilmezdi.

Sıradan günlerde kapının önüne çıkmama izin vermeyen Usta, kendi hiçbir bayrama katılmamakla birlikte, Cumhuriyet Bayramlarında Taksim Meydanı'na gitmeme bir şey demezdi. Bayram benim için, kirli önlüğümü boynumdan çıkarıp bir yana atarak iş yapmaktan kurtulmak, otobüsün şenlikli havasında istediğimi yapmak anlamı taşıyordu. Öbür bayramlarda ne yaptığımı anımsamıyorum.

Ben, bayramı düğünü olmayan kötü bir çocukluk geçirdim. Ama Cumhuriyet Bayramı'na gitmenin ayrı bir havası vardı. Örneğin, bayram otobüslerinde, akşama kadar küfürleştiğimiz, bir punduna getirip çelme taktığımız çırak arkadaşlarımızla umulmadık dostluk ilişkilerine girer, elimizde, cebimizde olanları birbirimize verirdik. Çalışma sırasında birbirimizi yerken, bayram ortamında melek kesilirdik. Yaramazlığı ve çalışkanlığıyla ünlü olan ben, dışarıda çoğunun hedefiydim. Bayramda hedef olmaktan kurtulurdum. Biri, daha küçük birini dövmeye kalkarsa, ondan güçlü olan, dövmeye kalkışanı engellerdi. Bir bayram otobüsünde yer kapma itişmesi sırasında, benden büyük biri dövmeye kalkınca, Tatlıcı Fikret, "Bırak ulan çocuğu, onun anası babası burada değil!" diye beni korumuştu.

Anasızlık babasızlık çocuklar arasında yalnızca bir eksiklik değil, utanılması gereken bir durumdu. Bu eksikliği çok yaşadım. Ortada ana baba olmayınca ağzını açan sana 'piç' diye sesleniyor. Var benim anam babam diye yırtın, kimseyi inandıramıyorsun. Bir süre sonra 'piç' lafı artık dokunmaz oluyor. Çocuklar, arkadaşlarını oyuna katarken, yediklerini paylaşırken 'piç'leri dışlarlar. Halk arasında 'piç' sözü, babaya dokunmaz da, ananın kötü bir şeyler yaptığına ilişkin gizli çağrışımlara yol açar. 'Piç', en ağır aşağılama sözcüğüdür. Doğrudan 'piç' demelerine çok alınırdım da, 'piç kurusu' dediklerinde bundan pek etkilenmez, deyimdeki ironiden dolayı onu söyleyenin beni kendine yakın bulduğuna inanırdım. 'Piç kurusu' dediklerinde, gözümde, ancak vitrinde gördüğüm erik kurusu, kayısı kurusu gibi güzel yiyecekler canlanırdı. Çevremdekiler, bir bildiklerinden değil, kulaklarına değen söylentilere göre bana 'piç' derlerdi. Böyle bir durumun söz konusu olmadığını bildiği halde Usta'nın bana 'piç' diye seslenmesinden çok incinirdim. Neylersin, ele mahkûm, katlanacaksın, Usta'ya kimin gücü yetecek?.. Usta, dayak atmada, sövüp saymada özgür doğmuş! Yılda bir doluşulan bu bayram otobüslerinde, bu sözcüğün ağır yükünden kurtulmuş olurdum.

USTA'NIN KARISI

İstanbul'a gelmeden önce de, bacaklarımda, dizlerimde yaralar çıkardı. Anam, bu yaraları, eşeklerin sırtında semer sürtünmesinden oluşan yaralara benzetir, bana 'yağırlı' derdi. Eşeklerin sırtında oluşan bu kızıl yaralar bakımsızlıktan kurtlanır, bunları ancak deneyimli yaşlılar katran sürerek iyileştirirlerdi. Semer vurulmuş her eşeğin sırtında bu kurşuni izlerden bulunurdu. Bu yaralara durmadan sinekler konup kalkardı. Yüzümdeki şark çıbanı izlerinin yağırdan ayrımı yoktu. Çocuklar 'yaralı, paralı' diye benimle alay ederlerdi. Bunlardan pek etkilenmezdim. Güneydoğu'nun o dayanılmaz sıcağında güneşten kahverengine dönüşmüş bu izler birçok çocukta vardı. Bunlar gerçekten eşeklerin sırtında çıkan yağırlara benziyordu. Bacaklarımda, dizlerimde hiç eksik olmayan yaraları neneme gösteren anam, "Gene yağırları çoğaldı," derdi. Akşama kadar tozun toprağın içinde boğuşmama anamın tepkisiydi bu. Sanki bu 'yağırlar', yüzümdeki izleri yalnız bırakmamak için sıraya giriyorlardı. Anam hamur sararak, soğan haşlayıp koyarak, içi irin (iltihap) dolu yaralarımı iyileştiriyordu. Bir defasında da, topuğumdaki yerligene (iltihabın toplanıp sertleşmesi), bir çocuğun taze pisliğini bağlamıştı. Ayağımdaki irin torbası ertesi gün deşilince dünyaya yeni gelmiş gibi olmuştum.

Yoksulun yazgısı köyde de kentte de aynıdır. Ayaklarım İstanbul'da da yalındı. Yerligen, yalınayak gezenlerin topuklarında çıkar. Anamın elleri uzaklarda kalmıştı. İstanbul'da yaralarıma çocuk pisliği bağlayanım bile yoktu. Yerligen ateş yapar, yara durmadan zonklar. Zonklamanın bir ucu yarada, öbür ucu beyindedir. Yerligenli ayağımla, yarım basarak, daha zorda kalırsam sıçrayarak işimi görmeye çalışırdım. Çünkü Usta, insanı hasta iken dövmekten daha çok hoşlanıyordu. Bir gün beni bir alacak için Mahmutpaşa Yokuşu'nda bir hana gönderdi. Otobüse binip gittim. Yaranın zonklamasını kulak zarlarımda duyuyordum. O gün de, verilen bahşişlerle helva-ekmek almış, çektiğim acıdan dolayı yiyeceğime ağzımı sürememiştim. Acı, açlığı yenmişti.

Kocamustafapaşa'da otobüsten inerken yere yara ayağımla basmamaya çalışıyordum. Dengemi yitirip düşecek gibi olunca, yaralı ayağımı yere çarptım. Yara kendiliğinden deşildi. O anda beynimle ayağım arasındaki acı çizgisi ortasından koptu. Yaşamım boyunca, o deşilmenin yarattığı rahatlığı bir daha yaşadığımı anımsamıyorum.

Bacağımda bu kez çıkan yaralar onlardan değildi. Büyük yerin derdi büyük olur; bu yaralar, bütün bacağımı sarmış kızıl mor renkli birtakım yumrucuklardı. Usta'nın kızgın maşayla oyduğu yerden akan irinler onlarca yaranın oluşmasına yol açmıştı.

Kendi kendine geçer diye kimseye bir şey söylemiyor, yaraların dayanılmaz acısına katlanıyordum. Yaraya parmağımla basıp içindeki irini boşaltınca biraz rahatlıyordum. Bir yaprak ya da bez parçasıyla silmeye kalktığım yaraları iyice temizleyemiyordum. Yaralar bu yüzden çok kötü kokuyordu. Bana da çok ağır gelen kokunun yanımdan geçenlere de öyle koktuğunu, onların yüzlerini büzüştürüp burunlarını tutmalarından anlıyordum. Oysa ben ne acılar çekiyordum! Yaralar zonkluyor, ateş yapıyor, bedenimi zangır zangır titretiyordu. O zamanlar bizim durumumuzdakilerin ölüsü bile hastane yüzü görmezdi. Böyle yaraları evlerde yaşlı kadınlar iyileştirirlerdi. Yara geçsin diye 'ocak'lara götürüp hocaya okuttururlardı. Doktorun yarayı daha da azdıracağından korkulurdu. Kırık çıkıklarda, onulmaz yaralarda, sinir hastalıklarında, yaşlı kadınların deneyimlerine, hocaların üfürüklerine daha çok güvenilirdi. O zamanın Kocamustafapaşa'sında yaraya sülük salma, hacamatla vücuttan kan alma en yoğun sağaltma yoluydu.

Yaralar iyice azmış, bacağım kütük gibi şişmişti. Kokudan yanıma yaklaşılmıyordu. Üst katta oturan ustalar, kapının önünden geçerlerken, orta kata bir hayvan gibi bağladıkları çırağın kokusunu alıyor, burunlarını tutuyorlardı. Yaralar ateşimi yükseltiyordu. Ateş yükselince ayakta duramıyor, merdiven basamaklarına, kapının eşiğine, bahçe duvarlarına yığılıp öyle kalıyordum. Usta'nın karısı bir sabah yukarıdan seslendi:

"Bugün dükkâna gitme, bir kadın gelip yaralarına bakacak!"

Bitkinliğim, ateşler içinde yanmam, bulduğum yere çöküverişim, Usta'nın karısını korkutmuştu. Yaraların kızgın maşa olayından sonra çıktığını biliyordu.

Biraz sonra kadın geldi. İri gövdeli, merdivenleri çıkarken ciğerleri körük gibi öten yaşlıca bir et yığınıydı gelen. Kadın hacamat yapacak, yaraları kökünden kurutacaktı. Yukarıya seslenince, Usta'nın karısı, içinde sıcak su bulunan bir leğenle aşağıya, odama indi. Yaralarım geçecek diye Usta'nın karısının yapacağı her işleme dayanmak zorundaydım. Dayanmasam, dışarıya yumuşak yüzünü gösteren bu sert kadın, dayak atarken yaptığı gibi, beni koluyla gövdesinin arasına sıkıştırıp soluğumu keser, istediğini yapardı. Yaşlı kadın hacamat yaptıktan sonra, Usta'nın karısı, sıcak suyu bacaklarıma akıtıp yaralarımı sözde yumuşattıktan sonra, eline pürüzlü bir taş aldı, yaraları kazımaya başladı. Hacamat, bir aygıta yerleştirilmiş jiletle deriyi kesip, oradan pis kanı çıkarma işlemi. Çık çıkı diye bir ses duyuyorsunuz, o kadar. Her şey bir anda oluveriyor; acı duymuyorsunuz. Yaranın kazınması ise, göklerin ötesindeki yıldızları saydırtıyor insana. İşlem uzun sürse insan çıldırabilir. Kazınan yaraların dibinden kan yerine irin pelteleri akmaya başlamıştı yere. Ardından kan sökün etti. Bağırtım göklere çıkıyordu. Bir kemik yığını halindeki bedenimi kollarıyla sarıp bacakları arasında sıkan yaşlı kadının kucağında sıçrıyordum. Usta'nın karısı, ilk kez okşayıcı bir sesle, "Bitti! Bitti!" diyerek yaraların içini boşaltmayı sürdürüyordu. İşlem tamamlandığında, irin boşalmış, kan tükenmişti. Yaralardan zehir yeşili sıvılar sızıyordu. Yaşlı kadın, ağzında dualar dolandırarak, yetkin bir doktor gibi, "Tamam," dedi, "zehir aktı, şimdi bir merhem süreceğim, rahatlayıp uyuyacaksın. Üç gün sonra bir şeyin kalmayacak! Hadi, geçmiş olsun."

Kadının dediğine göre, o yeşil sıvı yaralarımın zehriydi. Zehir akmış, derdimden 'halas' olmuştum. Kadın, kollarını bedenimden çözüp beni bırakınca ölümün elinden kurtulmuş gibi oldum. Özel olarak hazırladığı kara merhemi yaraya sürünceye kadar, "Allahım, canımı al, Allahım, canımı al!" diye bağırıyordum. Merhemden sonra, acılardan da, ölümün elinden de kurtuldum. Sürünerek gittiğim ot yatağıma uzandım. İrinlerin boşalması beni rahatlatmıştı. Acılardan sonra duyulan o rahatlama duygusuyla, narkoz verilen bir hasta gibi, korkuyu morkuyu aklıma getirmeden, kendimi uykunun bilinmezliklerine bıraktım.

Ertesi sabah Usta'nın sesiyle uyandım. "Kalk artık ulan, ben senin gibi bir piçi boşuna besleyemem! Oh, ne âlâ memleket, ne âlâ memleket! Ben çalışayım, sen burada yatıp keyfine bak! Hadi, fırla kalk!" diye bağırarak yatağı tekmeliyordu. Karısı araya girmeseydi, o halimle yalınayak yollara düşecektim. İki gün yataktan çıkamadım.

Bacağımı oynatamıyordum. Sardıkları bezler bacağıma yapışmıştı. Bezleri nasıl çıkartacaklarını düşünüyordum. Yaşlı kadın, iki gün sonra, yanında kendisinden genççe bir kadınla çıkıp geldi. Bezin üstünü önce ılık suyla ıslattı. Bu ıslaklığın üzerine koyu zeytinyağı sıvadı. Operasyona giriştiler. Korku içinde kadının bezleri açmasını bekliyordum. Zeytinyağıyla yumuşatılan bezlerin yaranın üstünden alınması acı vermedi. Kadın sonucu iyi buldu: "Allah'a şükret ki etin temiz; yakında iyileşecek yaraların." Bacaklarıma aynı merhemden sürdü, "Yaraya sinek kondurma sakın! Sinek, kurt bırakır," diye uyardı beni, merhemi Usta'nın karısına bıraktı gitti.

Üç günde iyileşmedi yaralarım, ama bir-iki hafta sonra, pazarcılara sabah çorbasını dağıtırken, bacaklarıma koca kuşların kanadı takılmış gibi, sağa sola koşuyordum. Acılardan kurtulmanın sevinciyle, dağıttığım çorbaların pazarcılara daha lezzetli geleceğini düşünüyordum.

BABANIN USTA'YI ZİYARETİ

O gün, akşamüstü, renk renk elbiseli Çingene kızları oyunlarını yeni bitirmiş, kahveden ayrılmışlardı. Onları yine görememiştim. Çok mutsuzdum. Yemek zamanı olmadığı için bir köşeye dayanmış, gelene geçene bakıyordum. Otobüsten beyefendi kılıklı bir adam indi. Kahvenin önündeki sandalyelerden birine oturdu, gözünü bizim dükkâna dikti. Babama benziyordu. Kahveye çay söylemeye gidiyor gibi yaparak gözucuyla ona baktım. Evet, babamdı. Beni yanına çağırdı. Gittim. Bir çocuğun, yanında olmaya can attığı babasına karşı yabancılık oyunu oynaması ne acıdır! Bizi bırakıp gittiği için babama küskündüm. Uzak duruyorum. Babam da çekingen davranıyor. Suçlu, çocuğu karşısında ezik, soruyor:
"Beni tanımadın mı?"
"Tanıdım."
"Ben kimim?"
"Babamsın!"
Dükkânı göstererek sorularını sürdürüyor:
"Orada mı çalışıyorsun?"
"Evet."
"Ustan iyi mi?"
Öyle alıştırılmışım:
"İyi."
Eksik bıraktığımı tamamlıyorum:
"O benim hem ustam, hem babam."
"Demek baban!.."
"Evet," demiyorum. İkimiz de öyle kalıyoruz. Kalkıyor. Elimden tutmak istiyor. Elimi çekiyorum. Tepki göstermeliyim; sokaklara atılmış bir çocuk nasıl birden babasının boynuna atılabilir, arsızlık olmaz mı bu? Babamın yaptık-

larını herkes biliyor ve onu hain sayıyor. Birlikte dükkâna yürüyoruz. Usta dışarıdan geldiğimi görünce, yanımda bir yabancı adamın olduğunu hiç hesaba katmadan, "Nerelerde sürtüyorsun gene ulan it baytarı!" diye çıkışıyor. Onu müşteri sandığı belli. O görünüşte bir adamın babam olacağını düşünemiyor. Babam kendini tanıtıyor. Sokaklardan kurtarıp bana iş verdiği için Usta'ya teşekkür ediyor. Ustanın, babamın beni alıp götüreceğini düşündüğünü dazlak kafasını kaşımasından anlıyorum. Babamın teşekkürüne, başını hafifçe sallayarak, sözde, bir şey değil, diyor. Usta, her müşteriye sorduğunu babama da soruyor:

"Ne yersin?"

Babam, "Şimdilik bir şey istemez," deyip bana dönüyor:

"Şu parayı al, git bana bir küçük rakı getir!"

Bizim dükkân daha rakı kokusu almamış. Usta, "Burada içki içilmez!" demiyor. Fırsat bu fırsat, büfeye koşuyorum. Oh, Nevin'i de göreceğim!

O zaman rakı kırk dokuz kuruş. Bir lira veriyor babam. Duygularımı belli etmiyorum ama, babaya kavuşmanın sevinciyle, içten içe, kanat takıp uçacağım. Sevinçli günlerimde yaptığım gibi, kendimi hızlı yol alan bir arabanın yerine koyuyorum, arada korna da çalarak Nevin'in büfesine koşuyorum. "Nevin! Babam geldi! Benim de babam var!" diye bağırdım bağıracağım. Hevesim kursağımda kalıyor; bağıramıyorum. Nevin'i göremiyorum çünkü. Kasada babası var. Araba hızıyla gittiğim büfeden rakıyı alıp çırak hızıyla dönüyorum dükkâna. Müşteriye nasıl davranıyorsam, babama da öyle davranıyorum. Rakıyı da, paranın üstünü de masanın üstüne bırakıyorum. Babam, parayı masanın üstünden alıp avucuma koyuyor. Elli bir kuruş az para değil. Kardeşim aklıma geliyor. Ona veririm diye geçiriyorum içimden. Kardeşime parayı verirken, babamın dükkâna geldiğini de söyleyeceğim. Biliyorum, babayı göremediğinden, boynunu büküp nemli gözleri gene saydamlaşacak.

İçki rahatlatıyor babamı. Durmadan Usta'ya teşekkür ettikçe, Usta ezilip büzülüyor. Uzun laf dinlemeye sabrı yoktur; babam uzattıkça Usta'nın gözleri açılıp kapanıyor. Babamın konuşmasından sıkıldığı, ikide bir başını kaşımasından belli. Gün battı mı bizim dükkân kapanır. Oysa, zaman gece yarılarını buldu. Babam rakısını yudumlarken, Usta geçici uykularını sürdürüyor. Usta'nın gözkapakları kırpışarak inip kalkıyor. Usta'da bir tedirginlik de var. Babamın o gece beni alıp götüreceğinden korkuyor. Babam, Usta'nın bana baba olduğunu, kendisinin yapamadığını onun yaptığını dile getirerek teşekkürlerini sürdürüyor. Bacaklarımdaki oyukları açıp göstersem de, babam anlasa kime teşekkür ettiğini! Göstermiyorum. "Babam bacaklarımdaki çirkin yara oyuklarını görse ne olacak?.. Bizi sokaklara atarak yüreğimizde oyuklar açmış bir babadan ne umulabilir?" diyorum içimden. Usta, babamın söylediklerine önem vermiyor. Davranışlarla, belli etmemeye çalıştığı homurtularla bir an önce kalkıp gitmesini istiyor. Ağzına içki değmemiş Usta, içkinin, insanı masalara nasıl bağladığını nereden bilsin!

Bir yerde iş sahibi olmam, aşçılık öğrenmem babamı mutlu ediyor. Hiç değilse bir meslek (!) sahibiyim! "Gene geleceğim," diyor, son otobüse binip gidiyor. Gidiş o gidiş... Babam, gidip gelmeyendir. Babamın beni alıp götürmemesinin yarattığı rahatlıkla, o gittikten sonra, Usta, günlük dayaklarının en hafifi olan tokatlardan birini patlatıyor, "Baban da senin gibi gevezenin biriymiş; pezevengin yüzünden uykudan ölecektim neredeyse..." diyor. Dükkânı kapatıp, o önde ben arkada, eve gidiyoruz. Ot yatağıma uzanırken, kardeşime babamı nasıl anlatacağımı düşünüyorum. Yukarıdan, Usta'nın tonluk karısının horlama sesleri geliyor. Kendilerini yataklarına dar atmış Kocamustafapaşalıların kan uykuda oldukları bu saatlerde, yorgunluktan kendimi ot döşeğime bırakınca, yeryüzünün bütün seslerinin yerini derin bir sessizlik alıyor.

KARDEŞİMİ BULAMIYORUM!

Ertesi gün, babamın bıraktığı paraya el koymak istiyor Usta. "Onu kardeşime götürmem için verdi babam," deyince üstelemiyor. Başka biriktirdiklerim de var. Onu bilse canıma okur. Pazar günü dükkândan kaçıp kardeşime götüreceğim. Artık on bir-on iki yaşlarındayım. Ustaya diklenebiliyorum. Düşündüğümü yaptım. Pazar günü öğle sıralarında bir yolunu bulup Darülaceze'ye gittim. Herkesi Darülaceze'den içeriye sokmuyorlar. Kardeşim hafta sonlarında, beni üstünden atlayıp kaçtıkları duvarın dibinde karşılardı. Görürlerse okuldan atarlar diye beni o kaçak yoldan içeriye sokmazdı. Birbirimizi yitirdiğimizde birkaç gece mezarlıklarda yatıp kalktığından, kardeşim ölü görmekten çok korkardı. Darülaceze'de yaşlılarla çocuklar aynı yerlerden geçiyorlardı. Kaç kez, yataklarında ölü bulunan yaşlıların morga götürülüşünü görmüştü. Gördüklerini, korkudan büyüyen gözlerle anlatıyordu. Kardeşim, ölülerin bir sedye üstünde yalnızlığa sürükleniverilerine dayanamayacağımı düşünerek, benim böyle bir görüntüyle karşılaşmamı istemiyordu. Kendince, korkunç saydığı bir görüntüye karşı beni korumuş oluyordu. O içeriye girmemi istemeyince, ben de ille gireyim demiyordum.

O gün, her zamanki duvar dibinde kardeşimi bekledim, yok! Bekledim, yok! Ölü, ölüyü çağrıştırır; içime kötü şeyler geldi. Ağladım, ağlayacağım... Başladım ağıt yakmaya: "Oyyy, kardeşim, öldün de küçük tabutlara koydular, götürdüler mi seni! Oyyy, anasız kardeşim! Oyyy, kardeşsiz ağabey! Oyyy, anan ölse de duymasa bunları... Garip kardeşim, güzel gözlü kardeşim..." Onu tanıyan çocuklardan birini görünce ağıtımı kesip, kardeşimin nerede olduğunu sordum. Çocuk, duvardan atlamış, hızla ağaçların arasına dalıyordu. Yakalanma korkusuyla, hızını kesmeden seslendi: "Okuldan ayrıldı o!" dedi. "İyi de, ayrıldı, nereye gitti?.." Çocuğun, "Vallahi nereye gittiğini bilmiyorum!" demesiyle ağaçların arasında yitmesi bir oldu.

Aklıma binlerce olasılık geliyordu. Dallarından ballı incirler sallanan ağaçların altına oturdum. Gündüz gözü kararan bu gök altında, ballı incirler balsızdı artık. Kardeşimin, başını sönmüş fırının tavanına vuruşu geldi gözümün önüne. Bir tek kardeşim vardı; bu dünyada kardeşsiz ne yapardım ben!.. Acaba memlekete mi gitmişti? Eski ustasının evine dönmüş olabilir miydi? Yoksa sokaklarda sürünüyor muydu?.. Şu anda, mezarlığın bir köşesinde uyuyor da olabilirdi. Darülaceze'den ayrılıp yola koyulunca, şu dünyada tek başıma kaldığımı düşünerek yazgıma ağladım. Yalnızlığımı düşündükçe gözyaşlarımı tutamıyordum. Ağladıkça da yalnızlaşıyordum. Darülacezeli her çocuğu kardeşim gibi görüyor, onların arasından çıkıp, her zaman yaptığı gibi, "Ağabey, sen mi geldin? Tatlı yiyelim mi? İncir ister misin?" diye soracağını, avucundaki incirleri bana vereceğini kuruyordum. Oysa duvardan atlayan her çocuk ağaçların arasına karışıyor, yitip gidiyordu. Aralarında kardeşim yoktu. İstanbul'un bilinmez yerlerinde aç mıydı, susuz muydu?..

Dükkâna, tek başıma kalmanın kırgınlığıyla döndüm. İçeriye adım atar atmaz, yüzümde Usta'nın tokadı patladı.

Kardeşimi bulamamak İstanbul'u dar etmişti bana. Aşçıda gerilimler içinde çalışıyordum. Artık büyümüştüm; bedenimi koruyamazsam da, dilimin hakkını veriyordum. Usta, eskisi gibi dövemiyordu. Elini kaldırmaya çekiniyordu. Ama, alışmış kudurmuştan beterdir, günde bir-iki tokatlık dayaklardan da yoksun bırakmıyordu beni. Dayakların yerini ağır küfürler almıştı. Usta'nın sözleri, tavırları artık iyice batıyordu. Kardeşimi aramama izin vermemesine çok içerliyordum. Ona unutamayacağı bir ders vermenin sırası gelmişti. Nicedir, ocağın önünde otururken, sürekli kaynar tutulan bulaşık suyunu kaza süsü verip usturayla kazınmış kafasına dökmeyi kuruyordum. Bir gün yapacaktım bunu.. Tam da ağzını tavanına kadar açıp horladığı bir sırada...

Dediğimi yaptım. Ama olmadı! Ellerim mi titredi, yoksa suyu kafasına şöyle bir sıçratıvermenin yeteceğine mi inandım; kazanı kafasına boşaltmaktan vazgeçtim. Oysa, soyulmuş tavşan gibi kızıla dönmüş yüzünde ak dişlerinin bembeyaz sırıtıp öylece donup kalmasını ne çok isterdim! Kafasına sıçrayan birkaç damla kaynar su bile, uykudan fırlayıp beni Kocamustafapaşa'nın sokaklarında kovalamasına yetti. Nereye kadar kovalarsa kovalasın, tutması olanaksızdı. O on adımla kovalarsa ben yirmi adımla kaçıyordum. Arada duruyor, kızacağı hareketler yapıp onu kızdırıyordum. Tam tutacağını sandığı bir anda fırlayıp kaçmaktan ayrı bir haz duyuyordum. Bir yerde kıstıracağı umuduyla kovalıyordu. Tutamayınca çileden çıkıyor, ne yapacağını bilemiyordu. Büyüklerin adam kovalaması hep komik gelmiştir bana. Onu koşturdukça yaptığım hoşuma gidiyordu. Tanıdıklara rastlayınca, "Beni öldürecekti bu it baytarı!" diye bağırıyor; biri beni tutar kendisine teslim eder diye bekliyordu. Kimse de yapmıyordu bunu. Bana ettiklerini herkes biliyordu. Koşmaktan iyice tükendiğini anlayınca, yakalarsa bir şey yapmayacağı üzerine yeminler etti. Ona inanmadım. Baş edemeyeceğini anladı, döndü dükkâna gitti. Sonradan polisler buldu getirdiler beni. Çorba içirdi polislere. Kaçak yakalamanın ödülü olarak onlardan para almadı. Sözünde durdu. Polislerin yanında da, ondan sonraki günlerde de beni dövmedi. Birkaç gün sonra, dayak atma krizine girdiği bir sırada beni ayaklarının altında çiğnerken, dövmediği günlerin faizini eklemeyi de unutmadı.

Artık sesim kalınlaşmış, kendimi erkek sanmaya başlamıştım. Usta'nın her yaptığı ağır geliyordu. Kararımı iyice vermiştim; bir yolunu bulup dükkândan kaçacaktım. Usta'ya bunu sezdirmemeye çalışıyordum. İşlerin tümünü bana bırakmıştı. Beni elden kaçırması bütün işlerinin bozulması demekti. Bunu tattıracaktım ona. Bana önem veren kişilerin ilgileri de kaçma kararında etkili oldu. Örneğin, dükkâna yemek yemeye gelen, hemen karşımızdaki 28. İlkokul'un öğretmenleri zekâmdan, çalışkanlığımdan söz ediyorlardı. Bir gün, üçüncü sınıf öğretmeni beni sınıfına götürmüştü. Hiç uyumsuzluk çekmeden, yıllardır o sınıfın öğrencisiymişim gibi konuya giriverımiştim. Şu kadar çuval şeker, şu kadar kilo pirinç... Öğretmen daha soruyu tamamlamadan, söylüyordum sonucu. Öğretmen beni örnek gösterip sınıftakileri tembellikle suçladı. O basit soruları yanıtlayamayan öğrencileri ben de küçümsemiş, kendimde inanılmaz üstünlükler görmüştüm. Öğretmen sınıfın karşısında beni yüceltince, sevinçten uçacak gibi olmuş, halime bakmadan sınıftaki bütün çocuklara şöyle yapın, böyle yapın diye öğütler vermeye başlamıştım. Hızımı alamayıp, sokak ağzının 'hıyarlar, enayiler, kelekler, budalalar, dangalaklar' gibi sözcüklerini sınıfa sokmaya kalkınca, öğretmen sözümü kesip beni dışarı çıkarmak zorunda kalmıştı.

Polis Recep de Usta'yı sıkıştırıyordu. O yıl kendi çocuğunu okula yazdırıp, on dört yaşına girmeme karşın, beni yazdırmamasını insafsızlık sayıyordu. Benim okul durumumu aralarında ciddi ciddi tartışıyorlardı. Polis Recep, "Sözde evlat olarak aldın; dayaktan öldürüyorsun çocuğu, okula da göndermiyorsun. Söz vermemiş miydin göndereceğine?" diye soruyordu. Usta, "Daha vakit var, bakarız," deyip geçiştiriyordu.

Yıllar sonra, İstanbul Tuzla'da, Yedek Subay Okulu'nda okurken, bir hafta sonu Usta'yı görmeye gittim. Öğrenci numaram 808, askerlik için yaşım da biraz ilerlemiş olduğundan, omzumdaki numara uzaktan teğmen işareti gibi görünüyordu. Sokakta beni subay sanıp selam veren erlerin yanılgısına Usta da düştü. Kapıda beni görünce yerinden fırlayıp selama durdu. Karşısındaki teğmenin eski çırağı olduğunu anlayınca, aradan on sekiz yıl geçmesine karşın, hiçbir değişikliğe uğramamış dükkânın tahta iskemlelerinden birine, önceden olduğu gibi yan oturdu, oturduğu gibi kaldı. Özene bezene okula gönderilen oğlu Eşref'in omzunda, benim yıllarca taşıdığım masa silme bezini aynı kirlilikte görmek derin üzüntüler yarattı içimde. Yüreğime duman çökmüş gibi olmuştu. Usta, kendini zor toparlayıp oğlunu göstererek, "Canın ne yemek istiyorsa ısmarla," dedi. Kaçarken haber vermemiş olmama üzüldüğünü belirterek, "Nereye gittiğini bilseydim, aylarca, yıllarca öldü mü, kaldı mı diye aramazdım seni," dedi. Yıllarca evinde barındığım Usta'nın çaresizliği gözlerimi yaşarttı. Sözde, kaçmış ve kazanmıştım. O anda, o kazancın yükü altında eziliyordum. Kısa süren o ziyaret gününde dükkândan çıkıp Kocamustafapaşa-Eminönü otobüsüne bindiğimde, oradan bir an önce uzaklaşmak istemiştim. Usta'yı son görüşüm olmuştu bu.

İSTANBUL'DAN AYRILIŞ

Günlerce düşündükten sonra, dükkândan kaçmaya artık kesin karar verdim. Kaçmayı kafama koyduktan sonra, sürekli kaçış planları yapıyordum. Kaçacağımı kimse sezmemeliydi. Birden yapmalıydım bu işi. İzim tozum belli olmamalı, yakalanıp geri getirilmemeliydim. Kaçıp da sonradan yakalanan çocukların polis tarafından nasıl dövüle dövüle sahibine teslim edildiğini duymuştum. Kaçma planları yaparken iki söylenti geldi kulağıma. Bizden yıllarca haber alamayınca, dayım, babama bir mektup yazıp bizi sormuş. O da, deniz kıyısında gezerken ikimizin de denize düşüp boğulduğunu bildirmiş dayıma. Anam deliye dönmüş. Ağın'da günlerce yas tutulmuş. Daha sonra haberin uydurma olduğu anlaşılmış; bir tanıdık, dayıma, İstanbul sokaklarında süründüğümüz haberini vermiş. Dayım, ulaşabildiklerine mektuplar yazıp bizi arıyormuş. Benim olmadığım bir sırada dükkâna kadar gelip beni soran bir tanıdığa, Usta, oradan ayrıldığımı söylemiş. Başka bir haber de, kardeşim Cengiz'in Darülaceze'den ayrılıp bir basımevinde çalışmaya başlamış olması idi. Onu basımevine yerleştiren Hüseyin Uçkunkaya dayımın çok yakın arkadaşıydı. Öylesine ilgilenmiş ki kardeşimle, basımevinde ona kâğıt kırpıntılarından bir yatak yaparak onun orada yatıp kalkmasını sağlamıştı. Kaçmamda kardeşim açısından da sorun kalmıyordu.

Kaçacağım gün, her zamanki gibi, sabah ezanı okunurken uyandım. Ot yatakta bir-iki döndükten sonra kalkıp dükkânın yolunu tuttum. Ocağı yaktım, sabah çorbasıyla sütü ocağa koydum. Pazarcıların, limonlu şehriye çorbasını içtikleri geldi gözlerimin önüne. Onların çorbayı üfleye üfleye içmelerinden mutlu olurdum. Çorbayı dağıtırken, içenlerde güzel tatlar çağrıştıracak sözler ederdim. Ne yazık ki bu er sabahta ben de, onlar da bunları tadamayacağız. Pazarın başından sonuna koşuşturup duran o yalınayak çocuğun çorba dağıtma töreni burada sona eriyordu. Ocakta lok lok kaynayarak kabarcıklaşan çorbayı da, kokusu sokaklara yayılan sütü de ateşten indirdim. Dükkânın kapısını çektim. Sümbülefendi Camisi'ne doğru yürüdüm. Dar yolun iki yanındaki mezar taşları korkutmuyordu beni artık. Beni yalnızca onlar uğurlayacaktı. Bunu biliyormuşçasına, canlılar gibi sıralanmışlardı. Ardımda Karnik Ağaları, Nevinleri bırakıyordum. İçimi dayanılmaz bir hüzün kapladı. Mezar taşlarına bakıp Kocamustafapaşa'nın ölülerinden bile uzaklaşmakta olduğumu düşünmek bana daha çok dokunmuştu.

Cebimde kırk beş kuruş vardı. Bu para beni Haydarpaşa'ya götürürdü. Gerisi kolaydı. Usta beni hırsız durumuna düşürememeliydi. Önceden biliyordum; kaçan çocukların çoğu hırsızlıkla suçlanıyordu. Bu yüzden hapishanelere atılanlar olmuştu. Onların durumuna düşürülmemeliydim. Son zamanlarda, döve döve alacağına, onun sormasını beklemeden bahşişleri ben sayıyordum Usta'nın eline. Para biriktirip kuşkuları toplamamalıydım.

Kötü izlenimlerle de ayrılsanız, yürekten allahaısmarladık diyeceğiniz biri olmalı. Dirilerin sırrını ölüler saklar. Onun için, ayrılırken, diriler yerine ölülere sığınıyorum. Yaşlıların, umarsız genç kızların, sakat çocuklarını kucaklarına almış anaların Sümbülefendi Türbesi'ne gelip sessiz dualarla yalvarışları, her gördüğümde içimi ürpertirdi. Gözyaşlarını gizlemeye çalışan umarsız kadınlar, boynu bükük, ama gene de uzak bir umutla ayrılırlardı türbeden. Sümbül Efendi'yi ziyarete gelip yoksulları sevindirmek isteyenler, bana da yiyecek bir şeyler vermişlerdi. Bir-iki lokma kapmak için ayak altında dolandığım günleri de anımsıyorum. Onca kadın ne dilerdi Sümbül Efendi'den? Dilek dilemelerindeki gizi çözmek isterdim. Kadınların Sümbül Efendi'yle aralarında gizli bir dil yarattıklarını düşünürdüm. Türbesinin önünde öyle saygılı, öyle sessiz dururlardı ki, umut içindeki kadınların gözünde, bu ermişin onlara yardım elini uzatmaması olanaksızdı. Türbesinde sessiz yatan Sümbül Efendi, onların gözünde varlığı yüreklere işleyen bir ermiş; erdemli, iyiliksever, her dileyene el uzatan bir eski zaman insanıydı. Onun hemen sağ tarafında yatan bir başka ermişin, kırk gün, her gün yalnızca bir tek zeytin yiyerek ölümü yendiği anlatılırdı. Ondaki sabır, direnç, dayanma gücü beni çok etkilemişti. Bu ermişlerin, insanların var ettikleri değerlerle anıldıklarını düşünürdüm. Küçük yaşlarda, acıklı öyküsünü herkesin bildiği bu evliyayı bir gün göreceğimi, onunla konuşacağımı, bir tek zeytin yiyerek nasıl yaşadığını soracağımı düşlerdim. Ermiş dediklerimiz, bizim duygu evrenimizde var olmuş parçalarımızdı. İnsanlar ölürdü, onlar halk belleğinde sonsuzluğu yaşarlardı.

Caminin kapısıyla türbe arasında sıralanmış korkunç görünümlü sakatlar yüzünden bu ermişlerin yattıkları yere yaklaşıp onlarla bir iç konuşmaya girememiştim. Namaza gidenlerin camide toplandığı bu er sabahta ermişlerin karşısındaydım. Onların benden de yardımlarını esirgemeyeceklerine gönülden inanıyordum. Bu inançla, içine paralar, mumlar atılmış Sümbülefendi Türbesi'nin karşısına geçtim. Küçük yaşlarda nenemin dua diye bellettiklerini anımsayarak, ellerimi açıp, sessiz bir dille dileklerimi sıraladım:

"Ey büyük adam! Herkes senden dilek diliyor. Benim de bir dileğim var, kabul et! Dükkândan kaçıyorum. Ustam beni çok dövdü. Hâlâ da dövüyor. Buralardan bıktım, memleketime gitmek istiyorum. Orada neneme, anama, dayıma kavuşacağım. Okula gidip adam olacağım. Kardeşimi aradım, bulamadım. O buralarda kaldı. Onu sana emanet ediyorum. Onu gözet; bir gün ona da bana gösterdiğin kurtuluş yolunu göster! Bana yardım et; yakalanmamı engelle! Bana kötülük yaptırtma, beni kötülüklerden koru! Sağlığımı bozma, bozulan sağlığımı düzelt! Beni başarılardan uzak tutma! Bana kimse karşısında boyun eğdirtme! Seni unutmayacağım. Buralardan kaçıp gideceğimi hiçbir kula söylemedim. Yalnızca sana allahaısmarladık diyorum. Senin nice dertlilerin sırrını sakladığını biliyorum. Derdini söyleyene derman olan sensin. Yolumu açık eyle!" Elimde pencere deliğinden içeriye atacak ne para vardı, ne mum. Benim dileğimi de karşılıksız kabul etsindi.

Elimdeki kırk beş kuruş beni Haydarpaşa'ya ulaştıracaktı nasıl olsa. Onun için yalnızca dilek dilemekle yetindim. Türbeden ayrılıp otobüse bindim. Direksiyonda, küçük yüzüyle gerçekten bir fındığı andıran 'Fındık Recep Abi' vardı. "Hayrola, erken erken nereye?" diye sordu. "Usta'nın alacakları var, onları toplamaya gidiyorum Recep Abi. Erkenden gitmezsem, onları yerlerinde bulamıyorum. Biliyorsun, paraları toplayamazsam Usta beni gebertiyor," dedim. Soğukkanlı davranıyor, bir şey belli etmemeye çalışıyordum. Kaçmanın yarattığı gerilimle, büfenin önünden geçerken Nevin'e el sallamayı bile düşünemedim. Oysa gönlümü dalgalandırmış bu solgun yüzlü kıza nasıl vurgundum! Kaç gündür, Kocamustafapaşa'dan ayrılmanın Nevin'den de ayrılmak olduğunu düşünerek üzülüyordum. Oradan ayrılırken içimde duyumsadığım kırıklığın tek nedeni Nevin'di. Nevin'in yarı gülen yüzünü hüzün kaplayacaktı. Ölüye ağlar gibi ağlayacaktı yokluğuma. Kurtuluşa doğru yola çıkarken bunları düşünüyordum. Tutsaklığa başkaldırdığım bu İstanbul sabahında, özgürlük geniş kanatlarını açıyor, Usta'nın yarattığı korkunun dalını budağını kırıyordu.

Başka duraklardan başka adamlar bindi. Otobüste gülüşmeli konuşmalar oldu. Herkes kendi havasındaydı. İçine gömülü, korkudan titreyen bir ben vardım. Her an Usta'nın arkadan yetişip beni otobüsten indireceğinden korkuyordum. Ter içindeydim. Korkular, terlemeler içinde, otobüs gelip Eminönü'nü buldu. İstanbul'da yalnızca esprilerine doyamadığım 'Fındık Recep Abi'ye veda ederek Eminönü'nde otobüsten indim. Galata Köprüsü'nü yaya geçtim. Koşar adım, Karaköy iskelesinden kalkacak Haydarpaşa vapuruna bir an önce yetişmeye çalıştım. Gişeden biletimi alıp canımı vapura attım. Kaçış yerinden uzaklaştıkça korkudan kurtuluyordum.

Cebimdeki kırk beş kuruşun yirmi beşini vapura vermiştim. Yirmi kuruş kalmıştı. Tren bileti almaya yetmezdi bu para. Trene kaçak bindim. Kanepelerin altında, bagajlarda saklanıp gidecekleri yere ulaşanların öykülerini duymuştum. Niye onlardan biri de ben olmayaydım! Ne yazık ki, onlardan biri olamadım; Gebze'de yakayı ele verdim.

Yağmurlu bir gün. Trenin penceresinden, damlaların nasıl buluşup su yolları yaptığına bakıyorum. Süzülen sular gözümün önünden geçen çizgiler olmaktan çıkıyor, aşılması olanaksız ırmaklara dönüşüyordu. Irmaklara dalmışken, uzaktan kondüktörün treni baştan başa dolaşarak bilet sorduğunu gördüm. Tuvalete kapanmak, pencereden bakıp kendimi dalgınlığa vermek para etmedi; kondüktör Gebze'de beni trenden indirdi. Trenden indirilmek yetmiyor, ardından sorgulamalar başlıyor. Anadolu akın akın İstanbul'a akarken ben niye kaçıyordum İstanbul'dan? Arama yaptılar, kuşku yaratacak bir şey bulamayınca, polise teslim etmeye gerek görmediler. Sorgulamayı trenciler yaptı. Aşçıda yaşadıklarımdan aile durumuma kadar bütün ayrıntıları içtenlikle anlattım. Açık yürekliliğim iyi bir etki uyandırdı onlarda. Ne yazık ki, trende biletsiz seyahat etmem olanaksızdı. Ama gideceğim yere ulaşmanın başka yolları vardı. Trencilerden biri, "Sen belediyeye git yavrum, onlar seni gideceğin yere gönderirler," dedi. Dediğini yaptım. Büyük ilçe ve kent belediyelerinin verdiği biletlerle, istasyondan istasyona inip binerek İstanbul'dan, o zamanlar Elazığ'ın bir nahiyesi olan Ağın'a yirmi altı günde ulaştım.

Belediyeler, özellikle çocukları, sınırlarının dışına çıkaracak bileti veriyor, kondüktöre teslim ediyorlardı. Yemek içmek için de cebime beş-on kuruş harçlık koyuyorlardı. İlçe belediyeleri daha az, kent belediyeleri ise daha çok para veriyordu. Kentten kente gönderilince daha uzun yol alınabiliyordu. Verdikleri küçük harçlıkları harcamayıp biriktiriyordum.

Eskiden trenlerin kompartımanlarında her türlü yiyeceğin bir araya getirildiği ortak masalar kurulurdu. Birbirini ilk kez o kompartımanda görmüş kişiler, bu ortak masalarda buluşurlardı. Öyle bir hava yaratılırdı ki, kişi kompartımanda bulunduğunu anlamazdı. Bu sofralar kurulurken, ben, sessiz, bir köşede oturuyordum. Bana bir-iki lokma veren de oluyordu, vermeyen de. Yumurtadır, peynirdir, pastırmadır, herkes yiyeceğini eline alınca umudum kesiliyordu. Bu umudu yeniden yaratmak için, köşemde bir şarkıyı ya da yanık bir türküyü mırıldanmaya başlıyordum. Sesim güzeldi. Türküler, şarkılar mırıldanarak kompartımandakilerin ilgisini çekmeyi başarıyordum. Böylece kompartımanlarında bir 'star' olduğunu ayrımsıyorlardı. O anda geçiştirirlerse de, bir daha sofra açtıklarında eline ilk azık tutuşturulanlardan biri ben oluyordum. Doğu trenlerinde günlerce süren yolu türküler, şarkılar, dostlukla kurulan bu sofralar kısaltıyordu.

Oradan oraya gönderilerek yaptığım bu uzun yolculukta kirden batmıştım. İnsan giysileri giydirilmiş bir sokak köpeği gibiydim. Üstüm başım dökülüyordu. O giysilerle beni bekleyenlerin önüne nasıl çıkacaktım? İnsan her şeyini yitiriyor da, utanma duygusunu yitirmiyor. Malatya'da, üstüne birkaç kuruş vererek su girmedik yeri kalmamış ayakkabılarımı bir çarıkla değiştirince, çarık bana lüks bir ayakkabı gibi gelmişti.

O zamanlar Elazığ'dan Ağın'a gitmek, iki büyük ırmağı, Murat ile Karasu'yu aşmayı gerektiriyordu. Bahar başlangıcında ırmaklar taşkın akıyor, öyle kolayca yol vermiyordu. Murat Irmağı'nın başına kadar bir kamyonun arkasında geldim. Kamyondan inip keleklerle suyu geçtik. Kelekçiler, usta bir kaptan gibi, bahar yağmurlarının taşkın akan sularını aşıyor, yolcuları karşı kıyıya ulaştırıyorlardı. Ondan sonrası kolaydı. Akan suya bakarken başım dönüyor. Gözümü göğe dikince geçiyor başımın dönmesi. Yaklaştıkça, kavuşmanın coşkusundan yüreğim küt küt atıyor.

Irmağın öte yakasına geçince, benden birkaç yaş büyük bir adam yanıma yaklaştı. İstanbul'dan o kılıkta gelinemeyeceği kanısıyla, önümden birkaç kez geçti. Sonunda, adımı söyleyerek, "Sen misin?" diye sordu. Aradığı bendim. Şaşkınlık geçirmeye vakit yoktu. Karasu keleğine yetişemezsek, kıyıda sabahlardık; kıyının bahar soğuğuna kimse dayanamazdı. "Gecikmeden, hemen yola çıkalım da kelekçilere ulaşalım," dedi. Beni ata bindirdi. Öyle yorgunum ki, atın üstünde uykulara dalıyorum. Düşmeyeyim diye yoldaşım yanımdan ayrılmıyor, kafam önüme düşünce beni tutuyor. Ben atlı, o yaya... Olamaz, "Sıra sende," deyip onu bindiriyorum ata.

Yarı uykulu, yarı uyanık, karşılayıcı gönderdiğine göre geleceğim günü dayıma nasıl duyurduğumu düşünüyorum.

Telefonun ancak karakollarda bulunduğu, telgrafın çok parayı gerektirdiği, mektupların bir yere ulaşmasının aylar aldığı bir haberleşme döneminde bu karşılama nasıl gerçekleşmişti?.. Elazığ'da bir tanıdıkla karşılaşmıştım; o, böylesine kire batmış bir çocuğu bir-iki gün konuk etmektense, paraya kıyıp 'acele' telgraf çekmiş olabilirdi dayıma. 'Subaşı'na giden bir kamyon bulup beni kamyonun arkasına atınca bir oh çeken oydu çünkü. Yoksa, o zamanın Elazığlıları, sokakta buldukları köpeği bile konuk etmeden, yedirip içirmeden bırakmazlardı.

Yarı yaya, yarı binek, gün batmadan Karasu'nun su başına ulaşmayı başardık. Bizden başka yolcu yoktu. "Heeeyyyyy! Uuuuuu!" diye bağırarak karşıdakilere sesimizi duyurduk. Sular sesi nasıl yutuyor! 'Kelek' dediğimiz, kocaman, düz bir kayık. Kelekçiler, ellerindeki sırıkları dümen gibi kullanıyorlar. Karşıya geçince, henüz yarım saatlik yol varken, ahırın kokusunu alan at, yürüyüşüne hız kazandırdı. Ben de yıllardır görmediğim anama, neneme, dayıma kavuşma coşkusuyla atın üstünde boş adımlar atıyordum.

AĞIN

Ağın... Badem çiçeklerinin ak kokusu...

ANAMLA KARŞILAŞMA

Yemyeşil bağları bahçeleri, parlak gün ışığıyla belleğime yerleşen Ağın, gece karanlığında yolu izi olmayan uzun bir boşluktu. Kasabaya girildiği, uzaklarda kırpışan ölü ışıklardan anlaşılıyordu. Gün ışığında tırısa kalkan at, şimdi ikide bir tökezliyordu. Çok geçmeden, atın sahibi Hilmi, karanlıklar arasına sıkışmış kör aydınlıklardan biri önünde durdu, "Hasan Ağabey, yeğenini getirdim, gözün aydın!" diye kapalı kapıya seslendi; dayımın çıkmasını beklemeden atına binip gitti. Dayım, kulağıma ta çocukluğumda yerleşmiş o sıcak sesiyle, "Demek geldin yavrum, hoş geldin," diyerek boynuma sarıldı. Gözyaşlarını tutamadığı, sesindeki kesikliklerden anlaşılıyordu. Artık iyice yaşlanmış nenem, uyukladığı ocağın önünden kalkmış, "Uy, gurban olam, çağam, geldin he?" deyip beni yanaklarımdan, gözlerimden öpüyordu. Başımı giysilerinin arasına gömdüm, yıllar öncesinin nene kokusunu içime çektim. Ocağında odunların çatırtıyla yandığı bu yarı karanlık oda yalnızca anamın yurdu değil, bir sevgi tapınağı idi.

Üzerinde çiçekli mavi pazen giysi, boynunda iri beşibirlikler sallanan kadını ilk bakışta tanıyamamıştım. Bu zengin görünümlü kadın, "Ana gurban!.." diye koşup kollarını açınca, lekesiz ses tellerinin kulağımda bıraktığı aydınlık tınıdan, onun anam olduğunu anladım. Yıllar önce, nenemin evinde bir sığıntı gibi bıraktığım anamın üzerindeki giysiler, boynundaki iri beşibirlikler bir değişiklik olduğunu gösteriyordu. Kimse bir açıklama yapmadı. Ben de sezgilerimle yetinip bir şey sormadım. O anda, sanki yeni doğmuş bir kuzuydum da, anamdan varlığıma sinen kokuya ulaşmak için ayağa kalkma çabaları gösteriyordum. Ayaklarım tutar tutmaz, ana rahmindeki eski yerimi bulacak, bedenimi sarmalayan sevgilerin ana kokusuna ulaşacaktım. Aradan geçen uzun yıllarda özleme dönüşen o bedensel kokunun çağrışımıyla, çocukluğun sinik ağlamalarına benzeyen hıçkırıklar boğazımda düğümlendi. Anamın, babamın günlerindeki bükük boynu şimdi dimdikti. Sesi parlıyordu. O sesten, mutluluğu çağrıştıran tınılar yansıyordu.

Odada nenemle anamdan başka, güzel bakışlı, tertemiz yüzü yalın, burnunun bir yanından öbür yanı görülecek denli ince tenli bir kadın dolaşıyor. Demek dayım evlenmiş, o da karısı. Yeni gelinlere özgü çekingenliğinden onun bu eve sonradan katıldığı anlaşılıyor. Nenemle anam gibi boynuma sarılmıyor. Hoş geldin demekten çekiniyor. Odanın köşesine özene bezene yatak hazırlıyor. Döşeği serişinden, yorganı eliyle sığayıp düzeltmesinden onun da bu sevgi ortamının dışında kalmadığını seziyorum. Öylesine içtenlikle yapıyor ki işini, sanki serdiği yatakta, yılların kiri sırtında kemreye dönüşmüş sığıntı bir yeğen değil de bir masal şehzadesi yatacak!

Verem, daha yirmi beşine varmadan aramızdan aldı onu. Ölüm, onun kalkık üst dudağıyla biçimlenmiş güzel yüzünü, bir sanat tanrısının elinden çıkmışçasına işlenmiş inceliğini yaşayanlara çok görmüştü. Yaşamın yaşam olduğu çağında gök ekin gibi biçilenlerin yazgısını o da yaşadı. Bu yazgının üzerinden elli yıl geçmişti. Odalarda başka ölümlerin esintisi dolaşıyordu. Yazgı, eş yitirme kurbanlarının arasına beni de katmıştı. Yüreğinin sarsıntısını tutamayan dayımın, onu anıp hüngürtüyle ağladığını görünce, nasıl bir eş yitirdiğini, içine hangi küllenmiş sevgilerin gömüldüğünü anlamıştım.

Baharın soğuk havaları sürüyor. Sıcaklar bastırıp yukarıdaki yaz odalarına çıkılmamış henüz. Her iş bu kış odasının içinde görülüyor. Odanın bir yanında hayvanlar barınıyor, bir yanında biz oturuyoruz. Hayvanların terleriyle nemlenen ot kokusunu yılların özlemiyle içime çekiyorum. Alpler'den kar sularının ovalara yayıldığı bir bahar gününde, Insbruck yakınlarındaki bir köyde, hayvan kokusuyla karışık bu ot kokusunu, 'Rakofça kırlarının hür havası' gibi derin derin soluduğumu anımsıyorum.

Odanın hemen girişindeki yıkanma yerine 'çark' deniliyor. Ocakta sıcak su hazır. On dört yaşlarındayım. Yıkanmak için elbiselerimi kendim çıkarabilirim. Bebekmişim gibi, gömleğimi başımdan anam çekip çıkarıyor. O topak elleriyle başımı, sırtımı sabunluyor. Kaç yıldır, hiçbir kulun eli değmemiş sırtıma. Anamın ellerinden, bebekliğimde duyumsadığım sıcaklık yayılıyor içime.

Ah! Eski zamanların o sabun kokusu... Sabun kaçan gözlerin tatlı acısı...

Masallarda olanı yaşıyorum, bu ot, hayvan ve insan kokularının birbirine karıştığı kış odasında. Masal kahramanı rüyasında âşık olduğu sevgilisine kavuşmak için, elinde asa, ayağında demir çarık, günlerce, aylarca dağlar tepeler aşar. Hana varır varmaz, oradan hamama gider, güzelce yıkanır paklanır, bohçalarda sabun kokulu giysiler hazırdır; onları giyer. Öyle bir uykuya dalar ki, bu uykunun rüyasında, ulaşılmaz sevgililer, cennet kuşlarının ötüştüğü has bahçelerde, buz gibi suların aktığı pınarların suladığı çimenlerin üzerinde gezerler. 'Çark'tan çıktığımda onların arasındaydım.

Beni ocağın yanına oturttular. Nenem, hep kuşağında taşıdığı anahtarını buldu. Sandığını açıp, pestil, sucuk koydu önüme. Yukarılardan, kışa saklanıp bahara bir-iki salkım kalmış taze üzüm getirdi. Yıllarca özlemini çektiğim yiyecekleri yerken lokmalar ağzımda büyüyordu. Lokmaları yutamadan, dayımın eşi Latife Abla'nın o ince elleriyle yaptığı uyku cennetine giriyorum. Yorgan üstüme örtülünce öyle bir uykuya dalıyorum ki, anamın kendi evine gittiğini duymuyorum.

Sabahleyin uyanınca, başucumda, dayımın eski elbiselerinden uydurulmuş giyecekleri buluyorum. Kendimi o giysiler içinde görünce gülmek geliyor içimden. Elinde bastonuyla oyundan oyuna geçen Şarlo'dan tek ayrımım, giysilerimin siyah değil de değişik renklerden oluşması. Halime, kusursuz parlak dişleriyle dayım da gülüyor, "Şimdilik bunları giyin, yenilerini yaptıracağız. Hemen çıkalım, anana gideceğiz," diyor. Uyandığımda anamı odada görmeyince de sormadım; şimdi de, "Anam nerede ki?.." diye sormuyorum.

Anamlar karşı mahallede oturuyor. Suyu bol bir derenin üstündeki tahta köprüyü geçip bahçe içlerindeki dar yolları izleyerek anamın evine gidiyoruz. Dere oyuklarında hâlâ erimemiş karlar görüyorum. Karların arasından burnunu çıkarmış renk renk çiçekler, güneşin altında dupduru parlıyor. Derenin sessizliğini arada ötüşleri duyulan kuşlar bile bozamıyor. Yamaçlarda keklik avlayanların uzak seslerini duyuyoruz yalnızca. Kulağımda kalan bu seslerle giriyorum kapıdan içeri.

İrice bir adam, gür sesiyle, "Hoş geldin, geç otur," diyor. Birbirimizi ilk görüyoruz. Ortada iki yaşlarında bir çocuk dolanıyor. Kapkara gözlü. Kafasını tartamayacak kadar ince boyunlu. Mızmızlanıp duruyor. Uykusunu alamamış, bıraksalar uyudu uyuyacak.

Anamın evi de aynı. Tüm aile 'kış odası'nda oturuyor. Ahırla odayı aralıklı dizilmiş tahtalar ayırıyor. Tahtaların üzerine kurulmuş kerevette, neredeyse yüz yaşında bir kadın yarı kalkmış, yeni gelene bakıyor. 'Güzel bacı' anlamına gelen 'Gode' adıyla tanıttıkları kadın anamın kaynanası. Gözüyle kaşı arasındaki uyum, teninin saydamlığı, yaşlılığın yıkıntıya uğrattığı bedeninde bile yine güzelliğini yansıtıyor. Yüzyıllık kalın sesiyle o da bana hoş geldin diyor. Anam, "Kimseyle konuşmaz, demek seni sevdi," diyerek beni yeni ortama hazırlamanın bir yolunu buluyor. İnekler, kuzular tahta aralıkların ötesindeler. Burada da ot kokusuyla ocakta yanan odunun kokusu doluyor ciğerlerime. Aldığım koku değil, yaşamanın mutlu esintileri. İçimde sevinçler çağlıyor. Kimse, "Bu baban, bu kardeşin," demiyor. Ben adamın anamın eşi, çocuğun da kardeşim olduğunu anlıyorum. Kardeşimin, ahırdaki ak kuzulardan tek ayrımı esmerliği. Her gün gördüğü biriymişim gibi, yanıma yaklaşıyor, kucağıma oturup başını göğsüme yaslıyor. Gözlerinde ağladı ağlayacak ışıltılar...

Anamın üstündekiler dün gece giydiklerinin aynı. Oturup kalktığında, boynundaki altınlar sallanıyor; sallandıkça da parlıyor. Kulağıma hoş gelen 'altın sesi' onlardan çıkıyor. Beşibirlikler anamın boynuna uymuş, ona yeni bir 'can' kazandırmış. Mutluyken anamın yüzü ne güzel! Oradan oraya gidip geliyor anam, sevinci giysilerinin hışırtısına yansıyor. Ocakta reyhanlı börülce çorbası kaynıyor. Yemek tahtası konuyor odanın ortasına. Anam ocakta ekmekler kızartıyor, tasta şerbetler eziyor, küpten turşular çıkarıyor. Kardeşimin, başını göğsüme yasladığını görünce, mutlulukla bakıyor. "Görüyor musun, kan çekti," diyor. Çocuğu alıştırmak için, "Ağabey geldi, bak, ağabey geldi... İstanbul'dan geldi, sana gaga (şeker) getirdi," diyor. Çocuk, gözlerini gezdirip ortada 'gaga' göremeyince, gaga, gaga, diyerek kucağımdan kalkıyor, davlumbazın üstündeki kaba uzanmaya çalışıyor.

Anam beni hemen o gün, Ağın'ın en yakın köyü olan Andiri'ye, siyah bezden bir pantolon dikmesi için Sofugil'in Emine (Yıldırım) Abla'ya gönderiyor. Emine Abla, üvey babamın, dolayısıyla anamın akrabası, kendi güzel, yüzü güleç, emeğini sakınmaz hoş bir hanım. Beni ilk görmesine karşın, çok yakın davranan Emine Abla, gözüyle ölçümü alarak, bir saat içinde pantolonu dikip veriyor. Ben de, böylece dayımın ikide bir belimden düşen bol pantolonundan kurtuluyorum. Pantolonu hemen giyip köyden ayrılıyorum.

Ben dayımlarda kalıyorum. O bulmuş getirmiş ta İstanbullardan. Kanadının altından ayırmıyor beni. Artık bahar gelmiş, öbür odalara da geçilmiş. Yukarı oda dayımla eşinin. Nenemle ben aşağıda yatıyoruz. İlkokul dayımlara çok yakın. Çocuk cıvıltılarını duyuyorum evden. Kimlik belgem olsa, dayım hemen yazdıracak okula. Uzun yıllar devlet dairelerinde çalışmasına karşın, nedense iki kardeşin de kimlik belgelerini çıkartmaya gerek görmemiş babam. Ustanın 'piç', tepesine basarak kızdırdığım İsmail Dümbüllü'nün öfkeyle söylediği 'veled-i zina' sözü gerçek olacak neredeyse. 'Neredeyse' bir yana, gerçek de oluyor; kimi kimsesi olmayan çocukların işlemini uygulayarak beni nüfusa 'nesebi gayri sahih' olarak geçiriyorlar. Okula bu kimlikle girebiliyorum. Ağın'da babamın eski bir arkadaşı var; dayım durumu ona anlatıyor. O sıralarda babam İstanbul'dan Diyarbakır'a dönmüş. Postacı Hüseyin Çavuş, mektupla babama ulaşıyor, durumu anlatıyor. Babam, umulmadık bir hızla, bir-iki ay sonra kimlik belgelerimizi çıkarıp gönderiyor. Böylece, nüfus kütüğüne iki kez yazılmış oluyorum. Çağım geldiğinde, Askerlik Şubesi beni iki kayıttan da arayınca benim nüfusa 'nesebi gayri sahih' olarak yazıldığım ortaya çıkıyor.

ÖĞRETMENİM NURİ ONAT

Nüfus cüzdanım olmadan okula alamıyorlardı beni. Ortadaki engelleri kaldırıp okula alınmamı, Ağın İlkokulu'nun sert tanınan öğretmeni Nuri Onat sağlıyor. Öbür öğretmenlerden ayrıcalığı daha yaşayışından belliydi. Ders bitimi, okulun tahta merdivenlerinden hızla inen öğretmenler soluğu kahvede alırken, o evinin yolunu tutardı. Öğretmenlerden biri değildi, öğretmendi. Okuyan insanlara özgü ağırlığıyla, dersteki ciddi tutumuyla, yanına yaklaşılmaz Nuri Bey'di o! Tembellikten, sululuktan tiksinirdi. Dille de, elle de okşamayı bilmezdi. Sevgisi parmaklarının ucunda değildi. Gözleriyle seven, sevdiğini yüreğine sokan bir düşünürdü. Bu düşünürlüğü kitaplarla, çocuk romanlarıyla, yüzlerce denemeyle sürüp geldi. "Ağın dergisine sayı kaçırmadan yazıyor, Abdullah Lütfü gibi, eşi az bulunur öğretmenlerin erdemlerini, bilgi yolundaki çabalarını genç kuşaklara, insanlık uygarlık-çağdaşlık bileşkesini oluşturan kavramları irdeleyerek anlatıyordu.

Onun, gerçek Türk Dil Kurumu'na çok emek vermiş üyelerden biri olduğunu, yıllarca sonra, Ankara'ya gelince öğrenmiştim. Cumhuriyet'in 50. Yılı'nda, Cumhuriyet tarihinin önemli bir çalışması olarak ödüllendirilen Derleme Sözlüğü'ne Anadolu ağızlarından yüzlerce sözcük taşımıştır Nuri Bey. Dilindeki yalınlık, biçemindeki açıklık bu halk birikimlerinden kaynaklanır. Bu yönüyle, anadan öğrenilen dili düşünce diline ulaştıran bir bilge kişiydi o.

Ankara'da Küçükesat'ta oturduğu daire, giriş katındaydı. Yoldan geçenler onu bol ışık altında, elinde kitapla görürlerdi. İçinin aydınlığını yeni ışıklarla donatırcasına okurdu, okurdu... Okumasının ödülünü (!) de aldı. Milli Eğitim'de kıyıma uğrayanların tarihi onunla başladı. Kulübeleri saraylara çeviren eşiyle birlikte, doğdukları yerleri dar ettiler onlara. Öğretmenim, elinde kitap, dudaklarında o alaycı gülüşlerle, ardında aydın bir görüntü bırakarak göçüp gittiğinde ölümüne kimse inanamamıştı. Onun ölümü, ana binaların temel kolonlarından birinin çökmesi gibiydi.

1948 yılının bahar aylarında, on dört yaşında bir ilkokul birinci sınıf öğrencisi olarak, onun sınıfında bir saat kaldım. O bir saatlik öğretmenliğiyle bütün yaşamımın aydınlatıcısı oldu. Ben ilkokula başladığımda yaşıtlarım ortaokula gidiyorlardı. Nuri Bey o yıl başöğretmenlikten ayrılmış, öğretmenliğini ilkokul birinci sınıfı okutarak sürdürüyordu. Başöğretmen Halim Özkul, on dört yaşındaki bu yeni öğrenciyi doğal olarak onun sınıfına gönderdi. Nuri Bey, karşısında daha kemikleri sertleşmemiş bir çocuk yerine bir delikanlı adayı görünce, "Bu çocuk bu sınıfa öğretmen olur yahu!" diyerek sınıftan ayrılmış, konuyu başöğretmenle görüşmeye gitmişti. Ben o sırada hemen kürsüdeki yerimi almış, İstanbul'dan edindiğim deneyimlerle çocuklara ders vermeye başlamıştım. Biraz sonra sınıfa gelip çocukların beni ilgiyle dinlediklerini görünce, az gülen yüzündeki mutluluk seğirmelerini gizlemeden, "Hadi bakalım, doğru ikinci sınıfa! Bu sınıfı geçtin. Öğretmenliğine (!) öbür sınıfta devam et!" demişti.

Yıllarca okul özlemi çekmiş, her sabah, okula giden Usta'nın oğluna imrenmiştim. Okul yüzü görmemiş bu durumdaki bir çocuğun bir saat içinde bir sınıf atlaması büyük şanstı. Öğretmenim, itile kakıla özgüvenini yitirmiş bir çocuğa hem güven veriyor, hem okuma yolunu açıyordu. Sınıfına girdiğim, ikinci ve üçüncü sınıfları birlikte okutan Esat Oğuz, kartal gözleriyle beni şöyle bir süzdükten sonra, bana üçüncü sınıf sıralarını göstermişti. Böylece, ikinci saatte de üçüncü sınıfa geçmiştim.

İnsan yaşamında başarı önemlidir; ama rastlantılar da küçümsenmemelidir. En arkaya, pasaklılıkta benden aşağı kalmayan bir öğrencinin, nenemin yakın akrabası olan Bedrettin'in (Aktaş) yanına oturtulmuştum. Çalışkanlar, iyi giyimliler ön sıralardaydılar. Yukarı mahalle çobanının kızı Hatice sınıfın en çalışkanıydı. Upuzun boyuyla en ön sırada oturuyordu. Her derste öğretmenden aferin alıyordu.

O bildikçe, öbürleri öğretmenin gözünde küçülüyordu. Öğretmen, sordukları yanıtlanamayınca, daha çok da oğlanlara basıyordu dayağın gözünü! Ben, İstanbul gördüğüm için önce konuşmamın düzgünlüğüyle ilgi çektim. Öbür çocuklar yerel ağızla sözü gevelerken, yaşımdan da gelen güvenle, soruları ânında yanıtlayıveriyordum. Hele hayat bilgisi derslerinde üstüme yoktu. Zamanla kendimi asıl Türkçe dersinde belli ettim. O günden sonra da, hiç ikinciliğe düşmeden, sınıf birincisi ben oldum.

Rastlantıların küçümsenmemesi gerektiğinden söz ettim. Sanki beni bekliyormuş gibi, tam da o günlerde okula müfettiş geldi. Müfettiş geldiğinde, öğretmenler tedirginliklerini öğrencilerden bile gizleyemezlerdi. Ders yapacağına, damda kiremit aktarırken müfettişe yakalanan bir köy öğretmeninin damdan düşüp bacağını nasıl kırdığı anlatılıyordu. Bizim öğretmenimiz, şükür, çatıya çıkmamıştı (!), sınıfın tam ortasındaydı. Müfettiş, ayağının tozuyla gelip bizim sınıfa girmişti. Bunda, İstanbul'dan gelip birden üçüncü sınıfa geçen bir öğrenciyi merak etmesinin etkisi de olabilirdi. Müfettiş, "Günaydın çocuklar!" deyip biz de, verilen buyruğa uyarak, hep bir ağızdan, yüksek sesle "Sağ ol!" diye bağırdıktan sonra, öğretmenimizin kartal bakışlı gözlerindeki sertlik yumuşamış, biz bir anda, 'eşek herifler, hayvanlar' değil, 'sevgili çocuklar, yavrularım' olmuştuk. Yumuşamasının müfettişin gelmesiyle ilgili olduğunu anlamış da olsak, bu durumlarda öğrenciler arasında kendiliğinden bir dayanışma doğuyor. Öğretmen dövse de sövse de, böyle durumlarda, sınıfın onurunu koruma coşkusu öne çıkıyor. Öğretmenimizi güç durumda bırakmamak için var gücümüzle müfettişin sorularını yanıtlamaya çalışıyoruz.

Bize okuma kitabı olarak verilen *Üçüncü Yıl Kitabı*'nda 'Hasan Dayı' başlıklı bir şiir vardı. Şiirde, artık dizleri tutamayacak kadar yaşlanmış bir köylünün durumu anlatılıyordu. Şiirin şu dörtlüğü hep belleğimde kaldı: '*Hasan Dayı koşamazdı, / Dizlerinde derman azdı, / Afacanlar pek haylazdı, / Sataşmadan duramazdı*'. Müfettiş, şiirde geçen 'derman' ve 'afacan' sözcüklerinin yerine başka hangilerinin gelebileceğini sordu. Hiç kimseden ses çıkmadı. Öğretmenin güvendiği öğrenciler konuşsalar da, uygun sözcüğü bulamadılar. Öğretmen, "Müfettiş soru sorduğunda susup durmayın, aklınıza gelen her şeyi söyleyin," demişti. Öğrenciler bu öğüdü yerine getirmeye çalışıyorlardı. Ama bir türlü gereken sözcüğü bulamıyorlardı. İstanbul'da yaşamanın sağladığı sözcük dağarımla bunların anlamını hemen söyleyiverdim: "*Derman,* güç, kuvvet anlamına gelir öğretmenim, *afacan* da onu yaşlılığından dolayı alaya alan çocuklar... Derman yerine 'güç', *afacan* yerine de 'yaramaz çocuklar' sözcüklerini koyabiliriz," dedim. Öğretmenin kartal gözlerindeki ışılamadan yanıtımın doğru olduğunu anladım.

Müfettiş, sözcükleri kendi söyleyişinden (telaffuz) de düzgün seslendiren bu 'İstanbullu' öğrenciyi 'aferinler'le ödüllendirerek, salt bir eleştiride bulunsun diye, öğretmene benim niye arka sıralara oturtulduğumu sordu. Öğretmen, öbürlerine göre boyumun uzunluğunu gerekçe göstererek beni arkaya oturtmayı uygun bulduğunu belirtti. Müfettiş, gözü Hatice'ye takılmasına karşın, bu açıklamaya bir şey demedi; hem bana, hem böyle bir öğrenciye sahip olduğu için kendisine imrendiğini söylediği öğretmene teşekkür ederek sınıftan çıktı. O çıktıktan sonra öğretmen yanıma yaklaşıp öbürlerine, "Kafasızlar, hayvanlar, eşek herifler..."; o güne kadar sınıf birinciliğini elinden bırakmayan Hatice'ye dönüp, "Boyundan utan, gelinlik kız oldun, iki kelimeyi bilip söyleyemedin!" dedikten sonra, bana da, "Beni sen kurtardın, yavrum, elin yeşile batsın!" dualarında bulundu. 'Yeşil' sözcüğünün kutsal bir anlamı olduğunu, içinde Sümbül Efendi'nin yattığı yeşil sandukadan biliyordum. O gün, başarının verdiği büyüklenme duygusunun yarattığı sarhoşlukla, ben, öğretmenin duasını, Sümbül Efendi'yi anımsayarak, "Ölünce sandukalar içinde yat," anlamında algılamıştım.

AĞIN GÜNLERİ

Derslerdeki başarım duyuldukça ünüm yayılıyor. İstanbul'da yaşadığım için derste işlenen konuların çoğunu çalışmaya gerek duymadan biliyorum. Bilgilerimi, deneyimlerimi arkadaşlara da aktarıyorum. İlçemizin bol ağaçlı yerlerinde *Tarzan* oluyor, ağaç dallarından öbürüne geçerek, aaa aaa aaaaaa, diye bağırıyorum. Ben Tarzan olduğuma göre içimde bir 'Jane' var, elinden tuttuğum 'Boy' var. Alacağım kız Jane gibi olmalı. Yanımda yöremde Jane'e benzeyen kimseyi göremiyorum. Kimse, önüne bir deri parçası tutup ormanlarda gezmiyor. Filmde Tarzan'ın ne yaptıklarını anlatıyorum arkadaşlarıma. Anlattıklarımı soluk almadan dinliyorlar. İlgiyi görünce, yalnızca yaşadıklarımla kalmıyor, kendim de olmadık serüvenler uydurup anlatıyorum. Tarzan'ın maymunu 'Çita' ise tam eğlence konusu! Çita'nın, tehlikeli anlarda bir filin üzerinden öbürüne atlayarak Tarzan'a haber ulaştırmasını anlatırken, cıyk cıyk diye bağırmasını taklit ediyorum. Çocuklar, Tarzan'ın maymunu Çita'nın, insan gibi, birçok şeyi işaretle anlatmasına; Tarzan, Jane ve Boy'la anlaşmasına şaşıyorlar.

Kasabada sinema yok. Sınıfta o güne kadar sinemanın ne olduğunu bilen de yok. Bana tam bir üstünlük sağlıyor bu. Sinema görmüşüm, deniz görmüşüm, iyi konuşuyorum, filmlerden yumruk ve kılıç oyunları öğrenmişim... Arkadaşlarım, en çok, denizin nasıl olduğunu soruyorlar. "Şu tarlalara bakın, hep yeşil değil mi; deniz de öyle, bu yeşillikleri su yerine koyun, oldu sana deniz. Deniz, vapurlarla, şileplerle, her türlü kayıkla daha da güzelleşiyor. Denizde yüzmek, derelerde yüzmeye benzemiyor; deniz bambaşka!" Ağızlarının suyu akarak dinliyorlar anlattıklarımı. Onlar şaşkınlık içinde dinlerken, olayları abartılı anlatmaya başlıyorum. Kendi içimde bir 'Tarzan'ım, bir 'Kara Şövalye'yim.

Filmlerden öğrendiğim yumruk oyunlarını, kılıç çekmeyi onlara da öğretiyorum. Elimize değnekler alıp birbirimizin karşısına geçiyoruz. Karna vurulup nasıl adamın soluğu kesilir, yumruğu gözüne kondurunca adam nasıl sersemletilir; bunları uygulamalı olarak gösteriyorum. Arada canı acıyanlar oluyor. İyi bir dövüşçü olmak istiyorlarsa, bu acılara katlanmaları gerektiğini söylüyorum. Anlattıklarıma bakarak, İstanbul'da benden iyi dövüşçü olmadığını sananlar var. Bahar aylarında öğretmenler kırlara çıkarırlardı bizi. Oyunlara katılıyorum. Koşularda öne geçtiğim oluyor. Küçük bir başarıma aldanarak, her şeyi bu 'İstanbullu'nun bildiğini düşünüyorlar. İstanbullu her alanda önde! İstanbul'un nerelerinde süründüğümü, orada ne kötü günler yaşadığımı, sinemaya gitme uğruna ne dayaklar yediğimi nereden bilsinler?.. Çocukları olayların kalaylı yüzü ilgilendirir. Kimbilir hangi bilinçle, ben de anlattıklarıma tam bir kalay parlaklığı veriyorum. Ben anlattıkça, bu kalay parlaklığına kapılıp gidiyorlar arkadaşlarım.

Benim 'kalaylı' anlatılarım tükenince, her şeyi birlikte öğrenmeye başlıyoruz. Bir gün, kuş tutmakta, üzüm çalmakta, eline aldığı her şeyi onarmakta becerikli bir arkadaşımız, "Koşun, size bir şey göstereceğim!" dedi. Sincap yakalamakta üstüne yoktu. Yakaladığı bir yavru sincabı bize göstereceğini sanıyoruz. O önde, biz arkada çalılıkların içine girdik. Kurutulmak üzere çalıya uzun, pembe bir don asılmıştı. Onu gösterdi bize. Ellerini değdirip donu okşadı. Gözlerini hafifçe kısıp derin soluklar alıyordu.

"Ah, bir de bunun içindekini görseniz!.." dedi.

"Sen gördün mü içindekini?"

"Gördüm, tabii!"

"Bize de göster! Bize de göster!"

O büyükmüş; biz çocukmuşuz gibi davrandı: "Bir gün görürsünüz..."

Çalılıklara yaklaşanların seslerini duyunca oradan kaçıp ağaçların arasına saklandık.

O sırada bir şey dememiştim. Oysa, yıllar önce ben görmüştüm onun 'gördüm' dediğini. Yıllarca ağzımı açmamış, gördüklerimi sır gibi saklamıştım. Diyarbakırlılar, yaz aylarında, kızgın güneş ufukta kaybolup kente hafif bir serinliğin çöktüğü akşam saatlerinde kırlara açılmayı çok severdi. O zamanlar Bağlar bölgesi bir yalancı cennetti. Dağkapısı'nda incesaz fasılları olurdu. Selahattin Mazlumoğlu o zaman bir müzik dehasıydı. Mardinkapısı, Gazi Çiftliği çevreleri doğal dinlenme ve eğlence yerleriydi. Hafta sonları daha uzaklara gidilirdi. Bütün gün orada eğlenilirdi. Malabadi Köprüsü çevrelerinde bol ağaçlı serin yerler vardı. Dört-beş yaşlarında vardım. Ya bir hafta sonuydu ya bayram günüydü. Birkaç aile toplanıp Malabadi Köprüsü'ne gitmiştik. O gün, 'Şark Bülbülü' Celal Güzelses de, eşiyle, oğlu Erdem'le oradaydı. Rakılar açılmış, yemekler, içki bardakları sofralara dizilmişti. Aileler, çocuklara hemen yanlarında ayrıca küçük sofralar kurmuşlardı. Yumurtalı, reçelli, dürüm dürüm yufkalı bir sofraydı. Benim yanıma bembeyaz, güleç yüzlü bir kız düşmüş, bağdaş kurup oturmuştu. O zaman görmüştüm göreceğimi. Gözümü o tarafa kaydırıp kızlardaki nasıl diye, bol donunun arasından görünen pembe dudaklı tombulluğa bakmıştım. İçimde pembe şimşekler çakmamıştı ama, gene de ilgilenmiştim o pembelikle!

Gördüğüm, arkadaşımızın 'gördüm' dediği miydi!

Anamın hamama beni de götürdüğü günleri anımsıyorum. Ortada çıplak dolaşan kadınlardan başka bir şey kalmamış belleğimde. Ama başka bir gün, görmüştüm göreceğimi. Kadınlar çamaşır yıkamak üzere bahçede toplanmışlardı. Çamaşıra vurduğu köpücü (tokaç) kahkahası, kahkahası köpücü gibi patlayan altın dişli irice bir kadının bacakları arasındaki kıllı yumağın ortasından dil gibi sarkan uzunluğu merak etmiş, gözümü oraya dikmiştim. Anamın, "Çekil oradan, terbiyesiz!" dediğini anımsıyorum. Kadın, bir şey olmamış gibi, iyice yana açtığı bacaklarını kapatma gereğini bile duymamış, köpürte köpürte çamaşır yıkamasını sürdürmüş; ben de anamın bana niye 'terbiyesiz' dediğini bir türlü anlayamamıştım.

O sıralarda bir şarkı uydurulmuş, şarkı herkesin ağzına düşmüştü. Bir dörtlüğü şöyle idi: 'Orta mektepte durdum / Çantamı yere vurdum / Orta mektep içinde / Ben Neriman'a vuruldum. / Neriman allan gel / Neriman pullan gel / Gece olmadan dolan bize gel'. Bu şarkı söylenirken, kuşkusuz, Neriman'ı tanımıyordum, ama ona duyduğum yakınlığı da kimsenin sezmesini istemiyordum. Şarkının sözlerinden anlaşıldığına göre, Neriman başka bir kentte adına türkü uydurulmuş bir ortaokul öğrencisi idi. Ama öyküsü her yere yayılmıştı. Şarkı, ezgisiyle de, konusuyla da çok hoşuma gitmişti. Bağda bahçede, her yerde ben de söylemeye başlamıştım bu şarkıyı. Bir arkadaşımız, "Evlendiğimde, ilk gece, geline ortaokul forması giydirip koynuma öyle alacağım!" demişti. Okulda sevgilisi olanlar bu şarkıyı, 'Neriman' yerine sevgililerinin adını vererek kendi durumlarına uyarlayıp söylüyorlardı. Neriman'ı, Nevin'le, Nurten'le, Ayten'le, Zeynep'le, Esin'le değiştiriyorlardı. Benim aklım, çalıya asılan pembe donda kalmıştı. Herhalde onun 'gördüm' dediği, benim gördüğümden başka bir şey, daha güzel bir şeydi.

Evde içekapanık, dışarıda alabildiğine rahatım. Şarkılar söylüyorum. Aşk nedir biliyorum. Oradan oraya koşuyorum. Oyunlar kuruyorum. Yalnızca bisikletim yok. Çevresini koyu ağaçların kapladığı Çelebi Deresi'nin ince yollarında bisiklet sürmek istiyorum. Bisiklet olmayınca kendimi bisiklet yerine koyuyor, yolda o hızla koşuyorum. Kollarım gidon, ayaklarım pedal... Arkadaşlarım yediklerinden bana da veriyorlar. En çok, güzel çantasından çıkarıp bana pestil, sucuk, leblebi... verdiğinde gözleri ışılayan Ayten'i unutamıyorum. Sıra arkadaşım Nevzat Ören'in sürekli akan, aktıkça çok ağır kokan kulak yarası beni hüzünlere boğuyor. Nevzat, o acıya sessiz sesiyle katlanıyordu. Ders bitiminden sonra birlikte evlerine ders çalışmaya gittiğimiz Fahri Özer sıranın başında oturuyor. Her gün birlikte ders çalışıyoruz onunla. Eve gidip daha ertesi günkü dersimizin ne olduğunu saptamadan, Fahri'nin anası, koca bir dalak bal ile taze pişmiş ekmeği bir tepsi içinde getirip önümüze koyuyor. O ballarda, yüz binlerce arının yüz binlerce çiçekten aldığı tadı buluyordum. Bir gün köylerine, Grani'ye beni de götürdü. Orada da balla ekmek yedik. Anladım ki, yediğimiz yalnızca bal değildi, doğanın sessizliğine ezgi katan arıların vızıltılarıydı, bin bir çiçeğin rengiydi. Grani'nin ağustosböcekleri bile başka ötüyordu.

Okuldan eve gelince her şey değişiyordu; içimi hüzün kaplıyordu. Nenemin söylediği Eğin türküleri için için ağlatıyordu beni. Eline ne geçerse saklayıp bana yediriyordu nenem. Ben de ibrikle onun aptes suyunu taşıyordum. Su gibi dualar alıyordum ondan. O zamanlar evlerde su yoktu. Suyu çeşmeden taşımak gerekiyordu. Tenekeleri omuzluğa takıyor, evin suyunu ben taşıyordum. Nenemi yormuyordum. Gücümün yettiği her işe koşuyordum. Dayımın eşine de yardımım oluyordu. Bir çuval kaldırılacaksa, ona bırakmadan koşup çuvalı sırtıma atıyordum. Dayımın eşi, yüzünü asmıyordu. Güleç yüzü hep ışıklıydı. İşini yavaş yapıyordu. Nenemin söylenmesinden, onun yavaş iş yapmasına kızdığını anlıyordum. Nenem kızgınlığını dışa vurmuyordu. Dayımın eşinin yorulup bir köşeye oturduğunu gördüğümde içim kan ağlıyordu. Ortada bir 'ince hastalık' sözü dolaşıyordu.

Evde, dayımların yatak odalarının dışında her yere girip çıkıyorum. Bir gün, dayımların odasının hemen bitişiğinde bulunan, penceresi olmadığı için 'karanlık oda' diye adlandırılan yerde, üst üste yığılmış, pek kalın olmayan kitaplar gördüm. Bu kitapların hepsinin adı aynı idi: *Cephe*. Bu ad hepsinde var. Kapaklardaki resimler değişik. Bunlar, savaşı yürütenlerin, cesur askerlerin, yerde sıralanmış cesetlerin resimleriydi. Hepsinde konu savaş. Almanların nereleri işgal ettikleri, savaştaki başarıları, onlara yardım eden devletler anlatılıyor. Konserve kutusunu kaşıklayan askerden gözümü alamıyorum. Asker, savaş ortamında doğal görünüyor. Savaşın adam öldürme işi olduğunu biliyorum. Öylesine doğal görünüyor ki, askerin gülüşüyle öldürme arasında bir ilişki kuramıyorum. Bir fotoğrafta da, ellerinde kalem kâğıt, askerler mektup yazıyorlar. Başka bir fotoğrafta, şarkı söyleyerek cephede askerleri coşturan kadının ne aradığını düşünüyorum. Sayfaları açtıkça, ölenler, yaralılar, kederli yüzler artıyor.

Ben kitap diyorum; dayım, bunların dergi olduğunu söylüyor. Almanya'da Türkçe basılıp geliyormuş bu dergiler. Askerde dağıtıyorlarmış. Dayım da almış, Ağın'a getirmiş. 'Karanlık oda'da, iğne deliği gibi aralıklardan sızan ışıklar altında, günlerce okuyorum bu dergileri. Nenemin artık ipliği iğneye geçiremediği çağları. "Gözün(ün) yahtusuna (ışık) yazık, çağam, kör edecek bu okuma seni!" diye sesleniyor aşağıdan. Öyle dalıyorum ki dergilere, aşağıdan sesini duysam da yanıt vermiyorum. Aradan çok geçmiyor, rüyamda cephelerde dolaşıyorum. Gülen kimseyi göremiyorum. Her adımda ölü askerlerle karşılaşıyorum. Çocukluğumda ölüsünü gördüğüm küçücük kedimiz gibi, onların ağızları da bir yana eğilmiş. Yüzleri soluk, kuru toprak renginde. Tam o sıralarda, nenemin, "Sakın kimseye söyleme, sen sahabenin arasına giriyorsun," dediği rüyayı görüyorum.

Rüyamda, Hz. Muhammet'in yanında savaşa katılmışım. Hz. Muhammet'in sağında Hz. Ali, solunda ben. Arkamızda komutanlar sıralanmış. Bir tepenin üstündeyiz. Sınırı belirsiz geniş ovalara bakıyoruz. Ova silme asker dolu. Hepsinin giysisi aynı. Başlarında sarıklar, üstlerinde altın işlemeli bej cüppeler. Karşı karşıya savaşacak askerlerin arasında geniş bir alan var. Ovayı doldurmuş askerler kılıçlarını biliyorlar. Kılıç bilerlerken, Karagöz ile Hacivat gibi durmadan eğilip doğruluyorlar. Kulakları hış hış bileme sesleri dolduruyor. Hz. Muhammet keskin gözlerini kısıp uzaklara bakıyor: "Biz şuradan inip askerlerin arasına karışacağız," diyor. Muhammet'le Ali'nin kılıçları kınlarının içinde, sağ yanlarında asılı duruyor. Komutanlardan biri de benim. Elimi sağ yanıma atınca kılıçsız olduğumu anlıyorum. Kılıcımın olmadığını görünce, içimi ölüm korkusu sarıyor. Titremekten dişlerim birbirine vuruyor. O anda komutan değil de, küçük bir çocukmuşum gibi korkuyla soruyorum: "Ya Muhammet, sizin kılıcınız var, üstelik Ali'ninki iki şak (ağzı iki parça), bir tek benim kılıcım yok. Kılıçsız olduğumu görürlerse beni hemen tutar keserler!" Kılıcını hışşşş diye kınından çekip elime vermesiyle, ovanın üstünü gökten süzülen geniş bir gökkuşağının şemsiye gibi kaplaması bir oluyor.

Anlattıklarım nenemi titretiyor. Nenem durmadan salavat getiriyor.

Cephe dergilerini okudukça, çevremdeki insanlar 'ölü yüzler'e dönüşüyorlar. Öğretmenlerimi, okul arkadaşlarımı bir kurşunla vurulup öldürülürken görüyorum. Gözümün önünde çürümüş bedenler sıralanıyor. Sanki ölüler arasında dolaşan, az sonra onların arasına katılacak bir ölü adayıyım. İçime savaşın, capcanlı insanın ölümle kirlenen görüntüleri doluyor. Kırda bayırda, bir ağacın altında, ayakları suda, gövdesi çamurlar içinde yüzlerce ölü resmi... Savaşın sonucu, insanlardan oluşan çöp yığınları... *Cephe* dergisinde gördüklerim de, gördüklerime yol açanlar da tiksinti yaratıyor bende.

Yoğun okumaya bu karanlık odada, *Cephe* dergisiyle başladım. Evde başka kitap yok. Kıyıya köşeye atılmış kitapları, arkadaşlarımda gördüklerimi alıp okuyorum. Yırtık pırtık giysilerime karşın elimden kitap düşmemesi, varlıklı kesimin çocuklarına örnek gösterilmeme yol açıyor. Ne okuduğumla ilgilenip beni destekleyenler de oluyor, bana kızıp kitaplarıma zarar veren de.

Bir gece, *Cephe* dergisinde gördüklerimin yarattığı korkuyla uykuya geçerken inlemeler duyuyorum. Nenem, "İneğin vakti geldi, doğuracak," diyor. İneğin ilk doğumu. Alnında beyazlık olan siyah bir inek bu. Nenem gözü gibi koruyordu ineğini. Akşamüzerleri ot yolmaya birlikte gidiyoruz. Çuvala her otu doldurmuyor nenem. İnsana yarayacakları bildiği gibi, hayvanların sevdiği otları da biliyordu. Otları yolarken, "Ye, nazlı kızım, ye de göğüslerini şişir, şişir de yavrunu besle! Bak, bugün yarın doğuracaksın..." diyor. İneği sevip okşarken, ona yalnızca 'kızım' demiyor, 'nazlı kızım' diyor. O da anlarmış gibi, akşamleyin sürüden eve gelir gelmez, neneme sürünüyor, onu özlediğini belirtiyor. Nenem, ineğin istekle yiyeceği otları seçiyor seçmesine, gene de, 'nazlı kız' her otu yemiyor. Nenem, "Boğazı çok temiz bu ineğin," diyor, "bunun anası da böyleydi," diye ekliyor. Oysa, anamın bir ineği vardı, ot seçme bir yana, kirli bulaşık bezlerini bile bir homurtuda yutardı.

İlk doğum zor olurmuş. İneğin inlemeleri bu yüzdenmiş. İnlemeler bir süre sonra bağırmalara bırakıyor yerini. Daha havalar ısınmamış. Yorganı sırtıma sarıp yatakta oturuyorum. Evimizin çevresinde komşu yok. Dayım uzak komşulara koşuyor. Onlar geldiğinde, ineğin yeri göğü tutan sesi daha da yükseliyor. İnsan değil ki ıkın desinler. İnek, doğanın verdiği içgüdüyle ıkınıyor gene de. Ne yapsa boş, kendine yardımı o kadar! Doğum sürecini biliyorum. Ama doğurmanın nasıl bir eylem olduğunu ilk kez görüyorum. Böyle bir durumda insanın elinden bir şey gelmemesi ne kötü! Hayvan kendi acısıyla baş başa kalıyor. Her kafadan bir ses çıkıyor. Kimse bilgisine, deneyimine göre değil, aklına esene göre çözüm arıyor. Sonunda biri, "Yavrunun bacağı göründü, çıkıyor!" deyince herkeste bir rahatlama oldu. Sonra sözünü tamamladı: "Çıkıyor çıkmasına da ters çıkıyor!" dedi. Dayım umarsızlıkla, "Peki, ne yapacağız?" diye sordu. "Bu doğum kendiliğinden olmaz, bacağına kalın bir sicim bağlayıp danayı çekmek gerekecek!" Gene de umutluyum. Sicimle çeker çıkarırlar diye düşünüyorum. Sicimi bağlayıp çektiklerinde inek daha çok bağırdı. Sonunda çıkardılar danayı; her uzvu birbirine dolaşmış ölü bir et parçası olarak... *Cephe* dergisinde gördüğüm ölüler ne ise, dana da o! Onun da ağzı yamuktu. Gözleri pörtlemişti. Ölüm, gözleri böyle dışarıya fırlatıyordu demek!.. Yaşamaya başlamadan ölmenin ne olduğunu o gün anlamıştım. Dana parçalandı, hiç değilse inek sağ kalmalıydı, bu ölüm görüntüsünün yanında yer almamalıydı.

Almadı. Bir can giderken öbürünün kalması gene de insana umut oluyor. Aylarca ineği ölümün elinden kurtulmayı başarmış bir kahraman gibi gördüm. İçimdeki sevinci anlıyor gibi, beni görünce böğürüyordu. Sonraki yıllarda ne danalar kattı canlılar arasına! Altın danalar doğursa da, ilk danasının pörtlek gözlerini unutturamadı bana. Ölümün resmi bir kez çizilmeyegörsün belleğe, öylece kalıyor. Tam bu sıralarda, arkadaşım Vezni Erbakan'ın avucunun ortasında bir yara çıktı. Yara sinirleri öldürmüş, Vezni'nin ortaparmağı eğik kalmıştı. İneğin doğumu gibi, her temizlenişinde Vezni'yi titremelere uğratan yara da yüreğimi dağlıyordu.

İlk diş ağrısı, ineğin ve Vezni'nin neler çektiğini anlamama yetiyor. Önerilenlerin tümünü yaptım. Tuz bastım, oyuğuna aspirin tıktım, olmadı. Ağrı kesilmeyince, acının geçmesini zamana bıraktım. Saniyeden saniyeye geçer diye sabaha kadar gökte yıldız saydım. Bakımsızlık önce dişlerde gösteriyor kendini. Daha on beşime varmadan diş ağrıları çekmeye başladım. Bizim oralarda o zamanlar bakım yok, dişçi yok, tedavi yok. İlk gördüğümde, diş macununu yiyecek bir şey sanmıştım. Bakım olmayınca tek çare, ağrıyan dişi çektirmek. Dişi berberler çekiyor. Beni de berbere gönderdiler. Berber, diş çekeceği kerpeteni cebinde taşıyordu. Kahvede oyun oynarken, bahçede bel belleyip çapa sallarken, ağrıyor diyenin dişini çekiyordu. Ben, evinin önündeki meydanda buldum dişçiyi. Hangisi deyip cebinden eksik etmediği kerpeteni ağrıyan dişe geçirdi. Dişimin küt ettiğini duyunca, korku, acıyı aştı. Dişin kopan üst kısmını elime vermiş, kök içeride kalmıştı. Morfin diye bir şey yok. Bir-iki denedi, olmadı. Kökün çıkarılması olanaksızdı. Ağzım kanla doldu. Berber, ağrının geçeceğini bilmiş gibi, "Bir şey olmaz; korkma, biraz sonra bir şeyin kalmaz, ağrı duymazsın," dedi, kerpetenini cebine koydu gitti. Dediği doğru çıktı, dişin minesindeki çürük yok olunca, ağrı geçmişti. Eve gelinceye kadar ağzımda kan da kalmadı.

Böylece, ödünç alınmış canın ilk parçasını gerçek sahibine teslim etmiş oluyordum.

Öğretim yılı bitmiş, beşinci sınıfa geçmiştim. O sıralar babamdan bir mektup geldi. Babam, mektupta, Diyarbakır'a yerleştiğini, yeniden evlendiğini, kendi deyimiyle, bu eşinin bize 'şefkatli bir anne' olacağını yazıyordu. 'Anne' dediğinin, Silvan'da ya da Kulp'ta geçen iyi günlerimizde eve hizmetçiliğe gelen Haco Bibi'nin kızı olduğunu, oraya gidince öğrendim.

Dayımın yanında da, anamın yanında da itilip kakılmıyordum. Gene de babanın sahip çıkması bir güven yaratmıştı içimde. Anam, "O da babandır, okulun var, ileride askerliğin olacak. Sen bilirsin ama, istersen git," diyordu. Bu sözlerde, gitmemi isteyen bir anlam gizliydi. Yazın gidecektim. Rahat etmezsem geri dönecektim. Üvey babamla da iyi anlaşıyorduk. Öfkeli görünüşüne karşın, iyi bir insandı. Her an kızacak bir şey bulurdu. Kafası attı mı, anamın hiç yüksünmeden her gün altından alarak yedi yıl hizmet ettiği yatalak anasına bile söylemedik laf bırakmazdı. Bağırır çağırırdı. Ama, anasının bir dediğini iki etmez, yeri geldiğinde hizmetini o da görürdü. Öfkesinde kin yoktu, taşkınlık vardı. Kimi işleri birlikte yapıyorduk. Örneğin, mahallenin o baharda doğan kuzu, keçi yavruları ve danalarına o yıl çoban tutulmamıştı. Hayvanların kırlara götürülüp otlatılması sıraya konulmuştu. Sırası gelen, o gün hayvanları otlatmaya götürüyordu. Bizde bu işi üvey babamla ben yapıyorduk. Yerinde küfürleriyle çok ilgimi çekiyordu üvey babam. Küfreden öbür yetişkinlere güldüğüm gibi ona da gülüyordum. İstediği yere koşuyor, onu yormamaya çalışıyordum. İnsanlar gibi, hayvanlar arasında da sıra dışı olanlar vardı. Üvey babam, davranışlarından, bir hayvanın hangi evden olduğunu kolayca anlıyordu. Bu saptamada yanıldığını görmedim. Örneğin, dengesi yerinde evlerin hayvanları uysal, sorunlu evlerinkiler hırçın oluyordu. Bir-iki aylık keçi yavrularının davranışlarında bile görülüyordu bu.

Uzaktan taş atıp hedefi tutturmakta eşine az rastlanır ustalardan biri olan üvey babam, sıra dışı bu huysuz hayvancıkları sıraya sokmuştu sanki. Bir-iki nöbetten sonra, isabetli atışlarıyla keçi yavrularında boynuz bırakmamıştı. Taşı yiyip boynuzu kırılınca zıplayarak kaçan keçi yavrularının tek boynuzlu görüntülerine gülmekten bayılıyordum. O da beni güldürmekten hoşlanıyor, daha isabetli atışlar yapıyordu. Küfürlerle birleşen atışlar bana eğlenceli bir oyun oluyordu. Küfürde ve atışta az insan böyle hedef tutturabilirdi. İki boynuzlu gönderdikleri hayvanlarını akşamleyin tek boynuzlu bulan aileler, çobanlık sırası bize geldiğinde hayvanlarını bir daha göndermiyorlardı. Onlar hayvanlarının öbür boynuzundan da olmazken, biz de az hayvana daha iyi çobanlık ediyorduk.

Keçi çobanlığıyla renklenen günler uzun sürmedi. Üvey babam, cuma namazından sonra uğradığı kahvede tavla oynayanları seyrederken kalp krizinden öldü. Okulda beni bulup haber verdiler. Ailenin bireylerinden biri sayılmak, bir yere bağlı olmanın sorumluluğunu duyurmuştu bana. Eve, ağlayarak, bu duygularla koştum. Üvey babam, hiç ondan umulmayacak sessizlikte, odanın ortasına serilmiş 'rahat yatağı'nda upuzun yatıyordu. Yüzüne örtü örtmüşlerdi. Kendimi kökenden saysam da, öz akrabaları gel-

diğinde örtüyü açmış, onlara yüzünü göstermişler, bana
göstermemişlerdi. Oysa, yalnızca cenazesinde gördüğüm çoğundan yakındım ona. Kökenden olmadığım, ilk kez karşılaştığım akrabalarının beni süzüşünden de anlaşılıyordu.
Anamın bakışları, orada 'fazlalık' olduğumu anlatmaya yetiyordu. Bu duygularla, derin acılar içinde kendimi dışlanmış sayıyor, bir köşede suskun bekliyordum. Köklü akrabaların bu zamansız ölüm karşısındaki tepkilerinin ne olduğunu, bir olay çok iyi anlattı bana. Sonradan adının Ali
(Yıldırım) olduğunu öğrendiğim üvey babamın yeğenlerinden biri içeriye girince, ölümün dehşeti bütün odayı sardı.

Ali Amca otuz yaşlarında vardı. Uzun boyu, renkli yüzü, sapasağlam dişleri, sıcak gülüşüyle yakışıklılığı ilk bakışta göze çarpıyordu. Önceden hiç görmemiştim onu. Ama
bin yıl tanıyormuş gibi bana yakın bulmuştum. İçeriye girer girmez, ağlayanlar seslerini kestiler. Ölünün upuzun
yattığı oda, tam bir ölüm sessizliğine büründü. Oraya 'ölü
evi' denmesinin anlamını o zaman kavradım. Ali Amca, basamakları çıkıp amcasına doğru bir adım attı, "Vay, amcam!" diye bağırarak, kökünden sökülüp atılmış iri gövdeli
bir ağaç gibi, birden yere çarpıldı. Titremeler içinde kendinden geçmişti. Onu tutmak isteyenlerden birinin bileğini
kıracaktı neredeyse. Ağzından köpükler çıkıyordu. Boğazlanan bir sığırın damarından kanın fışkırmasını andıran bir
sesle çırpınıyordu. Onun ölüm karşısındaki duyarlığını önceden bilenler, ellerine geçirdikleri bez parçalarını ağzına
tıktılar. Boğazı tıkanınca bu kez boğulma sesleriyle inlemeye başladı.

Ali Amca, ölüm boğulmasına uğramıştı. Ağır şok geçirerek böyle boğulmalara uğrayanlar bilinçlerini yitirdiğinden, o sırada ağzına mendil ya da bir bez parçası tıkılmazsa, dişlerini sıkarken dillerini parçalarlarmış. Cenazenin
başında toplananlar, ölüyü bırakıp onunla ilgilendiler. Ali
Amca, biraz sonra, hiçbir şey olmamış gibi upuzun uzandığı
yerden kalktı, ocağın bir köşesine oturup sessiz bir ağlayış
tutturdu. Sabaha kadar sürdü bu inlemeli ağlayış. O gün,
ölünün başında, dirilerin sesleri, ölümün sessizliğini ağlamalarla bastırmıştı. Ali Amca ise, bir Şaman ozanı gibi,
ocağın başında durup durup iç geçiriyordu. Onun sessizliği,

tüm ağlamaları bastırıyor, ben ise bütün varlığımla ölümün dehşetini duyumsayarak zangır zangır titriyordum. Üvey babamın yana uzatılmış elleri, usta atışlarla artık keçi yavrularının boynuzlarını kıramayacaktı. Ölüm, kuzu seslerini, oğlak melemelerini, dana böğürtülerini kesmişti. Öfkeli, küfürlü çobanlık günleri dönmemecesine geçip gitmişti. Yaşamın düzenini bozan ölüm, üvey babamın varlığını alıp giderken benim de duygu düzenimi bozmuştu. Artık o günleri gülümsemeli bakışlarla değil, ağlayan bir yürekle anacaktım.

Günler geçiyor, evin sessizliği ürkütüyordu beni. Anam eşini yitirince, aralarında ben de olmak üzere, insanları fazla görmeye başlamıştı. Anamın yanında ha vardım, ha yoktum. Diliyle söylemese de, dayımlara gidip birkaç gün gelmediğimde, neredeydin diye sormuyordu. Üvey babalı günleri arar olmuştum. Çobanlık nöbetlerimizde hayvan yavrularıyla yolları, bayırları aşarken ne güzel günler geçiriyormuşuz meğer! Otların bir anda topraktan burunlarını çıkarıp güneşe ulaşması ne ise, insanların birden yok olup toprağa karışması da o idi. İlk yakın ölümünü, kanımda kanı olmayan üvey babamın ölümüyle yaşamıştım. Bu, ölümün kan, can dinlemediğinin kanıtıydı. Kanımda kanı olsa belki böylesine acı çekmezdim.

Arka duvarları birbirine bitişik komşunun sakat doğmuş oğulları Osman'ın ölümü de bu sıralara rastladı. Kırk yaşlarında vardı Osman. Kışları bir odada kalırdı. Yazları damda hazırladıkları bir yere yerleştirirlerdi onu. Arada, ya kendi sürüklenerek iki-üç basamaklı merdiveni iner ya da yakınları indirirdi. Bir ağacın altına oturur, sürekli bağırırdı. Bunun bağırtı olmayıp Osman'ın birilerine bir şeyler anlatma çabalamaları olduğunu ancak yakınları bilirdi. Bağırtısı anlaşılınca, ardından mutluluğunu yansıtan sesler çıkarırdı. Bedensel bir dil kullanarak sevincini de acısını da anlatırdı. Başını indirip kaldırıyorsa, bu gülme anlamına gelirdi. Ağacın altına getirildiğinde, başını indirip kaldırarak hep gülümserdi. Anasının adı Emine olduğu için bildiği tek ad oydu; herkesi o adla çağırırdı. Anama da 'Amine Bibi' derdi.

Osman beden yönünden de, zekâ yönünden de sakattı. Bedeninde hiçbir uzvu tutmamasına karşın, kendisine iyilik edenleri bilirdi. Biz çocuklar, ağzından hırıltı şeklinde çıkan konuşmaları taklit etmeye kalktığımızda sinirlenir, olanca gücüyle ulumaya benzer sesler çıkarırdı. Bu sesler, kimi geceler yarasına tentürdiyot sürülen bir çocuğun bağırtılarını andırırdı. Son günlerde arttıkça artıyordu bağırtısı. Bizde çok kızılan birine beddua ederken, "Ciğerleri ağzından gelsin!" denir. Bu bağırtıların sonunda Osman'ın ciğerleri ağzından pıhtılaşmış kan olarak döküldü. Osman, kanserli organlarını kusarak öldü.

Yaşayan herkesin öleceğini biliyordum; ama Osman gibi, yaşayamadan ölenlerin acısını içime sindiremiyordum. Bir yakınım ölmüş gibi, günlerce ağladım Osman'ın ölümüne. Ölümün haksızlığı öylesine etkilemişti ki beni, "O ölmeseydi de, ben ölseydim," diyecek durumlara düşmüştüm. Anam bu sözleri işitince, "Ölüm adildir, herkes kendi eceliyle ölür," diye avutmuştu beni.

Baba evine kapılanmayı düşünmenin günü gelmişti. Üvey babamın ölümünün yazında, her koşulu göze alarak baba evine ulaşmak üzere yola çıktım. On beşinci yaşımı 'acı' denen duyguyu her aşamada yaşamış olarak kutluyordum (!). Ağın'ı en yeşil mevsiminde geride bıraktım. Diyarbakır'ın boz surlarını geçip baba evinin kara taşlı avlusunu bulmam zor olmadı. Çünkü ev, herkesin bildiği bir yerin, genelevin bitişiğindeydi. Ortamı görünce içimi öyle bir gurbet havası kapladı ki, o anda Ağın'ın bir avuç ak toprağına bütün varlığımı verirdim. Avluya daha adımımı atmadan, anamın yanına dönme duygusu her yanımı sarmıştı. Ozanın, "Su insanı boğar, ateş yakarmış / Taşın sert olduğunu insan bu yaşa gelince anlarmış," dediği gibi, bir yerden ayrılmanın kolay, dönmenin zor olduğunu, insanda sıcak duygular yaratması gereken baba evinin dar kapısından içeriye girince anlıyordum. Bir süre de, bu karanlık baba gurbetinde yaşayacaktım...

DİYARBAKIR

Diyarbakır!
Yazıp da okuyamadığım şiir...

HAVUŞ[1]

Sıcak mı sıcak. Dalın kıpırdamadığı bir sessizlik. Taşları delik deşik avlunun serin dinginliği. Ara sıra yükselip sokaklara taşan sesler. Cigaradan kalınlaşmış sesleriyle gün görmüş kadınlar. Gülüşleri saydam bir damlanın cins mermerde çıkardığı sese benzeyen genç kızlar...

Diyarbakır! Yazıp da okuyamadığım şiir...

Caddeler akşam saatlerinde dolar.
Bir avluya açılan onlarca kapı düşünün. Her kapının önünde kor alevli mangallar, maltızlar... Bin çeşnili yemeklerin kokusu yalnızca avluyu kaplamaz, gökteki *ay*'ın yüzünü bile şenlendirir. Herkes herkesin sofrasına teklifsiz oturur. Zeko Bibi, Diyarbakır'ın erik ekşili meftunesini pişirir, Haco Bibi domates biber kızartır. Et yoktur yemeklerde ama, zaten et de yenmemelidir bu kızgın sıcakta. Adam boyu karpuzlara kamalar saplanırken, anason kokuları yorgun gönülleri şenlendirir. Kaşık seslerinin birbirine karıştığı bu akşam saatlerinde, nemli odaların derinliklerine sığınmış bakir bir kızın utangaç sesi duyulur: 'Odam kireçtir benim / Yüzüm güleçtir benim / Soyun gel gir koynuma / Terim ilaçtır benim'.
Baba evi, halk arasında 'Aşağı Mahalle' denilen genelevle duvar duvara, tek bir odadan oluşuyor. Kuzeye ve güneye iki küçük kapıyla açılan, iki yüz-üç yüz metrekarelik bir avlu getirin gözlerinizin önüne. Ortasında yaprakları kirli yeşil, dallarına külottan sofra bezine her türlü eşyanın

---
[1] Avlu.

asıldığı bir ağaç. Belki yüzyıldır içine su akmamış göstermelik bu havuz sigara izmaritleriyle, gazoz kapaklarıyla dolu. Avluya, hiçbirinin penceresi olmayan on beş oda açılıyor. Kuzey kapısından girilince, dar, karanlık koridor geçildikten sonra, sağdaki ilk odada eşi, kaynanası, iki baldızı, bir kayınbiraderiyle babam oturuyor. Arada kayınbaba da ev halkı arasındaki yerini alıyor. Konuk mu demeli, ev halkından mı saymalı, onlara en son katılan benim.

Gittiğim gün, geceleyin nerede, nasıl yatacağımı düşünüyorum. Dayımın eşinin ve anamın sabun kokulu yataklarından sonra, bir odaya girmiyor, rutubetli bir kenefe düşüyorum. Eksik bırakmayayım; avlunun kuzeye ve güneye açılan kapılarının hemen yanında kenefler var. 'Kenef' sözcüğünü üstüne basarak kullanıyorum, çünkü rengi belirsiz bir taş delikten oluşan bu 'kubur'a 'tuvalet' dersem, yeryüzünün en pis ayakyoluna bile elli kez çağ atlatmış olurum. Porsuk iriliğindeki cardonların taş delikten çıkıp avluda hiçbir yabancılık çekmeden dolaştıklarını, orada yaşayanların bunları hiçbir tiksinti duymadan doğal yaratıklarmış gibi izlediklerini görünce, yirminci yüzyılın ortalarında hangi çağı yaşadığımızı düşünüyorum.

İstanbul'da da çok kötü yerlerde yaşadım. Fındık fareleriyle, her türlü haşaratla alışverişim oldu. Farenin bunca irisine bu avluda rastlıyordum. Avlu halkı cardonların koşuşturmalarını yarış atları gibi izlerken, benim tiksinmemin küçümsendiğini burun kıvırışlarından anlıyordum. İlk darbeyi, cardonların tiksindirmesine tepkimden değil, İstanbul ağzı konuşmamdan yedim.

VALENTİNO

Gördüğü filmleri en ince ayrıntılarıyla anlatma başarısını gösteren, Tanrı'nın olağanüstü bir bellekle donattığı, giyiminde o zamanın moda oyuncularından Valentino'ya öykündüğü için 'Valentino' diye anılan, babamın kaynı, İstanbul Türkçesiyle konuşmamı yadırgayarak, "Nedir ulan, konuşurken karı gibi ağzını eğiyorsun! Doğru konuşsana!" diye azarlıyor beni. Baba evindeki itilmişliğimi bana ilk duyumsatan, Valentino oluyor. Valentino, ağı yerleri süpüren şalvarı, belinde taşıdığı kamasıyla tam bir kabadayı. Yatarken kamasını yastığının altına sokuyor. Her an onun bana saldırmasından korkuyorum. Korkmamanın yolu korkutmaktır; aradan çok geçmeden ben de bir kama sahibi oluyorum. Yatarken ben de onun gibi, kamayı yastığımın altına yerleştiriyorum; bunu yaparken ona da gösteriyorum. Bu ortamda bıçaksız, tabancasız gezeni adamdan saymıyorlar. Ben yaştaki herkesin belinde kaması var. Parası bol olanlar tabanca takıyor. Bunu kimse yadırgamıyor.

Valentino'yla aynı yaşta sayılırız. İçten içe beni de kendi aralarına alacaklarını umuyorum. Valentino bir yana, onların en sünepesinin yanında şöyle bir görünsem, kimse bana ağzını açamayacak. Avluda kabadayı değilsen hiçbir şey değilsin. Bir yere gittiklerinde, "Hadi, sen de gel!" diyecekler diye gözlerinin içine bakıyorum.

Demiyorlar! Ağızlarında ağır küfürlerle avludan çıkıp sırtlan sürüleri gibi, surların yolunu tutuyorlar.

Valentino ve arkadaşları, 'karı ağızlı' buldukları baba evinin bu sonradan çıkma konuğunu bir türlü yanlarına yaklaştırmıyorlar. Konuşmasıyla, okumasıyla avlunun doğal ortamına aykırı buluyorlar onu. Kabadayılığın kuralları var. Bu kuralları sır gibi saklıyorlar. Oysa ben onlardan öğretmenlik bekliyorum. Dövüşte, kavgada az çok işlerine yarayabileceğimi düşünüyorum. Valentino'nun evde de, dışarıda da bir iş yaptığı yok. İşi, giyinmek kuşanmak, küfrederek bacı dövmek. Mesleği mesleksizlik! Kabadayılık! İkimizi bir araya getirecek hiçbir bağın olmadığını bile bile, ona yaklaşmak isteyen benim. Onların kabadayıca davranışları bana çekici geliyor. Kaba konuşmalarına, sert davranışlarına özeniyorum. Bağırtılı konuşmaları, kaba şakaları avluya şenlik katıyor. Aralarındaki sıcak ilişkiler nasıl duygulandırıyor beni! Onlar geçip gitse, avlunun ayı ininden ayrımı kalmayacak. Valentino son günlerde, 'Makaram sarı bağlar / Kız söyler gelin ağlar / Niye ben ölmüş müyem / Asiyem karalar bağlar' şarkısını genelevin avlusuna taşırırcasına söylüyor. Geneleve kara kuru, karga kadar bir kızcık düşmüş. Adı Asiye. Sesini ona duyuracak! İlk müşterilerinden biri o olacak... Böyle bir yaşama kim özenmez?..

Valentino attığı ya da yediği dayakları ballandıra ballandıra anlatmada da usta. Korsan filmlerinde olduğu gibi, dayak attığı zaman hep tek başınadır; karşısına çıkan on beş-yirmi kişiyi tek yumrukta yere sermiştir. Ancak, elini kolunu arkadan 'puştlukla' tutan 'kahpe analı'lar dayak atabilirler ona. Yoksa bir kafa vuruşuyla hepsini yere serer! Kalın sesine kattığı küfürlerle anlatırdı bunları. Onu dinleyenler çoğaldıkça, o ânı yaşıyormuşçasına kendinden geçerdi. Anlattıkları bir serüven filmi gibi sarardı beni. Onun gibi anlatıp çevremdekileri ağzıma baktırmak isterdim. Nerede?.. Başarmak için Valentino gibi sesin olacak, onun kullandığı sözcükleri bileceksin. Küfürler edip kızdıracak, okşayıp ağlatacaksın...

Bir gün, yalnızca korsan filmlerinde rastlanabilecek bir olayla karşılaşınca, Valentino'nun avlu için ne demek olduğunu daha iyi anladım. Tam öğle sıcağında, kuşların, böceklerin soluk alamadığı, camilerin üstündeki kurşunların mum gibi yumuşadığı Diyarbakır sıcağında, Valentino avluya kan revan içinde döndü. Haco Bibi, oğlunu öyle görünce, "Vay, evim yandı!" diye bağırıp kapıya koştu. Kimseyi bulamayınca dönüp geldi. Ellerini kofisinin altına sokup saçından perçemler kopardı. "Ben onlara bu kanı koyar mıyım!" diye bağırıp avluyu dolaştı. Ağzından burnundan kan boşalan o değilmiş gibi, Valentino, "Ana, teşkale etme (telaşa kapılma), iki kişiyi bıçaklamışam, kanlarını akıtmışam..." muştusunu verdi. Haco Bibi, bir oh çektikten sonra, "Leşleri kapının önünden duasız geçer inşallah!" diye Valentino'yu o duruma getirenlere beddua etti. Valentino'nun önündeki kan gölünü derin bir suskunluk içinde izledikten sonra, elini gene kofisinin altına soktu, avluda, "Evim yandı! Evim yandı!" diye dolaşarak saçlarını yolmayı sürdürdü.

Korsan filmlerinin yürekler hoplatan sahnesi, Haco Bibi'nin bütün avluyu ayağa kaldırmasından sonra yaşandı. Avlunun en güzel kızı, terbiyede, incelikte kimsenin eline su dökemeyeceği Nazo, kapıdan fırlayıp çıktı. Valentino'yu kanlar içinde görünce birden eteğini kaldırdı, uzun iç gömleğinden kopardığı bir parça bezle Valentino'nun kanlı yüzünü silmeye başladı. Hiç kimseye yüz vermeyen kızın, kanı silerken gözyaşlarını tutamaması, uzun süredir içinde sakladığı gizli aşkını açığa vurması demekti. O anda Valentino bir yarı tanrı gibi büyüdü gözümde. Benim de ağzım gözüm kana bulansaydı, Nazo gibi bir kız, eteğini kaldırıp ak baldırlarını göstererek uzun iç gömleğinden bir parça koparsaydı, yumuşak ellerini yüzümde gezdirseydi...

Ah! Valentino!.. Valentino!..

Valentino sürekli sinemaya gidiyor, hiçbir filmi kaçırmıyordu. Film 'maceralı' ise keyfine diyecek yoktu. Çok konuşmalı, ağır filmlerden hoşlanmıyordu. Onun filmleri hareketli olmalı, Valentino o hareketlere bakarak yeni olaylar uydurmalıydı. Anlatmasının hoş yanı buydu. Filmin hiçbir karesini kaçırmadan anlatır, kendi eklediklerine de tam bir gerçeklik duygusu katardı. Onu dinlerken, gördüğüm filmlerin değil, onun anlattıklarının tadına varırdım. Sinemaya hep aynı arkadaşlarıyla giderdi. Onlar, yazlık sinemaya gidenlerin yakından tanıdıkları bir takımdı. Caddede, sokakta, yüzme havuzlarında da birlikte olurlardı. Ancak gece yarıları, herkes kendi evine dağılınca ayrılırlardı birbirlerinden. Ben, bu olağanüstü birlikteliğin dışında kalmanın üzüntüsüyle ne yapacağımı bilemezdim.

Aynı odada uyuduğumuz Valentino! Sesimi duy!

Hemen her gece, yazlık sinemada bir sırayı Valentino ve arkadaşları doldururdu. Film kendi istedikleri gibi değilse, aralarında yüksek sesle filmi kötüleyen espriler yaparlardı. İster istemez çevredekilerin de gülmelerine yol açan bu kaba espriler, film içinde film olurdu. Sinemanın kapısında bekleyen bir-iki polisin gücü yetmezdi Valentino takımına. Polis ekibinin geldiğini duyar duymaz, kadın çocuk demeden, sıralarda oturanları ezerek toz olurlardı.

Takımın temel kişilerinden biri olan Abuzer, sinemadan kaçtığında önüne geleni ezer geçer, neredeyse ardında canlı bırakmazdı. Kalın sesi, çiçekbozuğu yüzünü daha da sertleştirirdi. Dicle Gençlik'in ikinci takımında oynardı. Futbolculuğunda iş yoktu. Kimse de onu futbolu için takıma almıyordu zaten. Maçlarda vuracak kıracak adama gereksinim vardı. Abuzer biçilmiş kaftandı. Her maçta karşı takımdan birkaç sakat bırakmasıyla ünlüydü. Olmadık davranışlarda bulunur, takım arkadaşlarını da, seyircileri de güldürürdü. Sahanın ortasında, eli önüne giden hakemin bu davranışını yanlış yorumlamış; şort yerine giydiği uzun, paçadan bağlı donunu sıyırıp önünü ona dönerek, "Kahpe anali, göstermah varsa, biz gösterah, ser-i gopiginden maada (yuvarlak başından başka) dokuz boğumdur!" diye cinsel organının tanımını yapmış; bu abartılı tanım karşısında aklından büyüklük olasılıkları geçiren hakemi şaşkına çevirmişti. Bir gün, oyun sırasında, karşı takımdan oynak bir oğlanın bacaklarını omzuna geçmiş bulunca, oyunu bırakmış, oğlana, "Ula kahpe anali, oyun oynıyıh, yoksa s.... yapıyıh!.." demiş, saha kenarında toplananları gülmekten bayıltmıştı. Herkesi güldürür, kendi yüzünde gülmenin izine rastlanmazdı. Abo, yumurta topuklu ayakkabıları, yanları sırmalı şalvarıyla tam bir kabadayı idi. Jandarmayı, polisi hiçe sayarak kuşağından sarkıttığı kamasının ünü vardı. Kamanın çeliğine çifte su verilmiş, üstündeki besmele altınla yazılmıştı. Ateş edildiğinde kurşun geçmesin diye taktığı hamaylıyı ünlü bir hoca, ağır dualarla yazmış, İran'dan gelen derin hocalar Abuzer'e ölümsüzlük şerbeti içirmişti. Abuzer, hamaylıyı altı aylıkken takmış, nereye giderse gitsin, askerde de, köyde de, kentte de koynundan çıkarmamıştı.

Onların kabadayılık başarılarını gördükçe, düş kırıklığına uğruyor, aralarına alınma umudumu yitiriyordum. Ne olur ne olmaz diye, geceleri yastığımın altına kama yerleştirmeyi savsaklamıyordum ama bu neyi değiştirirdi? Valentino beni 'karı ağızlı' saydığına göre, en başta konuşmamı değiştirmeliydim. Ne yapsam, Diyarbakır ağzını onlar gibi konuşamıyordum. Küfretmekte onların eline su dökemezdim. Gene de, duya duya, onlarınkine benzer küfürler savurmakta küçük adımlar atmaya başlamıştım. Sokakta benden küfür yiyenlerden biri şikâyete gelince koltuklarım kabarmış, göğsümü ileriye çıkarmış, kollarımı omuzlarımdan düşürüp yaylana yaylana yürümüştüm. Bu şikâyet en çok Haco Bibi'nin tuhafına gitmiş, "N'olmiş, erkek degildir, küfür de mi etmeyecah!" diye şikâyetçileri kapıdan kovmuştu.

Diyarbakır ağzı da, küfürler de para etmiyordu. Valentino beni sofrasına bile oturtmuyordu. Sofrasına oturtmayan Valentino adam yerine koyup beni aralarına sokar mıydı?.. Sokmamakta da haklıydı; çünkü onlar gibi küfretmek için daha çok ekmek yemeliydim. Küfür, özenmekle olmuyordu. Küfrü çekirdekten öğreneceksin. Küfürlerim yapay kalınca üzüntüden ölüyordum. Valentino ise tam bir küfür makinesiydi. Kızdığı adamlara en ağır küfürleri savurur, sonra da, "Ben boşuna bacısını s..miyem bu kahpe analının!" der, küfürlerinin haklılığını kendisini dinleyenlere de onaylattırırdı.

Evde ayrıcalıklı bir yeri olan Valentino'ya babam, 'boy beyi' derdi. Gerçekten, şalvarını çıkarıp külot pantolonunu giyip çizmelerini çektiği, boynuna da şalını attığında tam anlamıyla bir boy beyi gibi alımlı oluyordu. Boyun beyi olduğu şundan belliydi ki, yemek piştiğinde önce ona sunulur, bizlere sonra sıra gelirdi. Yemeğin en etli, en yağlı yerleri ona ayrılırdı. Avluda boyun beyi olmak, her türlü haksızlığı yapmak, gene de haklı görünmekti. Onun beyliği, anasının pişirdiği yağlı etleri yemek, bir de korkutup namuslarını korumak sorumluluğunu yüklendiği iki kız kardeşini kemiklerini kırarcasına dövmekti. Elle, tekmeyle döverken, kızların cinsel organlarının adlarını doğrudan söyleyerek, "Ulan, sizin a...... yırtarım!" diye bağırırdı. Kızların bağırtısına dayanamayan genelev kadınları, "Ha ulan, ha ulan, ananı eşek s.....! Dünyada utanma da kalmamış!" diye seslerini yükselterek, duvarın öte yanından tepki gösterirlerdi. Genelev kadınlarının küfürlerini hiçe sayan Valentino, 'Diyarbekir bu mudur / Testi dolu su mudur / Gittin ki tez gelesen / Tez gelişin bu mudur' türünden türküler çağırarak, gidip de dönmeyen bir sevgiliye sitemlerini bildirirdi.

VE ÖBÜRLERİ

'Abla' dediğim babamın eşinin küfretmekte kardeşinden kalır yanı yoktu. Türkçe konuşurdu. Ama, babasının soyu Araplara, anasınınki Zazalara dayandığı için, ortama ve adamına göre, ağır küfürlerini o dillerde de yapardı. O nemli odada öğlenlere, akşamlara kadar uyurdu. Uyanır uyanmaz sigarasını ağzına koyar, gece yarıları yatağa girinceye değin hiç çıkarmazdı. Babamsa, yaşamı boyunca ağzına tek sigara koymamıştı. Yatağa girdiklerinde, burnunu soba borusuna soktuğunu düşünürdüm babamın. Okuma yazma bilmiyordu. Yaşadığı ilkel koşullara aldırmadan, şarkıcıların, artistlerin yaşamına özeniyordu. Artistlere, modaya ilişkin konuları ancak benimle konuşuyor, bu işe yaradığım için benden hoşlandığını gizlemiyordu. Hiçbir sayısını kaçırmadan aldığı artist dergilerinin resimlerine bakar, merak ettiği yerleri bana okuturdu. Ben, ona göre okumayla aklını bozmuş, içine kapanık, bu yüzden de pısırık, zavallı bir yaratıktım. Dergilerini okumada işine yarıyordum, o kadar! Yoksa, varmışım yokmuşum, umurunda değildi.

Sesi kötü değildi. Makamdı, usuldü, bunlardan haberi yoktu. Ortaya düşmüş şarkılardan nefret ederdi. Bu tür şarkıları ağzından düşürmeyen bacılarını tiksintiyle izlerdi. O, Hamiyet Yüceses, Perihan Altındağ, Müzeyyen Senar gibi şarkıcıların 'ağır şarkılar'ına meraklıydı. Kuşkusuz, söylemeye kalktığında, bu ağır şarkılar onun ağzında hafifleşirdi. Vücudu en az sirk cambazlarınınki kadar esnekti. Bacaklarını gerip ortasından kafasını çıkardığında, Çin jimnastikçilerinin sanatsal görünümleriyle değil, bir örümcekle karşılaşılmış gibi olunurdu. Vücudunu her biçime sokuyordu. Spor amacı gütmeden, aklına estiğinde, babamın çıkardığı pijamaları giyer, kimsenin ilgilenmediği, ancak çocukların nasıl bu duruma girdiğini merakla izledikleri gösterilerine başlardı.

Babamın baldızları kendi hayatlarını yaşıyorlardı. Onlar bile, boy'a sonradan katılmış bir sığıntı gibi görüyorlardı beni. Onun için varlığım kimseyi ilgilendirmiyordu. Ağabeyleri olduğu zaman korkudan kaçacak delik arayan bu iki bacı, benim yanımda açık saçık konuşuyorlar, iç gıcıklayan erotik şarkılarını söylemekten kaçınmıyorlardı. Büyük baldız daha gösterişli. Aşkı da biliyor. Bir kadın için oldukça kalın sayılan sesiyle, her gün, 'Yâr saçların lüle lüle / Yâr benziyor beyaz güle' şarkısını söylüyor. Avluda herkesin adı kısaltılarak söylenirdi. Büyük bacının adı 'Ado' idi, küçük 'İso'. Küçük baldız, trahomlu gözleriyle kısık bakıyordu. Sesi ablasınınkinden de, avludaki tüm kadınlarınkinden de kalındı. İçerilerden onun şarkı söylediğini duyan avlunun şakacı kadınları, erkekten kaçarken yaptıkları gibi, sıcaktan bir kenara attıkları örtülerini başlarına atarlar, pırıltılı sesleriyle gülerlerdi. Ona tutulan bir delikanlının anası, oğluna, "Kele, onunla evlenip ne yapacaksın, hanginiz erkek, hanginiz kari (kadın) kimse bilmeyecek," diyerek oğlunu bu işten caydırmak istemişti. Oğlan da, "Nesi var, ana, şarkıcı mı olacak; sesi biraz duvudidir (!), odur (kadar)!" demişti.

Bizde bedensel her eksikliğin bir sıfatı vardır. Trahomlu gözlerinden dolayı kısık bakan küçük baldıza da 'kör' sıfatını uygun bulmuşlardı. Büyük baldız, aşkın ırmaklarında yüzüyor. Elleri akşama kadar kaşlarında, gözlerinde. Saçlarını biçimden biçime sokuyor. Elin içinde değil şarkı söylemek, mırıldanmak bile namussuzluk sayılırken, onun, ablasına özenerek söylediği şarkıları avluyu dolduruyor, oradan sokaklara taşıyordu: "Sen gittin gideli ağladım durdum!"

Bir genç kızın âşık olması en büyük suçtur. Âşık kızlar, mutlu aşklarını bir suçlu gibi gizlemek zorundadırlar. Savunmasız ve boynu büküktürler. Büyük baldız, bu duyguyla, Valentino'dan yediği dayakları hak ettiği inancındadır. Her şeye katlanıyor, kemikleri kırılsa sesini çıkarmıyor. Çünkü, aşk uğruna her şeye katlanılmalıdır. Aşk acı çekmeyi gerektirir. Kafasında, şarkılarını ulaştırmak istediği adam! Varsa yoksa o! Valentino onu döve döve ayaklarının altında çiğnerken, Zeko Bibi sigarası ağzında, bir yandan yemek pişirdiği maltızı karıştırıyor, bir yandan sıradan bir iş yapıyormuş gibi bacısını döven Valentino'ya sesleniyor: "Yeter, Valentino, yeter, kız çocuğudur, sakatlık olur!"

Küçüğün aşkı yok. Kendini suçlamıyor. O, büyükten az dayak yiyor. Dayak yerken bir punduna getirip haksız dövüldüğünü söyleyerek ağabeysinin elinden kurtulmayı bile başarıyor. Aşk diye bir suç işlememiş çünkü. Dövülürken, boğazlanmaya götürülen bir inek gibi bağıran küçük baldızı duyanlar, avluda cinayet işlendiğini sanırlar. Küçüğü elinden kaçırınca, büyüğü yakalayan Valentino, âşık olma gibi bir suç işleyen bacısını, "A.... yırtarım senin ulan orospu!" diye küfrederek sesini surlardan aşırırdı. Avlu, dayağı küfürsüz atmayı bir eksiklik sayardı. Her gün yinelenen dayak töreni bitince, avlu, alıştığı oyunlardan birinin daha perdesini kapatmış olurdu. Dayaklardan sonra ağlama sızlama, sonra her şey eski düzenine dönerdi. İki bacı, o günkü dayak nöbetlerini savdıktan sonra gene orta malı şarkılarına başlıyorlardı.

HACO BİBİ

Boy'un da, boy beyinin de anası, babamın kaynanası Haco Bibi'dir. Türkçe'yi az biliyor. Anadili Zazaca'yı, sesini bitişikteki genelev kadınlarına ulaştırabilecek ölçüde yüksek konuşuyor. O konuştuğu zaman avlu susuyor. Yemeğin etlerini ayırıp oğluna verdikten sonra, sözde ondan ayırmamak için, bana da içinde taneler dolaşan bir tabak uzatıyor. "Al oğlum, karnını doyur, sonra bir şey bulamazsın," diyerek beni koruyor. Tek odalı evde en çok o çalıştığı için, Haco Bibi evin dinamosu sayılır. Hem en yaşlı, hem en çok çalışkan... O olmasa herkes acından ölür. Babam erkenden kalkıp bir avukatın yanında bulduğu işine gidiyor. Babamın, koyu esmerliğinden dolayı 'Kleopatram' dediği sevgili (!) eşi uyuyor. Büyük kız akşama kadar aşkının şarkılarını söylüyor. Küçük, anasının dizi dibinden ayrılmıyor, ortalığı toplamada ona yardım ediyor.

Valentino, zaten Valentino! Boyun beyi! Bir beyin oğlu!..

Babam işe gitmek üzeredir. Kapıdan çıkmadan, Haco Bibi karşısına dikilmiştir. Parasız günlerinde babamın cehennem zebanisi odur. Parası olduğunda, torbalı gözlerini kırpıştırarak, kaynanasının uygun yerine parmak atar, cebindekini son kuruşuna kadar Haco Bibi'nin avucuna boşaltır. Altın dişlerini parlatarak gülen Haco Bibi, neler alacağını sıralamaya başlar. Bu sıralama, paranın son kuruşuna kadar harcanacağı, geriye bir şey kalmayacağı anlamına gelir. Akşamleyin, babam sıkışıp tuvalete gidecek durumda bile olsa, buna fırsat tanımaz, kapıya dikilir. Babam keyifli dönmüşse sorun yoktur. Münasip yerine parmağı yedikten sonra hesap vermeye başlardı: "Cünegit Beg (Cüneyt

Bey), gitmişem, badılcan (patlıcan) almişam, bağdunus (maydanoz) almişam, şirci geçmiş şir (süt) almişam, devci geçmiş dev (ayran) almişam... Dört panginot (lira), bir mecidiye (yirmi kuruş) tutmiş, sen beş vermişsen, aha üstünü, dört mecidiyeyi getirmişem..." Babam o gün birkaç dilekçe yazıp para kazanmışsa, gözlerini kırpar, hiç gereği yokken sevincini anlatmak için, hiçbir etki bırakmayan en ağır küfürlerden birini çeker, arta kalan parayı emeklerinin karşılığı olarak Haco Bibi'nin eline bırakırdı. O da alıştığı bir işi yapar gibi, uzun donunun arkalarında bir yerlere diktiği kesesini çıkarır, parayı kesesine atardı. Bu, bir saatin sarkacı gibi, günlük yaşamın bir göstergesiydi. Verilen parayı tırtıklamışsa, hesabı daha ayrıntılı verir.

Babam eve keyifsiz dönmüşse, Kleopatra, Valentino dinlemez, önüne geleni haşlardı. Hele o sırada Kleopatra'yı yatakta bulmuşsa, tekme tokat kaldırır, doğduğuna pişman ederdi. Avlunun o geceki olayı bizim odada başlardı. Böyle günlerde babam, önüne ne konulursa konulsun, hiçbirinin yüzüne bakmaz; onunla da kalmaz, masanın üstündekileri kırar döker, Kleopatra'nın çıktığı yatağa o girerdi. Ağustosun ortasında bile yorganı başına çeker, sabaha kadar deliksiz uyurdu. Sabahleyin yataktan çıktığını gören, hamamdan geldiğini sanırdı. Gerilimi evdeki herkesi etkilerdi. Bir gülüverse diye yüzüne bakarlardı. Ağzından bir küfür çıksa, kaynanasına ya da bir iş için gelmiş yaşlı kadınlardan birine bir parmak atıverse, her şeyin düzeldiğine inanılırdı. Böylece avlunun bu tek odalı evine de huzur girmiş olurdu.

Babamdan tırtıkladığı paralarla kendi çıkarını düşünen Haco Bibi'nin koruyucu bir yanı da vardı. Bu paraları kuruşuna kadar saklar, dar durumlarda ortaya çıkarırdı. Ev halkını kaç kez biriktirdiği bu paralarla açlıktan kurtarmıştı. Her işi ona yaptırarak o mezbelelikte bir Kleopatra hayatı yaşayan babamın eşi, anasında para olduğunu bilir, sözde ondan borç isterdi. Bunu babamın yaptığı da olurdu. Ne ki babamın da, onun da borç alıp geri verdiği görülmemişti. Şamatalı sesiyle avluları dolduran Haco Bibi, bu özverisini benden de esirgemiyordu. Kaç kez, "Oğlum, paran vardır, yoktur? Delikanlı adamsan, sakın parasız kalmayasan," demişti. Bunlar, iri altın dişleriyle, eskide kalmış güzelliğini koruduğunu sanan Haco Bibi'yi 'boy'un anası' yapıyordu. Yemeğin sulusunu da yedirse, beni yalnızca o düşünüyordu.

Huriye'yi avluya Haco Bibi'yi görmeye geldiğinde tanıdım. Benden iki-üç yaş büyüktü. Avluya birkaç sokak ötede oturuyordu. Babası babamın eski bir arkadaşıydı. Yaşlı anasıyla babası arasında sıkışan yaşamından bıktığı zaman avluya kapağı atıyordu. Huriye, ortaokulu bitirmişti. Çevresine bu durumunu yansıtmıyor, Haco Bibi'nin genç kızların içini hoplatan erotik şakalarına o da bayılıyordu. Gülmesini gizlemiyordu. O dönemin kızlarına göre açık saçık sayılırdı. Göğüs kabarıklığının dikliğinden rahatsızlık duymuyordu. Sıcaktan yakınarak, eteğini dizinin üstüne çıkardığı oluyordu. Bu sırada Haco Bibi, gözlerini yabankedileri gibi keskinleştirip baktığında, boş ver anlamında elini sallardı. Avlunun genel kanısına göre okuyanlar doğuştan orospu olduklarından, bu davranışları onda doğal görüyorlardı. Oysa, Huriye bu davranışlarıyla güzeldi. Avluluların gözünde ise, Huriye'den oynak kız yoktu.

Önceleri hiç ilgimi çekmemişti. Başımdan geçenleri sonuna kadar, ilgiyle dinlediğinden, kendimi onun gözünde, yıllarca İstanbul sokaklarında süründükten sonra baba evine sığınmış bir zavallı gibi görüyordum. Okumayı çok sevdiğini söylüyordu. Aramızdaki bağı kitaplar sağlıyordu. Avluya geldiğinde, okuduğu aşk romanlarının üzerindeki etkisini belirtmek için, dalgın bakışlı pozlara bürünürdü. O yıl beşinci sınıfa geçmiştim. Elimde gördüğü 'ağır' kitaplar onu şaşırtmıştı. Biraz da küçümseyerek, "Sen bu kitapları nasıl okuyorsun?" diye sormuştu. Valentino'nun etkili anlatım yöntemini kullanarak, kitaplardan birini baştan sona özetlemiştim. Kitabı özetlerken, kimi yerlerini abartıyor, aşklı bölümlerine duygularımı da katıyordum. O günden sonra birbirimize kitap alıp vererek aramızda bir ilişki başlattık. Avlunun kurallarına aykırı bir ilişkiydi bu. Onlara göre âşıklar arasına ben de katılmıştım. Haco Bibi gülerek, benim de aşk kervanına katılışıma şaşkınlığını, "Kele, ölülerimiz dirilmiş!" sözüyle dile getirmişti. Oysa, sevdiğimiz kitapları birbirimize vermekle yetiniyorduk. Onun verdikleri genellikle aşk yüklü sokak romanlarıydı. O zamanlar, roman okumak, hele bir kız için en büyük ahlaksızlıktı. Yaptığı bu ahlaksızlık (!), Haco Bibi'nin de, avludaki genç kızların da gözünden kaçmıyordu. Onlara göre ben, onun ahlaksızlığına oyuncak oluyordum.

Kitaplar aramızda duygusal kaynaşmanın aracı olmuştu. Verdiği kitapları mantığımla değil, duygu gözümle okuyordum. Ondan aldığım kitabı daha ilk sayfalarında beğenmesem de, içinde bana duyuracağı gizlilikler olur umuduyla, ilgiyle okuyordum. O yaştaki bir çocuğun gözüne sabahlara kadar uyku sokmayacak sözlerin altını çiziyordu. Çizilen yerler kitaptan bölümler olmaktan çıkıyor, bana yazılmış mektuplara dönüşüyordu. Kitaplar yoluyla birbirimizin duygu alanına giriyorduk. Aylarca yüzünü görmediğim Huriye'yi bu kitap alışverişinden sonra her gün görmeye başlamıştım. Kitaplar, konuşulacak konu yaratıyordu. İçki nasıl şişedeki gibi durmuyorsa, duygular da giderek kitapların dışına taşıyordu. Her kitap, bizi birbirimizin gizliliğine yaklaştırıyordu.

Yanında otururken, alışmadığım kokular alıyordum ondan. Bedeninden yansıyan kadınsı kokuyu içime çekerken bunu ayrımsayacak diye korkulara kapılıyordum. Koku hırsızlığı yaptığım kuruntularına kapılarak bundan suçluluk duyuyordum. Ya yaşından ya hoppalığından, yaptıkları deliye çeviriyordu beni. Terden ıslanmış bacaklarını, eteklerini yelpaze gibi kaldırıp indirerek serinletmesi yüreğimin de kalkıp kalkıp inmesine yol açıyordu. Her karşılaşmamızda eteklerini kaldıracağı ânı bekleyerek, onunla her gün buluşmak istiyordum. Huriye, duygularının kolunu kanadını üstümde gezdiriyordu. Her şeye yetiyordu bu. Hangi davranışlarından hoşlandığımı kestiriyor, üzerimde duygusal bir egemenlik kuruyordu. Kokudan sersemleştiğimi biliyordu. Dişisinin kokusunu almış bir hayvanın bilinçdışı davranışlarını andıran bocalamalar geçirmem onu mutlu ediyordu. Bedenle değil, bedensel salgılarla kendimizden geçiyorduk. Huriye, bir koku olarak yerleşiyordu yaşamıma. Dişisinin arkasında burnunu dolaştıran bir köpeğin hazzını duyumsuyordum. Mutluluğumun kaynağı onun kokusuydu. Her şeyi irdeleyip öğrenmek istiyordu. Erkeklere ilişkin yaşam inceliklerinin hiçbir yönü konusunda bilgim olmadığından, ona ipucu vermeye cesaretim yoktu. O her şeyi biliyordu. Ben ise, utançtan bakır kızılına dönmüş yüzüm, kupkuru kesilmiş ağzımla, kendimi beceriksiz sirk maskaralarına benzetiyordum. Onun gözünde 'saf biri' olmaktan bir adım ileriye gidemiyordum.

Kitap alıp verirken elinin elime değmesi içimi titretiyordu. Bir kadın elinin yumuşaklığını duyumsamanın ne olduğunu ondan öğreniyordum. Başlangıçta elim eline rastlantıyla değiyordu. Sonraları değdirme fırsatları aramaya başlamıştım. Akşam olup evine gittiğinde, elimde elinin kokusu kalırdı. Elimi burnuma yaklaştırır, kokuyu içime çekerdim. Kadın varlığının uçucu bir kokuya dönüşmesini Huriye'de görmüştüm. Konuşurken soluğu yüzümü yalıyordu. Onun sesine benzer bir ses duyduğumda kapılara koşuyordum. O da sesini ta uzaklardan duyurarak, hemen her gün avluyu şenlendiriyordu. Her an avlu kapısından girişini beklemeye başlamıştım. Mutluluğunu mutsuzluğumun üstüne geçirmişti. Acılarımla kavrulmama, yoksunluklarımla baş başa kalmama fırsat vermiyordu. Beni yanılgılar içinde bocalatıyordu. Giydiklerimle ilgileniyor, çamaşırlarımı yıkamak, ütülemek istiyordu. Benim ilgi devşiren damarlarımın atan ucunu bulmuştu. Sevgisiyle her yanımı sarıyordu. Bu ilgiden çok hoşlanıyordum. Aşk dedikleri buysa, ben de âşıktım. Hiç sakınca görmeden, başkalarına, özellikle Valentino'ya da aynı şeyleri yapmaya kalkınca kıskançlıktan çıldırıyordum. Biliyordum, bedeni onların yanında olsa da, gözü bendeydi. Gene de herkese aynı şeyleri yaptığını düşünerek bu kızın başına çok şeyin gelmiş olabileceğini düşünüyordum. Ama ona âşıktım, ondan başkası haramdı bana. Başına bir şey gelmemişse, Huriye ile evlenecektim.

Onunla ilgili çok özel bir durumu kesinlikle öğrenmeliydim: Evleneceğim onunla, ama oynak bir kız olduğuna göre, o zamanın deyimiyle acaba kız mıydı, 'karı' mıydı? O dönemde bir kız için çok önemliydi bu. Gerdek gecesi kız çıkmamış kızların kurşunlarla delik deşik edilmiş cesetlerinin itlerin önüne atıldığını duymuştum. Başına gelecekleri sezen nice gelinlerin ırmaklarda, iplerde, uçurumlarda can verdiklerini biliyordum. Bu özel durumu bilse bilse Haco Bibi bilirdi. Bir gün, Haco Bibi leğeni önüne almış çamaşır yıkıyordu. Tokacı vurdukça kirli sular yüzüne sıçrıyordu. Yanına yaklaştım.

"Gel oğlum, otur," dedi.

Oturdum. Bir-iki yutkunduktan sonra, onun anlayacağı şiveyle, yüzümü kızartıp soracağımı sordum:

"Haco Bibi, sana bir şey soracağam, ama kimseye demeyecah(ğ)san..."

"He, oğlum, sor!"

"Huriye'yi tanisan?"

"He, oğlum, nasıl tanımiyem?.. Her gün burdadır..."

"Onunla evlenmek istiyem, ama işkilleniyem... Bilisen, çok oynaktır; bilmiyem kızdır, karidir?"

Şöyle bir düşündü, iri altın dişlerini parlatarak güldü:

"Vallah oğlum, kızdır, velakin bir fırt kalmıştır!"

Bu yanıtla, benim bir *fırtlık* umudum da yok olmuştu.

Bir yıl sonra Köy Enstitüsü'ne girince, sokak romanlarından Shakespearelerin, Molièrelerin dünyasına girmiştim. Huriyeler başka mahallelere taşındılar, başka kentlere göçtüler... Zaman içinde, hangi kitaplarla, kimlerle oldular, nerelerde kalıp hangi avlularda mutluluğu aradılar, kimbilir, kimbilir?..

AVLULU BABA

Babam gün batarken işinden çıkıp soluğu avluda alırdı. Kapıdan girer girmez, Haco Bibi'nin küçük masaya koyduğu erik ekşili meftune tenceresine kaşık sallar, çok sevdiği bol sulu salataya ekmek banardı. Sonra da, peynir, zeytin, salatadan oluşan rakı masasının başına geçip ancak o saatlerde uyanmış olan 'Kleopatram' dediği karısıyla şerefe kadeh kaldırırdı. Yerinden hiç oynatılmayan masa, her akşam bu görevini yerine getirirdi. Gün batmadan, masa avlunun akşamcılarıyla dolup taşardı. Birkaç duble içildikten sonra, Kleopatra'nın, "Ayol, benden şarkı istemiyor musunuz?" sorusuyla masada ses kesilirdi. En kötü şey, düzeyli olana öykünmektir. Kleopatra ünlü bir şarkıcının ağır makamına başlayınca, içinin etkisiyle kendinden geçenlerde derin uykuların belirtisi görülürdü. Esneyenler, başı tahta sandalyelerden düşenler, tuvalete gitmeyi, odadan sigarasını almayı öne sürerek kalkanlar, masayı bir bir boşaltırlardı. Rakı masaları insanla şenlik bulur. Bu şenlikli masalarda, babam, herkesin anasına özgürce küfrederdi. Akşamcılar gitti mi, masadaki her şey biterdi. Babam –o Allah gibi taptığı bir kadın bile olsa–, tek bir insanla oturup içki içmeyi sevmezdi. Birden her şey bitmiş olurdu: Şarkı kesilirdi; sövecek kimse olmayınca babam küfürlerine son verirdi; akşamcılar bir yolunu bulup masadan kalkmış, horlamaya başlamış olurlardı. Babamla Kleopatra masayı öylece bırakır, uykuyu yarılayanların arasına, o tek odaya girerlerdi.

Babamla Kleopatra odadayken olacakları kestirir, içeriye girmezdim. Başımı tahta masanın bir köşesine dayayıp uyuklarken, Kleopatra'nın içeride yarım saatten fazla kalmayacağını bilirdim. Babamın horlamaları duyulur duyulmaz, Kleopatra dışarıya çıkar, kapının önündeki tahta sedire otururdu. Sigaradan sigara yakarak sabah yıldızının doğmasını beklemeye başlamıştır. Alan alacağını alır, veren vereceğini verir, genelevden de o sıralarda ses kesilirdi. Kleopatra'nın artistler, şarkıcılar üzerine sohbeti, ben bir yolunu bulup gece yarısında vapur kazanına dönmüş odaya girince sona ererdi. Kleopatra, sigaraya sigara ulayarak gökte yıldız saymasını sürdürürdü.

Babam, içki masalarında benim bulunmamı da isterdi. Ona göre, babadan oğula bırakılacak tek miras, ondan sonra gelene içki içmeyi, karıdan kızdan anlamayı öğretmekti. Aldığını o gün harcayarak gününü gün etmek babamın yaşam felsefesiydi. Ben ise, gece yarılarına uzayan bu masa gevezeliklerinden de, rakıdan da tiksiniyordum. Babamın beni bakkala rakı almaya göndermesini aşağılık bir iş sayıyordum. Rakıyı gizleyecek bir gazete parçası vermesi için bakkalın gözüne bakıyordum. Bu durumlara düşmemize rakı yol açmıştı. İçki olmasaydı, para kazanmada şansın yüzüne birkaç kez güldüğü babam çok iyi durumda olabilir, biz de İstanbul sokaklarında, geneleve duvar komşusu tek odalarda sürünmezdik. Masada içilen her yudumda, anamın bükük boynu, kardeşimin bulanık gözleri, İstanbul sokaklarında çektiklerimiz gelirdi gözlerimin önüne. Bizi yıkıntıya rakı uğratmıştı. Bu inançla, babamın aşka gelip bana uzattığı rakı kadehini elinden alıp dudağıma değdiriyor, masanın üstüne koyuyordum. Kadehi içmeden masaya koyduğumu gören babam, buna nedense kızmıyor, şakadan anama avradıma sövüyor, "Ulan pezevenk, rakıdan anlamazsın, karıdan anlamazsın, benim oğlum olduğun nereden belli!" derdi. Hemen ardından, torbalı gözlerini kısarak, gizli bir gülücükle, "Canım evladım!" diyerek yanağımı okşardı. Bu 'Canım evladım!'ın ne anlama geldiğini bir tek ben bilirdim.

İçtiğinde, öfkelere kapılıp ne yaptığını bilemeyecek durumlara düşmemişse, Namık Kemal'den, Tevfik Fikret'ten beyitler okur ağlardı. Ölçüsünün uyağının hakkını vererek okuduğu bu beyitleri babamın aklında nasıl tuttuğuna şaşardım. Şaşkınlığım, bu beyitlerdeki anlamı kavrayamayışımla da ilgiliydi. Bunu sezer, sözcükleri tek tek açıklayarak benim de, masadakilerin de şiiri anlamalarını isterdi.

Namık Kemal'in 'Kilâb-ı zulme kaldı gezdiğin nâzende sahralar / Uyan ey yâreli şir-i jeyân bu hab-ı gaflet'ten dizelerini söylerken Mustafa Kemal'i anar, onun ülkeyi 'hab-ı gaflet'ten (gaflet uykusu) uyandırdığını, ama şimdi ülkenin, baskı yapan 'kilâb-i zulm'e (zulüm köpekleri) kaldığını söylerdi. Babamın, Mustafa Kemal'i anıp da ağlamadığı, değil bir dakika, bir saniye anımsamıyorum. Mustafa Kemal'in adı geçince gözyaşlarını tutamayan babam, o zamanın Cumhurbaşkanı İsmet Paşa'yı hiç sevmezdi. Belki kişisel nedenlerle, onu ülkedeki bütün kötülüklerin başı sayar, ağza alınmayacak küfürlerle aşağılardı. Tek Parti döneminin gönüllü ispiyoncularından korkup, "Duyanlar olur," diye babamı uyaranlara da 'sinkaf'lı sözlerle basardı kalayı. İsmet Paşa'nın geçmiş yaşına karşın viyolonsel öğrenmeye kalkmasıyla alay ederdi. Alay etmekle kalmaz, ayağa kalkar, viyolonselciler gibi kalçasını geriye çıkarır, sözde viyolonsel çalardı.

1946'lardan sonra, Demokrat Parti'nin Diyarbakır'da örgütlenmesine babamın da emeği geçmiştir. O günlerden bir anısını keyifle anlatırdı. CHP'nin önde gelen kişilerinden biri (Şeref Çayıroğlu), Diyarbakır'a gelmiş, nutuk atıp kalkınmadan, refahtan söz etmeye başlamış. Herhalde o günlerde parasal sıkıntılar içinde olan babam, kendini tutamayıp, "Yalan söylüyorsun!" diye üstüne yürüyerek adamı tokatlayıp kürsüden aşağı atmış. Apar topar karakola götürmüşler babamı. Sağı solu aranıp silah falan bulunamayınca, pantolonunun düğmelerini çözmüş, "Aradığınız burada!" diyerek önünü göstermiş. O zamanın koşullarında göze aldığı bu eylem, Diyarbakır'da babama saygın bir yer kazandırmıştı. Bu olayı kendiliğinden anlatmazdı; içki masasının uyanık müdavimleri yerini getirir anlattırırlardı.

Sanırım, Atatürk'ü taparcasına sevmesinde, onun ilkelerini saptıranlara duyduğu öfkenin etkisi vardı. Babama göre İnönü CHP'si, Atatürk'ü unutturmak, onun ilkelerini hasır altı etmek için her yola başvurmuştu. Protokol giysilerine bakarak bir penguen ordusuna benzettiği mebuslardan nefret ederdi. İçki masasında küfürden en çok nasibini alanlar bu 'penguenler' olurdu. Mahkeme işleriyle uğraştığı için babamın çok tanıdığı vardı. Onları görmeden yanla-

rından geçtiğine rastlardım. Ama hiçbir köpeği atladığını
anımsamıyorum. Sokağın serin köşelerine uzanıp kendinden
geçmiş köpekleri gördüğünde fötr şapkasını çıkarır,
"Arzu hürmet ederim, beyefendi!" diyerek 'temenna'da bulunur,
onları selamlamadan geçmezdi. Ne olduğunu şaşırıp
babama saldıranlar olduğu gibi, korkuyla kuyruğunu bacaklarının
arasına sokup ince seslerle inleyip kaçan garip
köpekler de oluyordu. Babam bunu yaptığında çevreden görenlerin
gülüşlerine hiç aldırmaz, başka bir uyuşuk köpeğe
yaklaştığında elini şapkasına götürerek, aynı 'temenna'da
bulunurdu. Bu davranışında, 'sayın'lı, yaltakçı politikanın
eleştirisi gizliydi. En büyüklere gösterilmesi gereken saygıyı
köpeklere göstererek onları aşağılardı.

Babam öfkelenirdi, ama kimseye kin duymazdı. Saman
alevi gibiydi öfkesi; birden parlayıp birden sönerdi. Bu parlama
sırasında olan olurdu. Onun çok umarsız anlarını da
anımsıyorum. Eşinin gebeliği hiç belli değildi. Bir gece,
tüm ailenin yatıp kalktığı odada doğum yaptı Kleopatra.
Sancılar başlayınca bizi dışarıya çıkardılar. Zeko Bibi'nin
becerikli elleriyle, aradan yarım saat geçmeden bebeğin bağırtıları
duyuldu. Oysa ilk doğumuydu. İlk doğum zor olur
demişlerdi. Kleopatra ise bir dağ geyiği gibi kolay doğurmuştu.
Belki de erken bir doğumdu bu. Gecesi gündüzü olmayan
Kleopatra'nın beslenmesine de bağlı olarak, el kadar
bir kızdı bebek. Fazla yaşamadı, bir hafta içinde göçüp
gitti. Gömülmesi için para gerekiyordu. Babamın en parasız
günleriydi. Haco Bibi'yle Zeko Bibi araya girdi. Bir yerlerden
para bulup çocuğun gömme işlemini gerçekleştirdiler.
Bir süre babamın kollarında, bir süre benim kollarımda,
çocuğu mezara birlikte götürdük. İçki masasının akşamcılarından
kimse yoktu yanımızda. Küçük kimsesiz,
yeryüzünün belki en küçük tabutunda son yolculuğuna babamla
benim kollarımda çıktı. O anda babam, bütün kötülüklerini
unutturacak çaresizlikler içindeydi. Küçük yumuk
gözlerinden akan iri damlaları görünce, kendi acınacak
halimi unutmuş, babamın durumuna gözyaşı dökmüştüm.

Ne garip, ikinci çocuğu doğduğunda, karısının yanında
değildi. Her zamanki gibi, dünün zengini bugünün yoksulu

kadının cebinde gene beş kuruş yoktu. 14 Mayıs 1950 seçimlerinde seçmen listesi yazmış, yirmi altı lira kazanmıştım. Ebe ücreti ve doğum masrafı bu parayla karşılanmıştı. Köy köy dolaşıp kazandığım bu para beni okullara götürecekti sözde. O parayla kalemler, defterler, kitaplar alacaktım! Evde tek erkek kalmanın sorumluluğuyla, umut bağladığım 'servet'i elden çıkarmak zorunda kalmıştım. Ne yazık ki, bu paranın benim için ne olduğunu kimse anlamak istememiş, paramı geri vermeyi düşünmemişti.

AVLUDA GÜNLÜK YAŞAM

Avlu, sabah erkenden tuvalete gidenlerin ayak sesleriyle uyanır ve bu ayak seslerinden tuvalete kim, kimin gittiğini bilirdi. Tuvaletten çıkan, terden yıvış yıvış olmuş yatağına bir daha girmez, boğazına birikmiş top top balgamları sümüklüböcek ölüsü gibi yere yapıştırarak kuru havuzun başında toplanırdı. Kimse kimsenin rahatsız olacağını aklının ucundan bile geçirmeden, herkes herkesten daha yüksek sesle konuşarak avluda sabahı muştulardı. Tuvalete giderken ağzından şarkı düşmeyen Zurro ise, tuvalete ayak sesleriyle değil, çıkar çıkmaz ezberlediği günün şarkılarıyla giderdi. Zurro'nun uyanışıyla avluda sabah şenliği başlamıştır. Avluda ondan uzunu yoktur. Doğal olarak, 'Zurro' (Zürefa) adını ondan çok hak edecek başka biri de yoktur. Zurro öylesine uzundur ki, sesi direk hoparlörünen duyulmuş gibi olurdu. Avlulu, sabahın köründe duyduğu bu sesten hiçbir zaman yakınmamıştır. Yakınma bir yana, Zurro'nun nota tutmaz şarkılarına katılarak bu şarkılardan hoşlandığını bile göstermiştir. Çünkü avluluyu yellenme ve sperm kokan terli odalardan Zurro'nun şarkıları kurtarıyordu.

Sabahın bu tuvalet har güründen sonra avluya ancak sinek seslerinin duyulabileceği bir sessizlik egemen olurdu. Giden gitmiş, bütün kokuları hiçe sayarak, sıcaktan pelteye dönmüş bedenini o nemli odalara atan atmıştır. Ancak öğleden sonraları, o da arada bir, yemek pişiren kadınların birbirinden soğan, biber, maydanoz, tuz, bir avuç şeker, bir tutam kırmızı biber, bir bardak un isteyen sesi dolaşırdı. Avlunun gölgelik yerlerinde, kızının başındaki bitleri sessizce ayıklayan bir anayla ya da yaşlı bir neneyle karşılaşabilirsiniz. Kız, bit sirkelerini kökünden kurutan gazyağının kendisini güzelleştirdiği sanısıyla size gülerek bakar. Koca gövdesini sarsıcı öksürüklere aldırmadan sigarasını tüttürenler, avlu yaşamının en doğal görüntüsünü oluştururdu.

Avluda hayat akşamları can bulurdu.

Gün batmış, avluya hafif bir serinlik inmiştir. Gidenler dönmeye başlar. Hemen her ev, kapısının önündeki mangalı ya da maltızı tutuşturur. Bir yanda tencereler fıkır fıkır kaynarken, hemen yanında, kızartılan patlıcanların, domateslerin kokusu bütün avluyu sarar. Herkes aşağı yukarı aynı şeyleri pişirdiği için bu alışılmış kokulardan ayrı bir mutluluk duyar. Herkesin sofrası herkese açıktır. Avlulu, üç kaşık yiyeceğine, tek kaşığa katlanır; konuksuz sofraya dayanamaz. Aralarında düşmanlık yoksa, kapısının önünden geçen herkesi yolundan çevirir, sofrasına oturtur. Onu yapamazsa, "Hele bir bak tadına, olmuş mu, indireyim mi ocaktan?" diyerek yemeğini tattırır. Yeme ve yedirme duygusunun doruklara vardığı avluda, yemeği ağzını yakacak sıcaklıkta yemekten haz duyan babamın, elini tencereye daldırıp bir parça et ya da kızarmış biber parçasını ağzına atması bugünkü gibi gözümün önünde. Ağzına attığı lokmaları püf püf diye dudaklarıyla soğutmaya çalışırken, kendiliğinden kırpışan küçük gözleriyle, babam, on üç yaşlarındaki muzip bir çocuğun sevincini yaşardı.

Ah, babam; dünyanın en güzel, en ince insanıyken, bizi parça pörçük edip yele veren yazgıyla nasıl baş edemedin!

Serin avlunun kızartma kokusuna, henüz müşteri akınına uğramamış genelevin iç gıcıklayıcı müziği de katılırdı. Genelev kadınlarının içki ve sigaradan kalınlaşmış sesleri, avludaki insancıkları sevgiyle saran göğün altına, o kavurucu sıcaktan sonra başlayan serinliğin mutluluğunu yayardı. Hiç umulmadık bir anda, genelev radyosundan duyulan yanık türkülere katılan bir kadının iç parçalayıcı sesi, duygudan duyguya savururdu beni. Genelevde dostu olan erkeklerin korku saçan solukları avluya yayılınca, bu sesler, ağza alınmaz küfürlere dönüşürdü. Yıllanmışlıkları seslerinden anlaşılan kimi kadınlar, hiç duyulmamış ağır küfürlerle sözde kendilerini savunurlardı. Çok geçmez, dişleri dökülmüş bu dişi aslanların homurtuları ağlamaya dönüşür, genelev gecelerinde önce bu kadınların homurtuları boğulurdu.

Böyle bir gecede, genelevin küfürlerle, ani çığlıklarla can alıp verilen bir arenaya döndüğü bir gecede, "Ulan, kahpe analı, ulan kıbrak, ona kıydın ha!" diye bir çığlık duyuldu. Ardından, bir genç kızın umutsuzluktan derinleşen ince ağlamaları yayıldı iki avluya da. Zeko Bibi, ağzından hiç düşürmediği sigarasını atıp yerinden fırladı, "Allah vekil, çığlığı atan Deve Zello'dur. Biliyem, Deve Zello Leylo'nun patronudur, ağlayan da Leylo'dur, vallah billah, Leylo'dur!.. Uy, başıma ataş yağdı; kıydılar kıza, elleri kırılsın, ciğerleri ağızlarından gelsin! Gül gibi geldi, daha yılı dolmadı fukaranın!" diye bağırıp saçını yoldu.

Gerçekten, odalarda yitip giden o sesle ağlayan Leylo idi. Genelev avlusunun halini bilen Zeko Bibi yanılmamıştı. Genelevle duvar duvara olan avlu, birden Leylo'nun sesiyle sarsılmıştı. Genelev avlusunda bağırmalar, çağırmalar, küfürler sürerken, bizim avlu da olayların dışında kalamamıştı. Çamaşırlarını yıkayarak ekmeklerini genelevden kazanan avlunun yaşlı kadınları, "Vah Leylo, eyvah Leylo!" diye yineleyerek, kapanan ekmek kapılarının ağıtını yakmaya başlamışlardı bile...

LEYLO

Leylo, bir genç kadının yüreğime akan ağlamasıdır. Avluda adı her gün geçiyordu. Ama o güne kadar Leylo'yu görmemiştim. Zeko Bibi'nin masalsı dilinde, dünyada ondan güzel, ondan beyaz tenli bir kadın daha yaratılmamıştı. Genelevde her gece kapısında kuyruklar oluşuyordu. Daha oraya düşmeden, onun yüzünden nice haneler yıkılmıştı. Onlarca köyün sahibi olan ağalar, onun uğruna mallarını mülklerini yitirmişlerdi. Zeko Bibi'nin anlattığına göre, Leylo bir 'puşt'un kurbanıydı. İstanbul gibi büyük bir kentte yaşıyormuş. Bir oğlanla birbirlerini ölümüne sevmişler. Ne olmuşsa, evlendiklerinin ertesi günü oğlan başını alıp gitmiş, kızcağız kurdun kuşun elinde kalmış. Kurdun eline düşer de kuzunun kuzuluğu kalır mıydı; Leylo da almış başını başka diyarlara gitmişti. "Ortada kalmış genç bir kız, biraz sonra dağılacağını bildiği buluta bile güvenmemelidir. Ona güven, buna güven derken, bir de bakmış ki, genelevin kapısında!" diye bitirirdi sözünü Zeko Bibi. Aynı şeyleri söyleyeceğini bile bile, neredeyse her gün, Leylo'nun öyküsünü Zeko Bibi'den dinlemek isterdim.

Bir gün, Leylo'nun öyküsünü ağzımın suyu aka aka dinlediğimi anlayan Zeko Bibi, sözünü kesmedi: "Ne diyem, oğlum, geneleve düşen kızların hekâtı (hikâyesi) kısadır. Oraya düşenin kendi kalmaz ki, hekâtı kala... Sen hiç, hekâtı kalmış kârhana kızı görmişsen?.. Ah, yavrum!.. Leylo'yu deyisen, bambaşkadır Leylo; güzeldir, boylu bosludur, teni kar kimidir... Geydigini yakıştırır. Gözlerini deyisen, benzeri yoktur; hangi rengi arisan, oni bulisan! Kaşları ayın ilk doğuşu nasılsa eledir (öyledir), hilalın yayidir... Daha ne diyem, oğlum, Leylo Leylo kimidir..." Birden sözünü kesti, "Kele ne konuşturisan beni, başıni yesin Leylo'sunun, kârhana kızına âşığ olmişsan!"

Zeko Bibi anlattıkça, Leylo'nun acı bir güzelliği iç içe yaşadığını anlıyordum. Leylo gözümde hikâyesini yitirmiş acı bir güzellikti. O, beden değildi; sınırlarını çizemediğim güzelliklere, acılara açılan duyguydu. 'Hekâtı kısa'ydı, ama, Zeko Bibi'nin dilinde, Leylo, uzun anlatılı bir masaldı. Böyle bir güzelliğin sarhoş soluklarının altında çürüyüp gitmesine yanıyordum. Bu duyguyla sabahlara kadar uyuyamadığım oluyordu. Şah Mahmet Atiye Abla'yı genelevden çıkarıp onunla evlenmişti. Leylo'yu niye bırakıyorlardı oralarda?.. Dünyada başka Şah Mahmetler yok muydu?.. Kafamdan böyle sorular geçiyor, nemli yastıklara başımı koyar koymaz binlerce Leylo diziliyordu karşıma. Ne yapıp edip onu görmeliydim. Bıçaklanma olayından sonra, görmediğim yüzü gözlerimin önüne geliyordu. Zeko Bibi'nin anlattığı, aranan her rengin bulunacağı gözlerindeki ıslaklığı silmeli, yay kaşlarını alıp yeni ayın yanına koymalıydım. Bıçağın deldiği oyuktan beyaz tenine yayılan kanın sıcaklığını ellemeli, kanı, kadife okşar gibi, ben silmeliydim. Teninin rengiyle kan renginin acı uyuşumunu gözlerimle görüp beynimdeki güzelliği arayıp bulmalıydım...

Bir gün, tam görecekken Leylo'yu yine göremedim. Genelev kadınları salı günleri öğleden sonra sinemaya giderlerdi. Caddenin iki yanına öbek öbek dizilmiş erkekler, faytonların içinde açık saçık oturan bu kadınları görmeye çalışırlardı. Arabacıların atlarını kamçılayıp geçtikleri caddede, görsünler görmesinler, faytonların esintisi, onları düşlerinin dünyasına sokmaya yeterdi. Daha caddede dizilenlerin arasına girmeden, Dağkapısı'nda, sinemanan önünde, Leylo'nun faytondan inmesini bekleyerek kendimi o düş dünyasına ben de sokmuştum.

Hayat, Diyarbakır'ın sinema önlerinde can bulurdu. Düşlerden geçirilemeyecek kadar güzel kadınların güzellikleri kara çarşaflarının dışına taşar, nice delikanlılar o ay aydını yüzleri görme uğruna kurşunlara gelmeyi göze alırlardı.

Ah! O sinema önleri... Sinema önlerinin şarkıları...
Sinemaların önü bir mahşerdir!

Uzun soluklu 'muganniler'in ezgileri sinema önlerinde yürekleri deler. 'Her biri vazgeçilmez cihan parçası' oğulları, kalın sesli bilge kadınlar, babalarının koluna ilişivermiş utangaç kızlar sinemanın önüne dizilmiştir. Şimşek çakmasını andıran çapkın gözler, genç kızların o utangaç bakışlarını sinema önlerinde yalayıp geçer.

"Oyyy, sevmişem ben seni!"

Halk genelev kadınlarını görmek için caddenin iki yanına dizilirdi. Kadınlar, faytonlarının içinde, yanlarında birkaç adamla, başları önlerinde caddeden geçerlerdi. Diyarbakır, Dağkapısı'nın akşam saatlerinde, o bakır eriyiği cehenneminden kurtulup nereden geldiği bilinmeyen serinliğin ezgisine karışan saba makamından şarkılarla dolarken, kadınlar matinesinde ayrı bir yere oturtulan genelev kadınları, sinema dağılırken film acıklı ise gözü yaşlı, komik ise dudaklarında hafif gülücükler, oturdukları yerden kalkarlar, faytonlarına binip ekmek paralarını kazanacakları işyerlerine dönerlerdi.

O gün Leylo'yu görememiştim. Önümden faytonlar geçti. Her faytona renk renk giysili kadınlar bindi. Kadınlardan hangisi Leylo'dur, bilemedim. Göremediğimi düş kırıklığıyla anlatırken, sözü Zeko Bibi'ye bırakmadan Haco Bibi aldı: "Oğlum, 'sermaye'leri herkese göstermezler; merak etsinler, para verip gelsinler diye gizlerler."

Ben Leylo'yu güzellik bulutlarında dolaştırırken, bir gece yarısı genelev yine karıştı. Tabancalar patladı. Kurşunlar vınladı. Avluda, kapılarının önündeki sedirlere uzanmış erkekler, tabanca sesini duyunca yerlerinden fırladıkları gibi eğri merdivenlerden tırmanıp dama çıktılar. Genelev bir şenlik yeri ise, dam, genelevin locasıydı. Genelev kadınlarının renklerle bezenmiş dünyalarını merak eden gençler, anaları babaları önlemeye de çalışsa, bir yolunu bulup dama çıkarlardı. Bu kez merdivene tırmananlar yalnızca gençler değil, avlunun her yaştaki erkekleriydi. Onlar, dama, giysileri renk renk genelev kızlarını değil, o renkleri çamura bulayanları görmeye çıkmışlardı. Gözü pek olanlar damdan geneleve atladılar; birbirlerine girenleri ayırmaya ya da önlerine çıkanları yumruklamaya başladılar. Dama ben de çıktım. Yazın dayanılmaz sıcaklarında

tahtını kurup damda yatan, uykuya geçerken ve uyanırken
ah çeken Möho'nun, bir şey olmamış gibi bu karışıklık için-
de de ahlarını sürdürmesini şaşkınlıkla izliyordum. Bunca
şamata onu hiç etkilemiyor, uzandığı tahtında ahlarına ah-
lar katıyordu. Gürültü bastırıldıktan sonra ilk haberler
ulaştı: Daha önce Leylo'yu bıçaklayan adam geneleve gel-
miş, bu kez onu öldürmeye kalkışmıştı. Leylo olayı hafif bir
yarayla atlatmış, adam da bunu başaramayıp (!) kaçarken,
patronun fedaileri onun arkasından silah sıkmışlardı. Han-
gi deliğe girmişse girmiş, izini tozunu kaybettirmişti. Çok
geçmeden gürültüler yine yükseldi. Leylo'yu öldürmeye ge-
leni tutmuşlar, sille tokat dışarıya atıyorlardı. Kalın sesli
birinin bağırtısı avluyu dolduruyordu: "Kıbrak oğlu kıbrak,
ayağının izi solmuştur burada, bir daha haram bu kârhana
sana! Bu sana son şanstır, taniyam! Burada kölgeni (gölge)
görürsem, leşini ağzında taşıyan pisiğe (kedi) çeviririm se-
ni, karnını deşerim! Aha buraya yaziyam (yazıyorum)!
Unutma! Allah vekil, peygamber şahittir!"

Ne polis, ne jandarma, genelev kuralları içinde kapan-
dı gitti bu olay. Leylo'nun hafif olan yarası iyileşmiş, Leylo
bu kez de öldürülmemişti. Bir süre sonra onun 'dar kapı-
sı'nda uzun kuyruklar yine oluşmuştu.

Leylo'nun yarasının iyileşip kurtulmasına sevinmiş-
tim. Yeniden işe başlaması ise, bir burukluk yaratmıştı
içimde. Leylo, bitişik komşudaki sevgiliydi; herkesin olan,
ama kimsenin olmayan... Başkalarıyla yaptıklarını düşün-
mek, umut diye bir şey bırakmamıştı içimde. Gene de ku-
laklarım genelevin avlusundaydı. Leylo'nun kimsenin kir-
letemediği bir sesi vardı. Yüreğimi kanatan ses buydu. Ne
yapıp edip bu sesi yakından duymalıydım bir gün.

Leylo, Leylo! Bir duvar ötesinin can çekişen sevgilisi!..

Bir gün, aklımdan geçiremeyeceğim bir fırsat çıktı kar-
şıma. Babam bir avukatın yanında çalışıyordu. Leylo'nun o
avukatta bir davası varmış. O davayla ilgili belgelerin Ley-
lo'dan alınması gerekiyormuş. Babam ilçelere dava takibi-
ne gideceğinden, Leylo'dan o belgeleri alamayacaktı. Belki
de, çekingenliğinden dolayı 'salak' saydığı oğlunun böyle

bir ziyaretin üstesinden gelip gelemeyeceğini denemek istiyordu. Babam, "Git, belgeleri sen al," dedi. Birden durakladım. Ağzım kurudu. Soluğum kesildi. "Ben nasıl giderim oraya?" deyince, "Allah Allah, Allah Allah!.. Kız mısın, yiyecekler mi seni!" diye kızdı bana.

Bir de içimi bilse... Adı her geçtiğinde güzelliğini kafamda dolandırdığım Leylo ile yüz yüze gelecektim!.. Kanayan sesini yakından duyacaktım... Yüreğimde nasıl bir Leylo taşıdığımı gözlerimden anlayacak mıydı o?.. Sabaha kadar, gözümü kırpmadan kafamdan bunları geçirdim. Öğleye doğru genelevin kapısından girdim, Leylo'yu sordum. Kapıda bıyıkları siyah mı siyah, kalın mı kalın iki kişi duruyordu. Durumu anlatınca, beni Leylo'nun çalıştığı eve götürdüler. Onlardan biri, genişçe bir girişin dibinde oturup sigara içen, bir gözü hafif yana kaymış yaşlı bir kadına, "Bu beg Leylo'ya kâğıt getirmiştir, ona verecah," dediler, beni orada bırakıp gittiler. Yaşlı kadın beni dinlemeden yukarıya bağırdı: "Kız Leylo, seni bir çocuh görmah isti!"

Leylo'yu beklerken titriyordum. Yüzümü yalımlar yalıyordu. Ağzım kupkuru kesilmişti. Leylo göründü. Merdivenlerden güzellik süzülüyordu. Sanki genelev kadını değil de konakta herkesin sayıp sevdiği ince bir hanımefendiydi. Zeko Bibi'nin dediği gibi, giydiği sarı elbise üstüne yakışmıştı. Bana hoş geldin dedi. Ne istediğimi sordu. Ağzım dilime dolaşarak, olaylara üzüldüğümü belirtip geçmiş olsun dedim. Sonra da babamın verdiği kâğıdı göstererek, öbür kâğıtları da istediğini söyledim. Bıçaklanmasıyla ilgilenmeme sevindi, sağ ol dedi. Biz konuşurken, yanımızdan yarı çıplak kadınlar gelip geçiyordu. Çoğunun memeleri ortadaydı. Bir tek Leylo derli topluydu. İşi orospuluk olan bir hanımdı. Utanıp önüme bakmama kahkahayla güldüler. Leylo istenenleri bulmaya gidince, benimle onlar ilgilendiler. Biri çay getirdi. Ellerim titreyerek çayı içtim. Bir kadın yanağımı okşadı. Karşımda, cinsel organını sergilercesine açık saçık oturan başka bir kadın vardı. Bir ara yerinden kalktı, yüzümdeki şark çıbanı izlerini elleyerek, "Seninkiler niye böyle çok?" diye sordu. Yüzümü elleriyle okşadı. Ben sıkıldıkça o üstüme varıyordu. Sesim çıkmıyordu. 'Ana' dedikleri yaşlıca kadın dayanamadı, yüzümü okşayanı azarladı: "Kız! Kız! Ne sataşisan, bırak çocuği lo, belka (belki) daha erkek degildir!"

Daha da kötü olmuştum. Kurumuş ağzımdan tek sözcük çıkmıyordu. Dilim tutulmuştu. Yutkunamıyordum. Yanında ne yapacağımı şaşırdığım Leylo'nun geleceği ânı bekliyordum. Yukarıdan inen Leylo'nun ayak seslerini duyunca ferahladım. "Herhalde istedikleri bunlardır?" deyip elindekileri verdi. "Selam söyle babana, çabuk bitirsinler, ben Ankara'ya gideceğim," dedi. Leylo düzgün konuşmasıyla bana İstanbul'u anımsatmıştı. Oranın kadınları gibi konuşuyordu. Kalkıp gitmeye gücüm yoktu. Donup kalmıştım. Ben, Leylo'ya, içimden, "Gitme, ah, biraz daha kal burada!" diye yalvarırken, 'ana'nın kalın sesi büyüyü bozdu: "Leylo, hadi, yukarıda mısafırın vardır!" Kadınlar bana takılırken, demek, yukarıya çıkan erkek Leylo'yla bir araya gelecekti?..

Belgeleri alıp dışarıya çıktım. Leylo'nun hüzünlü bakışı aylarca gitmedi gözümün önünden. Ben bunları duyumsarken, Valentino arkadaşlarına, "Tadı balda yok, lo!" diye Leylo ile nasıl yatıp kalktığını anlatıyordu. Gözlerimle görmeme karşın düşlerimdeki kadın olmaktan uzaklaştıramadığım Leylo'yla yatıp kalktığını anlatan Valentino o günlerde baş düşmanım olmuştu. Şu anda karşıma çıksa, yastığımın altında sakladığım kamayı yüreğine değil, yüreğinin tam ortasına saplar, kanını avluya sel ederdim!

Ah Valentino!.. Valentino!..

MÖHO

Bağıranlar çağıranlar birbirine girmişti. Kurtarıcılar damdan geneleve atlamışlar, kavganın ateşini söndürmeye çalışmışlardı. Olay gözlerinin önünde geçerken, Möho, balyoz gibi güçlü kollarına yaslanmış, tahtındaki yerinden kımıldamamıştı. Belki de, aşk yangınlığının ahlarını tabanca sesleriyle, ağza alınmaz genelev küfürleriyle kirletmek istememişti. Möho, kendi yarattığı büyük bir aşkın ardındaydı. Sabahları erkenden kalkıp gidiyor, gün karardıktan sonra dönüyordu. Ne o kimseyle ilgileniyordu, ne kimse onunla. Möho, kendine kendi içinden bakan bir adamdı. Aşkını kendi içinde büyütüyor, dertlerini kendi içinde eritiyordu. Diyarbakır'ın sur boyu uzayan eski türkülerine dalıp gidiyordu: 'Diyarbakır şadakar / Mardin Musul'a bakar / Şu Mardin'in kızları / Kirpitsiz lamba yakar'. Türkü, kalın sesinde ateşe dönüşüyor, yalnızca uğruna ahlar çektiği Remzo, o sesin ne anlama geldiğini biliyordu. Möho, her sabah, her akşam, Diyarbakır'ın iri sur taşlarından yontulmuş bir emek tanrısı gibi oturuyordu tahtında. Onu görenlere öyle gelirdi ki, kayaları parçalarken balyoz vurmuyor, dinamit patlatmıyordu; elleri balyozdu, yüreği 'dinamit kutusu'ydu!

Avluda herkes kiracı, Möho ev sahibiydi. Her ev, ay başlarında oda kiralarını götürür, Möho'nun değil, anasının eline sayardı. Yaşamı taş kırdığı kayalıklarla avlu arasında geçtiği için paraya gereksinimi yoktu. Kuzey kapısından girildiğinde solda, iki katlı tek evde Möho anasıyla oturuyordu. Avluda beş-on kişi bir odaya tıkılmışken, Möho hem ev sahibiydi, hem iki katlı bir evde oturuyordu. Möho böyle bir şey düşünüyor muydu bilemem, ama avludakilerde, bunun ona bir üstünlük sağladığı kanısı vardı. Kimseyle ilişki kurmamasını buna bağlıyorlardı. Yaşlı anasının kadınlar arasına karışmamasının, avluya üst kattaki pencereden bakmakla yetinmesinin nedeni de bu olabilirdi. Evinden işine, işinden evine bir yaşam düzeni kurmuş Möho'nun avlu yaşamından uzak kalması kafalarda pek de önemli olmayan sorular yaratıyordu. Benim kafamda da ona ilişkin sorular vardı.

Leylo olayından sonra Möho'dan gözümü alamıyordum. Sabahları ah çekerek uyanıyor, akşamları bu ahlarla uykuya geçiyordu. Sabah kalktığında gürültülü seslerle boğazını temizliyor, tuvalete girip çıkıyor, kapılarının önündeki ibrikten yüzüne su çarpıp işine gidiyordu.

Diyarbakır'ın kızgın yaz gecelerinde, alt katların nemli odalarında yatanların, uykunun o okşayıcı ellerine karşın, er sabahta kendilerini nasıl dışarıya attıklarını bilenler bilir. Hele o odalarda yedi-sekiz kişi yatıyorsa... Horlamaların, yellenmelerin, cinsel ilişki soluklarının bini bir para ise... Böyle bir er sabahta tahtakuruları kanımı emerken Möho'nun ahları kulağıma gelmişti. O günlerde, elimde Panait Istrati'nin *Kodin*'i vardı. Romanı soluk almadan okuyor, anasının, yatağında ağzı açık uyuyan Kodin'in ağzına neden kızgın yağ akıttığını düşünüyordum. Möho, romanın kahramanı 'Kodin' gibi görünüyordu gözüme. İri gövdesi, balyoz gibi elleri, kalın mı kalın sesiyle, Möho, Kodin'in tam kendisiydi. Dalgınlığıma gelip ona 'Kodin' diyeceğim diye korkuyordum. Roman kişilerinin kendilerine özgü acıları olduğu gibi, kendini roman kişisinin yerine koyup bu acıları derinliğine duyumsayan okurlar da vardır. Onlardan biri gibi görüyordum kendimi. Sanki herkes bir roman kişisiydi. Möho'nun Kodin gibi acı çektiğini düşünerek, onun ahları yüreğimi yakıyordu.

Bir sabah erkenden, derimi tahtakurularının çengelli ağızlarından kurtararak çarpık merdiveni çıkıp ahlarını duyduğum Möho'nun yanına gittim. Kırk yıllık ahbapmışız gibi, "Hoş gelmişsen, safalar getirmişsen, begim!" diyerek karşıladı beni. Beni avluda yaşayan bir uyruğu gibi değil, saygın bir kişi gibi karşılaması, elimde kitap görmesine bağlanabilirdi. Haco Bibi'nin, çok okumamı görüp, "Oğlum, sen bu okumayla koynundan kari kaçırırsan; gözen (gözüne) yazıktır, gözen!" dediğini de duymuş, bana acıyor olabilirdi. Ben yanındayken de ahlarını kesmedi. O ahların saati zamanı vardı, onu gereken kişi duymalıydı. Bunlar ah değil, ciğerinden sökülüp gelen birer duygu patlamasıydı. Merdivenleri tırmanıp dama çıktığımda, hâlâ bedenimi en son damla kanına kadar somuran tahtakurularının işgali altındaydım. Kanımı emen bu canavarlarla sabaha kadar baş edememiş, ağlayacak hale gelmiştim. Uyumak istiyordum; tam dalarken, bir tahtakurusunun çengelli ağzını derime sapladığını duyumsuyordum. Möho'nun yanına bu tedirginlikle çıkmıştım. Möho benden beş-altı yaş büyüktü. Beni dostça karşıladığına göre, ona Möho diye seslenmem uygun olur muydu acaba? Olsun olmasın, onun ağzıyla konuşarak sorumu sordum:

"Möho, yav, niye böyle akşam sabah ah çekisen?"

Möho düşündü. Kasılıp kaldı. O koca gövde karşımda titreyip bir kalas gibi yere çarpılacak diye korktum. Ne diyeceğini bilemedi. Sağa sola baktı. Mırıldanır gibi konuşmaya başladı:

"Vallah begim, âşiğ olmişam, / Sıbaha gadder uyumamişam, / (gözlerini göğe dikti) Aha, ılduz bahan bah(ğ)miş, / Ben ulduza bah(ğ)mişam."[1]

O sıralar şiirler karalıyor, 'Yağıyor kar lapa lapa, / Yağmur bunu benimser mi? / Yoksa fırtınalı bir gün, / Bunu Allah'tan ister mi?' türünden dörtlükler yazıyordum. Yazgıya küskünlük, lapa lapa karlar, yeşil vadiler, sevgilinin gözlerinde kendimi görmeler... gibi imgelerle sürüp gidiyordu bunlar. Babam, yazdığım dörtlükle alay etmişti. Onun da kırgınlığıyla, Möho'yla tahtında yaptığım o konuşmadan sonra bir daha şiir yazmadım. Möho'yla karşılaşmam, şiir yaşamımı sona erdirmişti.

Güneş ufuktan burnunu gösterince Möho kalktı işine gitti. Möho kime âşıktı, kimseyle ilgisi olmayan bu Asurlu taş işçisi nasıl âşık olmuştu? Haco Bibi'nin bilmediği olmadığına göre bunu da bilirdi.

"Haco Bibi," dedim, "Möho niye böyle ah çeki, bilisen?"

---
[1] "Vallahi beyim, âşık olmuşum, / Sabaha kadar uyumamışım, /Aha, yıldız bana bakmış, / Ben yıldıza bakmışım."

"He, biliyem, oğlum; âşıh(ğ)tır, Remzo'yu görisen, ona âşıh(ğ)tır. Göriyem, kız gelip yanında duriy, sen de konişisan. Senden hoşlani. Ben seni taniyam, kimseye kötülüğün yoktur. Sakın ola, yak(h)laşmayasan Remzo'ya, Allah vekil, Möho seni de parçalar, Remzo'yu da!"

Remzo, Çingene tenli, ceylan gözlü, saçları topuklarında, on beşini doldurmamış esmer bir gölgeydi. Kırmızı dudaklarının arasından görünen ak dişlerinde sevinçler ışılıyordu. Anası mercan tırnaklı kızını önüne oturtup başına gazyağı sürerken, o topuklara inen saçlarda bitlerin barınabileceğini düşünemezdim. Remzo, avluda dolaşırken 'hem yürüyor, hem sallanıyor'du. Yanımdan geçerken yaydığı ter kokusu başımı döndürürdü. Haco Bibi, Möho'nun âşık olduğu kızın Remzo olduğunu söyleyince, içimden, "Helal olsun Möho, âşık olduğunu iyi seçmişsin!" dedim. Haco Bibi'nin uyarısı üzerine Remzo ile eskisi gibi konuşamayacağıma üzüldüm. Yağmur yüklü bulutlar ovalara yayılıp nasıl gündüzü geceye çevirirse, benim içimi de karanlıklar kaplamıştı. Oysa, avluda, o güne kadar kimsenin görmediği İstanbul'u anlatırken, Remzo da geliyor, bir köşede gölge gibi oturarak, baygın ceylan gözleriyle beni dinliyordu. Orada kadınların nasıl olduğuna ilişkin sorular soruyor, ben de açık saçık kadınları, plajlarda çıplak gezenleri abartarak anlatınca kıkır kıkır gülüyordu. Haco Bibi'nin gözünden kaçmamıştı bu.

Genelevle duvar komşusu olmanın yararları oluyor. Genelev töresinin temel kuralına göre, arkadaş, arkadaşın gittiği kadına yaklaşmazmış. Sık konuşmasak da, beni sayıp sırrını bana açtığına göre Möho benim arkadaşım sayılırdı. Remzo'yu da içime gömmeli, onunla senlibenli olmamalıydım. Töre buydu.

Möho'nun aşkı, on beşini doldurmamış bir gölge, sevinçten ışıyan dişler, salınımlı yürüyüşler, baş döndürücü ter kokuları olarak kaldı bende. Yıllar sonra avludan birini gördüğümde Remzo ile Möho'yu sordum.

Anlattı: "Bilisen, Möho hayvan gibi kuvvetliydi. Taş kırarak geçimini sağlıyordu. Öbürleri gibi tembel değildi; kiraları alıp yan gelip yatayım demiyordu. Erkenden kalkıyor, eve gün karanlığında dönüyordu. Diyarbakır binalarının bütün taşlarını dağlarda o kırmıştır. Ah! Ölümü taştan oldu. Möho gafil uykuda. Yukarıdan koca bir kaya yuvarlanıp başına düş! Beyni parçalandı fukaranın, hastaneye bile yetiştiremediler, olduğu yerde öldü!"

"Remzo noldu, Remzo?"

Anlattı: "Remzo'yu sorusen he?.. Remzo daha beter oldu. Möho Remzo'yu aldı. Bilisen, avluda bir kızı Möho almak istemişse kimin gözü dolanabilirdi onun üstünde? Kim cesaret ederdi onu istemeye? Hani, damda ah ah deyip yanıyordu; sen de yanına gidip konuşuyor, yanından gözü yaşlı ayrılıyordun. Remzo'yu aldı, vallah ahları kesildi. Domuz kimi çalışıyor, çocuklarını kimseye muhtaç etmiyordu. Sonra başına bu felaket geldi. Remzo'nun ateş düştü yüreğine, ekmeğini kan acısına bandı oturdu, onu bile yiyemeden kırk gün demedi, genç yaşında öldü gitti fukara! Möho ile Remzo'nun anaları zaten ölmüştü. İki çocuk bıraktılar arkalarında, kimse sahip çıkmadı, Diyarbakır'da hamallık edip sürünüyorlar. Gitmişem, bizimkine (kocama), yazuhtur (yazıktır) demişem, Möho helal süt emmiştir demişem, hayrı hayır getirir demişem, çocuklarının ellerine üç-beş kuruş da ben sıkıştırmışam."

Elleri balyoz, gövdesi Asur yontusu Möho'nun türküsünü bir ben bildim, 'bir de ağzı var dili yok Diyarbekir Kalesi...'

AVLUNUN DIŞI

Valentino yüzünden avlu bana dar geliyor, dünyam kararıyor. Kendimi avlunun dışına atmak istiyorum. Bir sabah, düşündüğümü yaptım; erkenden avludan dışarı fırladım. Köşeli Minare'nin altındaki kahveye gittim. Yeni sulanmış taşlardan hoş bir serinlik yayılıyordu. Diyarbakır dingin bir sabaha başlıyordu. Serinliği bütün bedenimde duyarak, arkalıksız hasır kürsüye (iskemle) Valentino gibi oturmak istedim. Olmadı. Otururken bacaklarımı onun gibi açamıyordum. Elimde kehribar tespih yoktu. Yüzümde Nazo'nun sildiği kan yoktu. Leylo'nun koynuna girmemiştim. Sesimde kalın ezgiler yoktu...

Öldüreceğim seni, Valentino!

Serinliğe yayılan çay kokusunu alınca çay söyledim. Üst üste iki-üç bardak içtim. Temiz bardakları kan çanağına çeviren koyu çaylar başımı döndürdü. Midem bulanıyordu. Başım sağa sola düşüyordu. Sarhoş olmuştum. Sarhoş olmadıysam da, o anda bir sarhoşun durumu ne ise ben de o durumdaydım. Radyoda Perihan Altındağ 'Gurbet elde her akşam / Battı bağrımda güneş' şarkısını söylüyordu. Ardından başka şarkılar geldi. Ah, o şarkılar... Ah, o şarkılar... Kendimi tutmasam sokak ortasındaki o sabah serini kahvede ağlayacaktım.

Allahım! Duyguları çöküntüye uğramış bu melankolik gencin neler çektiğini anlayan tek kul çıkmayacak mı!

Aşk çemberine sıkışmış Edip'i, tam bu sıralarda; kendimi avlunun dışına atıp, çaydan, şarkılardan sarhoş olduğum; umudu serin kahvelerin ıslak taşlarında aradığım günlerde tanıdım. Evleri, Fatih Paşa Mahallesi'ne gidilen sokaklardan birindeydi. Sokak arasında, iki katlı bir ev. Evin sokağa bakan kafesli penceresinden cümbüş sesleri, kırık şarkı mırıldanmaları geliyordu. Şarkıları söyleyen kimdi, nasıl bir insandı; bildiğim bir şey yoktu. Yalnızca, dinlemeye can attığım bir sesti o. Cümbüşü düğünlerde, gazinolarda program yapar gibi çalmıyordu. Söylediği şarkılarda ezik bir hava vardı. Şarkılar, suyun uçurumlardan toz olup düşmesi gibi, kafesli pencereden sokağa akıp beni buluyordu.

Pencerelerinden şarkıların aktığı evin karşısında bir bakkal vardı. Çocukların sakız, çekirdek, gazoz aldıkları küçücük bir dükkândı burası. Bakkal, dükkânın önüne birkaç kürsü atmıştı. Alışveriş edenler, sokaktan geçip selam verenler oturuyor, bakkalla sohbet ediyorlardı. Eşi ölüp yalnızlığın boşluğuna düşen bu boynu bükük, o sohbet havasında sıkıntılarından kurtulduğu sanısına kapılıyordu. Bakkalın sohbetine ben de katılmıştım. Adamla içli dışlı olmuştuk. Bakkal sıcaktan bunalıp evinde öğle uykusuna yattığında satışı ben yapıyordum. Şarkıları dinleme uğruna, bakkalın gönüllü çırağı olmuştum. Şarkı sesi sabahları sıcak bastırmadan, akşamları gün inerken geliyordu. Bir akşamüstü genç, yakışıklı bir delikanlı dükkâna alışverişe geldi. Onu herhangi bir müşteri sandım. Bana yönelerek, "Her gün izliyorum, ben çalarken, gözünü pencereden ayırmıyorsun," dedi, "cümbüşe çok mu meraklısın?" Cümbüşten anlamadığımı, şarkıları dinlemekten hoşlandığımı söyleyince, elini uzattı, "Adım, Edip," dedi. Tokalaştık. Hemen o gün, o saatte, "Annem çay yaptı, istersen sen de gel, soğuk şerbet de var, birlikte içeriz," diye beni evlerine çağırdı. Çok duygulanmıştım. Avluda benim yaşımdaki herkes benden uzak duruyordu. Edip ise ilk tanıdığı bu bakkal çırağına yakınlık gösteriyor, onu çaya çağırıyordu. Aradığımı avlunun dışında bulduğum duygusuna kapıldım. Edip bir paket sigara aldı. Öğle uykusunu alamayıp tezgâh başında uyuklayan bakkaldan izin istedim; birlikte çıktık.

Kapıda, renk renk çiçeklerle bezeli küçük havuşa (avlu) yayılan çay kokusu karşıladı bizi. Havuşa özen gösterildiği, tertemiz suların fışkırdığı fıskiyeden belliydi. Yukarıya çıkıp dışarıdan kafesi görünen odaya girince, çayı, şerbeti, kâhkeyi (kurabiye), ak örtüler serilmiş masada hazır bulduk. Her şey bir hanımın temiz ellerinden çıkmıştı.

Arkaya yatık saçları Edip'e çok yakışıyordu. Gözlüğü, açık renk gözlerini daha da güzelleştiriyor, Edip'e gerçek bir sanatçı havası veriyordu. İnce yapılı, davranışları olduğundan da ölçülü bir insandı Edip. Kafesli penceresinin ardından gelen sesini ne çok dinlemiştim. Dingin sesi içe işliyordu. Çaylarımızı içtikten sonra, ben bir şey demeden cümbüşünü eline aldı. Uzun bir girişten sonra şarkıya geçti: 'Bende hicran yarasından da derin bir yara var'. Söylerken kapalı gözlerini arada açıp bir noktaya bakıyor, sonra tekrar şarkının dünyasına giriyordu. Söylerken sesi, rüzgâr esintisine uğramış taze yapraklar gibi ipiliyordu.

Edip'i dinlerken, romanlarda olduğu gibi, beni müzikten çok, kafesli pencerenin ardındaki ses etkiliyordu. Şarkıları kendinden geçercesine söylüyordu. Yakınımda olmasına karşın, uzaklardan algıladığım bu söyleyişin büyüsünü çözmeliydim. Bambaşka bir dünyada mutluluk içindeydim. Edip bir ara susuyor, bir şeyler söyleyecek gibi oluyor, sonra yeniden şarkılarına dalıyordu. Tedirginliği, şarkılarda kesilmelere yol açıyordu. Ben ise, onu mutlu ettiğim inancıyla sevinçten uçuyordum.

Canın cehenneme, Valentino!

Cehennemin de ötesine... Kleopatra... Avlu...

Bu ilk karşılaşmadan sonra, her gün olmasa da iki-üç günde bir Ediplerde oturuyor, konuşuyorduk. O müziğe başlıyor, ben dinliyordum. Tek solistin tek dinleyicisiydim. Bir gün, gözlerini kaldırıp indirdiği noktada bir kıpırdanma gördüm.

İkide bir o yana bakarak kıpırtının ne olduğunu anlamaya çalışıyordum. Kıpırtı sandığım, karşı pencerede görü-

nüp odalardan odalara geçen mavi giysili bir kızdı. Edip, o yana baktığımı ayrımsayınca, şarkısını keserek:
"Gördün, değil mi?" dedi.
"Evet, tül perdelerin ardından mavi bir gölge geçmiş gibi oldu."
"O gölge değil, benim sevgilim."
"Bir insanın sevgilisinin olması ne güzel!"
"Sevgilinle bıraksalar güzel..."
Birden, gözlerinden iri damlalar dökülmeye başladı. Şarkısı hıçkırıklarla kesiliyordu. Kafamda duygusal bir yerlere yerleştirdiğim Edip'teki bu değişiklik karşısında donup kalmıştım. Dilim tutulmuştu. Ağzımdan onu rahatlatacak tek sözcük çıkmıyordu. Edip'in öyküsü, Huriye'nin bana verdiği romanlardaki gibiydi. Edip, gözümün önünde, hıçkırıkları boğazında düğümlenerek romanlarda geçenleri de aşan bir gerçeği yaşıyordu. Sesini toparlayarak anlattı: Edip kıza âşıkmış, kızın anası da Edip'e yanıp tutuşuyormuş. Kızı her an gözaltında tutuyormuş. Edip'le kız arasındaki bütün ilişki, tül perdeler ardındaki bu mavi gölgeymiş. Ana, kıskançlığıyla mahallenin diline düşmüş. Elinden gelse, bir gece kızını boğup Fis kayasından atarmış...

Edip bunları anlatırken penceredeki mavi gölge bir görünüyor, bir kayboluyordu. Perde kıpırdadıkça, Edip ağlayarak şarkılarına şarkılar ekliyordu. Aynı odada, hemen yanı başındaydım. Benim için çalmıyordu artık, aklı fikri gölgedeydi. Gözlüklerinin ardındaki derin bakışları, ana-kız duvarlarının arasında can çekişiyordu.

Yaşamım boyunca, Edip'le geçirdiğim birkaç saati, müziğin büyülü dünyasının ardındaki sevgiyi, ana-kız arasındaki kalın duvarı unutmadım. Edip'in tül perdeler ardında gizlenen sevgisi kimbilir başka hangi duvarlara çarptı?..

O gün Ediplerden ayrıldım. Elime bir kitap alıp sur dışındaki lokallerden birine oturdum. Lokalin bir köşesine sığınıp kitaplara dalıyor, oradan edindiğim izlenimlerle bir şeyler karalıyordum. Beynim sözcüklerin saldırısına uğramıştı. Ama sözcükleri bir araya getirip iki satır yazamıyordum. Sözcükler karşısında bir bakar kördüm; gözlerim açık, gördüğüm bir şey yoktu. İçinde bulunduğum 'zaman'ın dışına düşmüştüm. Yaşadıklarıma bakıyordum. Yeni bir şey yoktu; ne varsa eskiye ilişkindi. Durmadan, eski sevgilerin delip geçtiği yüreğimin sesi çarpıyordu kulaklarıma. Onları dinliyordum. Kentin karmaşası içinde bu seslere başkaldıramıyordum. Dünya sessizlik içindeydi, yalnızca o sesler vardı. O seslerin yarattığı sessizlik, içimdeki bağırma tankerini patlattı patlatacaktı. Bir bağırabilseydim, dünyayı sese boğacaktım. 'Bağır, bağır, bağırıyorum!'un tam tersi bir bağıramama bunalımı yaşarken, gözlerimin önünde yemyeşil çayırlar serildi. Bu çayırlarda giysileri renk renk, saçları topuklarında kızlar dolaşıyordu. O kızları bir zamanlar tanımıştım. Onlara sevgiler adamıştım. Sevgilerimin arasından nasıl fırlamışlardı da, öyle başıboş dolaşıyorlardı?..

Polis Recep'in kızı, Necati'nin mektubuna inanma!

Nevin, cebime taktığım kalemi gör!

Remzo, baygın baygın bakıp gözümün önüne dikilme!

Leylo, sen de çekil!

Huriye, romanlardan çıkma!

Nazo, eteğini yırt, kanımı sil!

Bu duygu karmaşası içinde, masallarımın o tek güzeli de nereden çıktı?.. Gerçekte ben, avluda, genelev kadınlarının yaşamına özenen kadınların arasında değil miydim? Nasıl olur, İstanbul'daki masal ablam onların arasından süzülüp geliyor!

Masallarımın ablası, sen kal!

O, anlattığı hikâyelerdeki gibi güzeldi. Onu kötü makyaj yapmış oyunculara benzeten kırmızılık silinmişti gözlerinden. Kan kırmızı gözlerinin yerini, bakışına göre, rengi açık kahverenginden bal sarısına değişen gözler almıştı. Leylo'nunki gibi, hangi rengi ararsan bulduğun gözlerdi bunlar. Gözler ülkesinin masal sultanı, sesiyle, topuklarına inen saçlarıyla, boynu bükük çıraklara, elleri soğuktan buz parçasına dönmüş hamallara yeni bir hikâye anlatıyordu. Beni görünce anlatımına ara veriyor, masadan aldığı kitapları bana uzatıyor. "Bunların biri sevgi, bir güzellik, biri sonsuzluk..." diyor.

Sevgiye, güzelliğe, sonsuzluğa dalmışken, elimden kayan kitabı, sayfalarından tutup yere düşmekten kurtarıyorum.[1]

Abla! Beni bırakıp gitme!

---

[1] 1990'ların bahar ayları olmalı. Cahit Külebi bir şiir toplantısı için Berlin'e gelmişti. Gençlik yıllarında bir süre Berlin'de bulunduğundan, o zamandan bu zamana değişenleri ayrımsayınca çok şeyin yittiğini görüp duygulanıyordu. Değişmeyen bir şey var mı diye aranıp dururken, kedi satılan bir dükkânı yerli yerinde bularak çılgına dönmüştü. Berlin'de kaldığı her gün oraya uğruyor, devinimsizlikten birer loğ taşına (yuvaktaşı) dönmüş kedileri seviyordu. Eşi ölünce, evde yalnız başına kedisiyle kaldığını, öldüğünde kediyi karşı bahçede bir ağacın altına gömdürüp mezarını gözünün önünden uzak tutmadığını düşününce, Külebi'nin kedi tutkusunu anlıyor, bugün, onun büyük acısına gözyaşı döküyorum. Külebi'nin kedili Berlin günlerinde, içtenliğini özlemle andığım arkadaşım Cemil Taşkoparan, bizi Wannsee'de bir lokantada yemeğe davet etmişti. Berlin az rastlanır bir pazar günü yaşıyordu. Hava güneşliydi. Böyle günlerde Berlin'in yaşlı hanımları yemeklerini dışarıda yemekten ayrı bir haz duyarlar. Bize yakın masalarda, yaşları seksenin altında olmayan yaşlı hanımlar vardı. Genç kızlara özenerek alıcı renklere bürünmüşler, o güneşli güne gülücükler sunuyorlardı. Külebi uzun uzun onlara baktı. "Benim Berlin'de bulunduğum yıllarda bu Omalar (yaşlı hanım) yirmisini bulmamış Fräuleinlardı (genç bayan)," dedi. Şimdi bakıyorum da, bu bölümde adını andığım hanımlardan hiçbiri 65'in altında değil. Gençleştirerek söyleyeyim, ben bu 65'liklerde, hâlâ yaşayan yaşsızların güzelliklerini düşlüyorum. Umarım, Shakespeare'in; Juliet'in öldüğünü sanan Romeo'ya söylettiği gibi, hiçbirinin yüzüne 'solgun ölüm bayrağı dikilmemiş'tir!

ROMEO VE JULIET

Onların gittikleri filmlerden hoşlanmadığımı bile bile, babamlar sinemaya giderken beni de yanlarında götürüyorlardı. Bu filmlerden birinde, 'Rebeka'da uyumuştum. Babam bu ilgisizliğime çok kızmıştı. Oysa, Valentino, uyuma bir yana, filmlerin tek karesini kaçırmıyordu. Babamlar eve döndüklerinde, gece yarısı da olsa, Valentino gördüğü filmi sözcüğü sözcüğüne anlatıyor, babamlar da sinemaya gitmeden, o filmi görmüş gibi oluyorlardı. Özellikle konuşmaları taklit etmede Valentino'nun üstüne yoktu. Dışarıdan onun oyuncular gibi konuştuğunu duyanlar, sinemanın avluya taşındığını sanırlardı. Bu yeteneklerinden dolayı babam Valentino'yu örnek gösterir, benim de onun gibi olmamı isterdi.

Babam açısından yalnızca film anlatmada değil, Valentino her alanda örnekti. Yakışıklılıkta, kavgada dövüşte, içkide, karıda kızda... Bense bu alanların tümünde hem yeteneksiz, hem beceriksizdim. Buna karşın, bir gün en beceriksiz olduğum bir alanda aday olduğumu öğrendim. Doğu'da çocuklar erken büyür. On beş yaşında vardım yoktum, babam beni bir arkadaşının kızıyla evlendirmeye kalktı.

Kızın babasıyla benim babam, bir gece, içkinin kafalarını dumanlara boğduğu bir masada bu konuda anlaşmışlar. Damat adaylığımdan benim haberim yok. Yirmilerine varmış kızlarının evde kalacağı kuşkusuna düşmüş olmalılar ki, bu evliliği kızla anası da istiyormuş. Kız yalnızca, "Bir resmini göndersinler de oğlanı göreyim," demiş. Diyarbakır'ın ünlü fotoğrafçısı Danyal Bey, kıza gönderilmek üzere resmimi çekti. Danyal Bey, yüzümdeki şark çıbanı izlerini rötuşla yok ettiğinden, resimde oldukça yakışıklı bir 'ben'le karşılaştım. Babam, torbalı gözkapaklarının titreşimleriyle fotoğrafa baktı, yargısını bildirdi: "Kıza bu fotoğraf gitmez!" Ardından ekledi: "Çünkü bu fotoğrafa kimse kız vermez!" Babamın karşısında konuşamazdım. Bu kez konuşuyorum: "Öyleyse göndermeyin!" Babam, "Gönderilmesi elzemdir!" diyor ve aklına gelen çözümü açıklıyor: Ben diye Valentino'nun artistik fotoğrafı gönderilecek kıza.

Gözlerimi Valentino'nun duvarda asılı fotoğrafına çeviriyorum. Fotoğrafta hafif yana dönmüş. Eli çenesinde. Benim o güne dek bir saatim olmamış; onun bileğindeki saatin rakamları okunacak neredeyse! Kuzgun karası dalgalı saçları briyantinli. Işık düşürülerek saçın dalgaları daha da belirginleştirilmiş. Benim saçlarımı danalar yalasa yatıramaz. Valentino bir de beyaz şal atmış boynuna. Gerçekte Valentinoluğu bu şaldan geliyor. Fotoğraftaki bıyıkları ise kızlara baygınlık geçirtecek incelikte biçimlenmiş.

'Romeo ve Juliet'le, bu bunalımlı günlerimde karşılaştım. Sinemaya sık gidecek param yoktu. Ben yaştaki çocuklar, ağaçlara çıkarak, telefon direklerine tırmanarak uzaktan yazlık sinemaları izliyorlar. Bunlara gerek olmadan, yazlık sinemayı izleyecek güzel bir yer de ben buluyorum. Yazlık sinemanın perdesi Diyarbakır Öğretmen Okulu inşaatından ayna gibi görünüyor. Bu 'loca'yı (!) o güne kadar bulan olmamış! İnşaatın tırabzansız merdivenlerini tırmanıyorum. Gün iyice kararmamış daha. Ama içerisi karanlık. Kumluk düzlüklerde Dicle Irmağı akmaz gibi kıvrılıyor. Az ileride derin karanlıklara inen Fis kayası var. Sessiz Dicle, Fis kayasından kendini boşluğa bırakıp canına kıyanların kanıyla akıyor sanki.

İnşaatın karanlık merdivenlerini el yordamıyla tırmanırken liseli gencin hangi acılarla bunu yaptığını düşünüyorum. Henüz korkulukları takılmamış merdivenleri, bir boşluğa yuvarlanma korkusuyla çıkıyorum. Ürpertiden, soğuk terler birikiyor alnımda.

Liseli gencin kendi canına kıymasına dalıp gitmişken, filmin adı perdeye yazıldı: 'Romeo ve Juliet'! İlk sahnelerde Romeo'nun atılganlığı, sözlerindeki derin anlamlar, özellikle de kılıç kullanmada gösterdiği beceri ilgimi çekmişti. Juliet sahnede görününce, sanki gökten bir güzellik indi yeryüzüne. Sözleri, davranışları soylu insanlara özgü incelikler taşıyordu. O inşaat aralığında, avludan, Valentino'dan, babamdan, Kleopatra'dan, kahve ve lokal köşelerinden kendimi kurtarmış, Romeo ile Juliet'in sevgi ortamına sığınmıştım. Romeo'nun arkadaşları Marcutio ile Benvolio benim de arkadaşım olmuştu.

Filmin ilk gecesinde, Romeo'nun esprili, candan, onuru uğruna her şeyi göze alan arkadaşı Marcutio'nun pisi pisine ölümüne yandım. Liseli gencin yüreğimi yakan acısını unutmadan, filmin, Romeo'nun zehir içerek, Juliet'in yüreğinin ortasına kama saplayarak bitmesi beni deliye çevirdi. Bir aksilik, birbirini sonsuzca seven iki insanın canına mal olmuştu. Filmin sonunda, evinden ölü çıkanların ağıtlarıyla ağlıyordum. Gözlerimi bürüyen yaşlar yüzünden, inşaatın sıvasız tuğlalarını yoklayarak merdivenleri 'gözsüz' inmiştim. Leylo'yu bıçakladıklarında, gözyaşlarımı Leylo adlı bir kadına değil, yok olup giden bir güzelliğe dökmüştüm. Şimdi gözyaşlarımı 'iffetli' Juliet'le soylu Romeo'ya döküyordum. Mantığım, Juliet'le Leylo'yu bir araya getirmeye karşıydı; ama içimde mantığı elinin tersiyle iten bir duyarlılık başkaldırıyordu.

'Romeo ve Juliet', Diyarbakır'ın o yazlık sinemasında gecelerce oynadı; ben gecelerce o inşaat aralığında, hiçbir sahneyi kaçırmadan, Romeo'dan da, Juliet'ten de ayrılamadım. Her gece ayrıntılar artıyordu. Sözün gücü, gördüklerimi aşmıştı. Bu sözlerde yüreğimi yerinden oynatan gizler vardı. O güne değin böyle sözler duymamıştım. Sevginin kanatları vardı. Kanatlar, hava denen boşlukta izler bırakıyordu. Bu, sevginin iziydi. Romeo, arkadaşı Benvolio'ya, "Sevgi iç çekişlerin buharıyla yükselen bir dumandır. Bu duman ortadan yok olunca, birden, âşıkların gözünde parlayan kutsal bir ışık kalır. Bu kutsal ışık zihni acıya sürüklediğinde gözyaşıyla beslenen bir deniz olur; sevgi bundan başka nedir ki?.." diyordu.

Kendi olmayan, izi kalan bir duygu akışımı mıydı sevgi?..

Romeo'nun, Juliet'i uzaktan görüp söylediği şu sözler, Diyarbakır akşamlarının sıcak kızılı göğünde, havadaki iz gibi dolaşıp duruyordu: "Meşalelere parlak yanmayı gösteren o! Bir Habeş kulağında duran pırlanta gibi, gecenin ortasında haşmetle ürperen o! El sürmeye kıyılamayacak kadar güzeldir o! Kargalar arasında ak güvercin o! Onunkine değerek kutsallaşsın elim. Yüreğim hiç sevmiş miydi? Gözlerim, inkâr edin! Güzeli görmemişim ben, bu geceye kadar!"

Sözü yaratıcı çağrışımlar derinleştirir. Juliet'i pencereden gören Romeo, "Karşıdaki şu camdan süzülen ışık da ne? Anladım, orası doğu, Juliet'se güneşi doğunun. Yüksel ey güzel güneş, şu kıskanç ayı öldür! Gözlerin gökte olsaydı, yıldızlar gözlerinde; güneşin kandili dolduruşu gibi, yanağının üstünde ürperen şu parıltı yıldızı soldururdu," diyordu. Romeo, kendi varlığından sıyrılıp yıldızlara kayacak Juliet'in, orada güzelliğiyle yıldızları solduracağını biliyordu.

Sevgi dediğimiz, uzak yıldızlar gibi, uzaklığı yakınlık sandıracak bir yanılgı mıydı?..

Shakespeare, 'Romeo ve Juliet'te, insan soyunu birbirine düşman kılan saçmalıkları bilinç düzeyinde ele alıyor. Kuşkusuz, düşmanlıkların saçmalığını Juliet, Shakespeare'in ağzından dile getiriyor: "Biricik nefretimden biricik sevgim doğdu. Ah, Romeo, neden Romeo'sun sen? Babanı inkâr eyle, kendi adını reddet! Yapamazsan, yemin et Juliet'i sevdiğine, o zaman ben Capulet olmaktan vazgeçerim! Benim düşman olduğum yalnız senin adındır. Montague olmasan da bu beden yine senin. Zaten Montague nedir, ne eli bir erkeğin, ne ayağı, ne kolu, ne başka bir uzvu... Kendine başka ad takın; adın bir önemi olur mu? Gülün adı değişse, o gene eski güzelliğiyle gül kokmayacak mıdır?"

Yaşam denen tekdüzeliğin sözlerle aşıldığını iyice anlıyorum. Filmin son sahnelerinde, aralarına sokulup olacakları Romeo'yla Juliet'in kulağına fısıldayabilseydim... Sözü sakınır gibi, onların öleceklerini biliyor, söylemiyormuşum gibi bir suçluluk duygusuna kapılmıştım. Bir doktorun, öleceğini bildiği bir hastayı geçiştirici sözlerle avutması gibi, biliyor da, başına gelecekleri onlardan saklıyormuşum duygusuyla Romeo'yla Juliet'in beyazperdeye yansıyan yüzlerine bakamıyordum. Romeo'nun dudaklarına götürdüğü şişeyi alıp ayaklarımın altında ezmek, Juliet'in yüreğine saplayacağı kamayı elinden alıp uzaklara fırlatmak istiyordum. Yazgı gibi, kurgulanmış olanı bozmaya da kimsenin gücü yetmiyordu. Bütün insanlar adına bir insan (Shakespeare) çıkıyor, insanoğlunun dünyada neler yaşadığını gösteriyordu. Bunları düşünürken gözlerim kararıyordu. Şişedeki zehri içen, yüreğinin ortasına kama saplanan ben oluyordum. Birkaç damla zehir, beş-on santimlik kama yalnızca Romeo ile Juliet'i değil, insan varlığının tek gücü olan sevgiyi de yok ediyordu. İnsanoğlu, geleneklerle, tutkularla, kıskançlık ve egemen olma duygularıyla, en çok kendi özünde yarattığı *sevgi*'nin düşmanı oluyordu. İnsanoğlu sözün gücüne nedense dayanıp dünyayı bir türlü düzeltemiyordu.

Film bitince, evren boşluğunda yapayalnız kalmış, güç alacağımı umduğum *söz*'ün ardına düşmüştüm. Önce *söz* vardı, insanoğlu yaratıcı gücünü *söz*'den alıyordu. Biri kadın, biri erkek, o iki erdemli kişi *söz* uğruna kurban olmuşlardı.

Sözün gücünü düşüne düşüne, filmi her izleyişimde, uçuşan sevgi sözlerinin derinliğindeki bilgeliği, geniş art anlamı seziyordum. Arkadaşı Benvolio'nun, "Keder saatlerini uzatan nedir?" sorusunu, Romeo'nun, "Onu kısaltacak şeye sahip olmamak!" diye yanıtlaması kafamda şimşek gibi çakmıştı. O inşaat aralığında, nelere sahip olduğumuzu, nelerden yoksun bulunduğumuzu, bunlar arasındaki ince çizginin neresinde durakladığımızı düşünüyordum. Benvolio, Romeo'ya, sevgi üzerinde düşünmemesini önerirken, "Sen beni dinle, onu düşünme, unutuver!" der. Romeo da, "Düşünmeyi unutmak! Bunun yolunu göster!" diyerek, sevgi karmaşası içinde bunalırken keskin mantığını öne çıkarır. Romeo ile Juliet'in koruyucusu Rahip Laurence'ın şu yargılarını, sırtımı tuğlalara dayayıp ince ince yorumlamaya çalışıyorum: "Doğanın anası da, mezarı da bu toprak; bugün beşikse, yarın tabut olacak. Şu çiçek goncasının titreyen yaprağında hem öldüren zehir var, hem hayat veren deva. Koklanırsa, her uzva zindelik yayılır; tadıldı mı, duyumları dondurur, canı alır. İnsanda da otlarda olduğu gibi, böyle iki güç birbiriyle çarpışır: Biri erdemdir, biri gemsiz tutkular. İkisinden de kötüsü şudur: Biri öbürüne üstün geldi mi, artık o genç fidanın sonu gelmiş demektir."

İşte, gerçekleri çelişki sayan insanın üzerinde durup düşünmesi gereken ayrıntılar...

Juliet'in öldüğünü duyup, sürgünde bulunduğu Mantua'dan Verona'ya gelip Capuletlerin mezarına giden Romeo, mezarı şöyle anlatır: "Nefret edilen kursak, sen ey ölüm çukuru, yeryüzünün en güzel lokmasını yutan sen! Çürük çenelerini ben zorla açacağım, tok karnını daha çok doyuracağım senin." Ölüm karşısında en az ölüm kadar güçlü olmak, öleni, yaşayıp durduğu ortamda, yeniden yaratılmış olarak görmeye bağlıdır. Bunu da, gerçeğin ve güzelliğin tek yaratıcısı olan sanat yapıyor. Shakespeare'in bu büyük yapıtında sanatın bu gücünü bulmanın mutluluğuydu beni inşaat aralıklarında gecelerce dolaştıran. İnşaatın karanlık merdivenlerini 'gözsüz' inerken, 'Romeo ve Juliet'in dünyasına girerek sanatın ölüme başkaldırma olduğu, yaratıcılığın dışında hiçbir gücün ölümü dize getiremediği sonucuna varıyordum.

Her gece bu düşüncelerle inşaattan ayrılıyor, avlunun dar koridorunu geçerken Möho'nun ahlarını duyuyordum. Terin havaya yıvışık bir kir gibi bulaştığı odaya girerken, Juliet'in kanat takmış aşkına sığınıyordum. Romeo, ölü sandığı Juliet'e şunları söylüyordu: "Ah, sevgilim, karıcığım, nefesinin balını emip bitiren ölüm, eşsiz güzelliğine elini sürememiş. Sen yenilmemişsin; güzelliğinin ışığı hâlâ dudaklarında, yanaklarında pembe pembe dalgalanıyor; solgun ölüm bayrağı oraya dikilememiş."

Uyuduğumu sandığım uyumamışlığa bu sözlerle bırakıyorum kendimi. Uyumamışlığın tadını, Romeo'nun, "Kutsal ayın başı için yemin ederim!" sözüne Juliet'in verdiği yanıtta bulacağım: "Sakın ay üzerine yemin edeyim deme, her gece gökyüzünde biçim değiştiren kararsız aya benzer sonra senin sevgin de! Yok, ille de yemin etmek istiyorsan, gönlümdeki tapınağın aziz ilahı olan kusursuz (kendi) varlığın üzerine yemin et; ben sana inanırım!"

O inşaatın hangi tuğlası gözyaşlarımla ıslanmamıştır!..

'Romeo ve Juliet'te, Juliet'i oynayan Norma Shearer'i, yıllar sonra Berlin'de, yalnızca kadınların rol aldığı bir filmde gördüm; onu yüzünden tanıdım. İnce yüzünün derisi kalınlaşmıştı. Ölüm eşsiz güzelliğine elini sürememişti ama, zaman yapacağını yapmıştı. Filmlerde görüp unutamadığım Norma Shearer'in yüzü Juliet'in yüzü değildi artık. Juliet'te ben, ölümü yenmiş, yaşayan bir yaşsızın sonsuz güzelliğini görmüştüm. Norma Shearer'i Berlin'de, aşkını meşkini gerilerde bırakmış, sokak ağzıyla, erkek sineğin bile uçuşmadığı, yalnızca kadınların oynadığı bu filmde görünce, gençlik duygularım yıkıntıya uğradı. Sevgilisinin ayrılmasını geciktirmek için, sabahı muştulayan tarlakuşunun sesini, her gece nar ağacında öten bülbülün sesi olarak algılayan Juliet nerelerde kalmıştı? "Bülbül değil bu öten, sabahın habercisi tarlakuşu. Bak ruhum, doğu bulutlarına renk işleyen şu kıskanç ışık şeridine bak! Gecenin kandilleri sönmüş ve neşeli gün, dumanlı tepelerde ayağının ucuna basmış öyle bekliyor," diyen Romeo'yu, "O görünen ışıklar günün ışığı değil, yolunu aydınlatmak için güneşten kopan bir yıldız ışığıdır," diye yanıtlayan Juliet, hangi yıldız kümesinin içine karıştı da, güzelliğiyle en ışıklı yıldızın ışığını soldurdu?..

Norma Shearer, bülbül sesine sığınıp tarlakuşunun dilini unutan Juliet'in sevgi soluyan dudaklarını, Berlin'de gördüğüm o filmde feminist kavramların işgaline uğratmıştı.

KİTAPLAR

Kulaklarıma dolan sözleri gözlerimle görmek için her yerde *Romeo ve Juliet* kitabını aradım. Hangi kitaplığa baktımsa, Shakespeare'in bu oyununu bulamadım. Kitabı ararken, kara yazgılı Romeo ile Juliet beni Diyarbakır'ın kültür ortamına soktu. Gözlerimde Romeo'nun hüzünlü, Juliet'in kaygılı yüzü, sokak sokak bütün kitaplıkları dolaşıyordum. Hangi kitaplığın Diyarbakır'ın neresinde olduğunu öğreniyordum böylece. Cami-i Kebir'in girişinin üst katındaki kitaplıkla Halkevi Kitaplığı herkese açık. Lisede arkadaşın varsa, onun yoluyla lise kitaplığından da kitap alabiliyorsun.

Romeo ve Juliet'i bulmaya çalışırken, Halkevi Kitaplığı'nda yaşamım boyunca unutamadığım bir kitap öldürümüyle (katliyle) karşılaştım. Kitaplığa bir arkadaşla birlikte gitmiştik. O da kitap arıyordu. Arkadaş, Namık Kemal üzerine bilgi toplayacak, topladığı bilgileri öğretim yılı başında arkadaşlarına aktaracaktı. O yıl ben ilkokul beşinci sınıfa geçmişim. O ortaokulda. Nereden bilgi edineceğini bana soruyor. Gün de tam havuz günü. Gür sulu Küpeli Havuzu bizi bekliyor. Büyükçe bir kitapta Namık Kemal'i o çok bilinen resmiyle bulduk. Masaya oturup gerekli bilgileri not etmeye uğraşırken, arkadaşım, kitabı eline alıp rafların arasında gözden kayboldu. Kaybolmasıyla ortaya çıkması bir oldu. "Benim işim tamam, hadi gidiyoruz. Bunca çalışma yeter, zaten sıcaktan bayıldım!" dedi. Dışarıya çıktığımızda, "Ödevi ne tez hazırladın?" diye sorunca, koynundan kitaptan kopardığı Namık Kemal bölümünü çıkararak, "Kafanı çalıştıracaksın, oğlum, enayi miyim ben! Saatlerce sıcakta oturup ödev hazırlayacağım, öyle mi!.. Buradan yazar, öğretmene veririm. Zaten öğretmenin de bir şey bildiği yok. Bilse, bunları kendisi anlatır, bize anlattırmaz. Kahveye gitmeyelim, yazın sıcağında oturup ders çalışalım diye veriyor bu ödevleri de zaten," dedi.

Romeo ve Juliet'i bulmak için Orduevi Kitaplığı'na da gittim. Orada da bulamadım Shakespeare'in bu ünlü oyununu. Ama başka bir şey buldum. Orduevi'nde İngilizce filmler oynatılıyordu. 'Kırmızı Pabuçlar'ı orada izledim. Filmi görünce, bildiklerimizden öte güzelliklerin var olduğunu anladım. Diyarbakır'ın düzeyli kültür alanlarına açılıyordum. Öğretmen Okulu öğrencileri Molière'in 'Kibarlık Budalası'nı sahneye koymuştu. Bir akrabamızın kızı başrolde oynuyordu; o çağırmıştı beni. 'Kibarlık Budalası', 'Romeo ve Juliet'ten aldığım tadı vermedi. Kitaplarda, sahnede gülünçlükleri sevmiyordum. Yüzünde bir kurgu yaratıp mutlu gülücükler dağıtanlar bana göre değildi. Ağız öykünmelerinden, taklitlerden hiç hoşlanmıyordum. İçimde bir ağlama tankeri tutuşmuştu; acımı acıyla duyumsatacak kitaplar gerekti bana. Okuduğum kitaplar, acıma duygumu doruklara çıkarmalı, ağlatmalıydı beni. O sırada Mehmet Rauf'un *Eylül* romanı geçti elime. Onda bunların tümü vardı. Hayatı ağlamak olarak algıladığımın ayrımındaydım. Suat'la Süreyya başka bir duyumsama dünyasına sokmuştu beni. Romanı okumakla kalmadım, roman üzerine görüşlerimi de yazmak istedim. Saatlerce dalıp gitmiştim. Etkili sözler, güzel yüzler, böcekler, yapraklar, çiçekler, boynu bükük bir köpek yavrusu, meleyen kuzu, sıçrayan oğlak, yürekten söylenmiş ezgiler deliye çeviriyordu beni. Kitaplar bana inceliklerin dünyasını açıyordu. Kitap okumayanın her şeyden yoksun kalacağını düşünüyordum. Okuyan, okuduğu kitabın dünyasına karşılık verecek birikimler edinmeliydi. Kitabın karşılıklı bir etkileşim olduğunu sezmeye başlamıştım. Bu merakla, yazarların, ressamların, bestecilerin yaşamlarıyla ilgili kitaplara yöneliyordum. Onların içinden biri gibi görüyordum kendimi. Onlar gibi olmaya, resimlerine bakarak onlar gibi görünmeye çalışıyordum. Kitapların ötesinde bir dünya olmadığına inanmıştım.

Romeo ve Juliet'i bir yıl sonra, Köy Enstitüsü'ne girdiğim yılın sonbaharında enstitü kitaplığında buldum. O gün sevinçten çıldırmıştım. Dönüp dönüp okudum. Bir kitabı anlamaya kulak yetmiyor. Harfleri gözünüzle görmelisiniz. Film izleyerek kitabı kavramak olanaksız. Ayrıntı, yazıdadır. El, kitaba değmeli. Mürekkebin kokusu alınmalı. Yazılar gözün derinliklerine ulaşmalıdır. Yazar gibi, okur da kitabın yaratıcısı olmalıdır. Günlerce yastığımın altında tuttum kitabı. Arkadaşlarıma, "Okuyun bu kitabı, okuyun; okumazsanız sevgiyi bilemezsiniz! Hepiniz, sevgiden habersiz âşıklar olduğunuzun ayrımında mısınız?" diye bağırmak istiyordum. Böyle kitapların ders çalışmayı engelleyeceğini söyleyenler vardı. *Romeo ve Juliet*'i 'gâvur' kitabı sayanlar vardı. Bana kitap manyağı diyenler vardı. Etütlerde, okuduğum kitapları anlatarak ders çalışmayı engellediğimi söyleyip beni öğretmene şikâyet edenler vardı. Bense, okuduğum her kitabı, ayrımsadığım her duyguyu, düşünceyi arkadaşlarımla paylaşmak istiyordum. Enstitüde de, avluda olduğu gibi, beni 'boyalı kuş' gibi görenler vardı. Okul Müdürü, 'Orkun' ve 'Komünizmle Mücadele' gibi dergilere özendiriyordu. Özendirmekle kalmıyor, küçücük paralarımıza el koyuyor, bizi onlara abone yazdırtıyordu.

O gün elime aldığım bu kitabı, ona *Hamlet*'i, *Atinalı Timon*'u da katarak, yaşamım boyunca elimden düşürmedim. Bir de Cervantes'in *Don Quijote*'sini. Onların oluşturduğu çekim alanıyla nice kitaplara vardım. Kitap kitaba çağrı çıkarır. Okudukça, okumanın yolları çözülüyordu. Kitabın ardından gittikçe, kitap da bana ulaşıyordu. Dünya avuçlarımın içindeydi. Arşimed'in sopayı kaldıraç yapıp dünyayı yerinden oynatması gibi, ben de her düşünceyi, her güzelliği duyarlılığımda taşıdığıma inanıyordum. Bilgi, gücünü kitaptan alıyordu; kitap, insandan... Bilgiye ancak kitapla egemen olunabileceğine inanıyordum.

Kitapların dünyasına girdikçe, kitaplarla ilgili korkunç olaylar yaşamaya başlıyordum. Milli Eğitim Bakanlığı'nın Hasan Âli Yücel döneminde yayımladığı klasikler 'gâvur'lukla suçlanınca, canı isteyen, kitap öldürümlerine (katline) başlamıştı. Bir gün Cami-i Kebir'in önünden geçerken yerlere atılmış kitaplar gördüm. Okumasız yazmasız bir 'güruh', küfrederek kitapları tekmeliyordu. Bu arada kitapları ayak altından kaldırıp köşeye koyanlar vardı. Biri görecek diye bu işi çekinerek, korkarak yapıyorlardı. Ağzında öfke mırıldanan birkaç kişinin sert bakışından, yapılanın iyi bir şey olmadığını anlamıştım. Ortada ne polis vardı, ne jandarma... Kitaplar kapışılmıyordu, ayak altında çiğneniyordu! Tek olumlu yan, isteyenin, istediği kitabı almasına karışan yoktu. Tiyatroyla ilgimden dolayı ben de, Sabri Esat Siyavuşgil'in *Karagöz* adlı incelemesiyle İsmail Habip Sevük'ün *Türk Temaşası* adlı kitabını seçmiştim. Olup bitenleri kavrayamadığımdan, kitapları yerden alıp üzerindeki tozları üfleyerek bir tarafa koyan bir adama sormuştum:

"Niye atmışlar bu kitapları?"
"Bilmiyem, bahan sorma gardaş!"
Adamın biri köpürdü:
"Neyi bilmisen, ulan kıbrah! Gâvur kitabi degildir bunlar!" diye, soru yönelttiğim adamı azarlamıştı. Bana dönmüş,
"Gâvur bunlar gâvur! Gâvur kitabi!.." diye bağırmıştı.

Kitap öldürümlerinin en korkuncu babamın elinden oluyor!

Yaz sıcaklarının herkesi dışarıya attığı bir Diyarbakır gecesinde, ben de bir akrabamıza gitmek üzere evden çıktım. Tanıdığım bir kızın, sevgilisiyle sorunu vardı. Bu sorunları çözmek için birkaç kez mektup ulaştırmıştım sevgiliye. Kızın sırdaşıydım. Ne sırdaşı, aşkının postacılığını yaptırıyordu bana! Bu aşk ilişkisinde, öğrenimli kızlarına söz geçiremedikleri için, kıza yakınlığım ailede benim önemimi artırıyordu. Sevgili ben olmasam da, bir aşk ilişkisine tanık olmak hoşuma gitmişti. Ne de olsa, bana güveniyorlardı âşıklar! Hep erkeğin kadına yöneldiğini düşünerek kızın, bir erkeğe duyduğu bu ilgi benim içimde de sevgi kıpırdanmalarına yol açmıştı. O gece bu aşkın kanatları arasına sığınmak amacıyla onlara uğramış, kızı evde bulamayınca, evlerinin hemen karşısına düşen yazlık sinemaya girmiştim.

Sinemada 'Ormanlar Kralı' adlı bir film oynuyordu. Filmin başoyuncusu, kılıç hünerlerine hayranlık duyduğum Tyrone Power'dı. Yüzüne incelik katan bıyıklarıyla çok seviyordum Tyrone Power'ı. Filmin afişlerini görmek, Tyrone Power'ın ormanlar içindeki güzel sevgililerini düşlememe yetmişti. Kızların bayılacağı bir tipti Tyrone Power. Onu sevdiğime göre, bunu bilen kızlar da bana ilgi duyabilirlerdi. Sıraya yerleşmiş, sinema önlerini bağırtıya boğan şarkıların susmasını, filmin bir an önce başlamasını bekliyordum. Arkaya bakınca, locada babamla eşini gördüm. Onlar da bana dikmişlerdi gözlerini. Babam yerinden kalkıp yanıma geldi. Bir şey soracağını sanmıştım. Öfkeli yüzünü görüp içime korku düşmesiyle babamın tokatları yüzümde patladı. Beni öldürse babama karşı çıkamazdım. Hiçbir zaman ona karşı kendimi savunamamışımdır. Yine ağzımı açıp bir şey söyleme gücü bulamadım kendimde. Delikanlı yaşımda, sinemanın orta yerinde, onca insanın içinde babamın acımasız tokatları karşısında sessiz ve savunmasız kaldım. Yüzümü vuruşlardan korumakla yetiniyordum ancak. Beni kolumdan tuttu dışarıya çıkardı. Yolda döve döve, iki-üç mahalle ötedeki avluya getirdi. Eşi arkadan sürüklenip gelirken daha o gün satın aldıkları rugan ayakkabısının topuklarını kırmıştı. Dayak avlunun ortasında da sürdü. Babamın elleri vurmaktan öyle kızarmıştı ki, kan fışkıracak sanılırdı. Büyük olasılıkla, elleri acıdığı için dayaktan vazgeçmişti.

Dayağı yeterli görmedi. Daha ağır bir ders vermeliydi. Yerinden fırlayıp odaya girdi. Odada gaz lambasının durduğu pencere bozuntusu içerlek bir yere kitaplarımı koymuştum. Elinde o kitaplarla avluya çıktı. "Sana okumayı göstereceğim! Okuyan hangi anasını s.......den bu memlekete hayır gelmiş ki senden gelsin! Okuduklarını yakayım da ananın a.... gör!" diye bağırdı. Daha o zamanlarda, Diyarbakır'da Milli Eğitim Yayınevi vardı. Yazarlarla ilgili bilgi var diye Mustafa Nihat Özön'ün *Son Asır Türk Edebiyatı* ile tiyatroyla ilgili yapıtları okumaktan hoşlandığım için de Bernard Shaw'un *Androkles ile Aslan* adlı kitaplarını almıştım. Babam, onları ve aşk dolu birkaç romanı havuz diye bilinen çukura attı, kibriti sayfalarına tuttu. Tokat yemekten yüzümü alevler yalıyordu. İçim ağlıyor, gözlerimse kupkuruydu. Dayak ağlatmıyordu beni. Babamın parmak atışlarından her fırsatta nasibini alan Zeko Bibi'nin, babamla yüz göz olmanın verdiği cesaretle, "Kele (yahu) Cünet (Cüneyt) Beg, ne istisen çocugun kitaplarından!" demesiyle ağza alınmayacak küfürleri yemesi bir oldu. Babamın öfkesinden korkup sustu Zeko Bibi.

Kitap kolayca yanmıyor. Kibritle tutuşturamayınca, içeriye girdi, elinde lambayla döndü. Lambadaki gazı döküp kibriti çakınca kitaplar tutuştu; böylece yalnızca Berlin'de değil, Diyarbakır yoksullarının oturduğu avluda da Hitler faşistlerinin öldürücü alevi kitaplar üzerinde yükselmeye başladı. Hem de baba elinden! Kitaba kimsenin gücünün yetmeyeceğini düşünüp alevleri seyretmekten başka yapacak iş yoktu. Nasıl olsa yenilerini alabilirdim. Alırdım almasına da, her birinde göz ışığım vardı. Avluda elektrik yoktu. Başka evlerin kapı eşiklerine oturmuş, sokak ışıkları altında saatlerce okumuştum onları. Sayfalarını açarken yıpranacaklarından korktuğum kitaplar şimdi alevler içinde yanıyordu. Oysa benim kitaplarımdı onlar. Yenisini alsam onların yerini tutacak mıydı? Hiç sanmıyordum, yine de anlık bir avunma yolu bulmuştum. Okuyanın gözünün ışığını taşıyan kitaplara bir tür 'damga' vurulmuştur. Artık o yalnızca 'kitap' değildir, onu satın alıp okuyanın kitabıdır! Okul yıllarımda, bana kızan bir arkadaşım, el dokunulamayacak kadar güzel baskılı bir kitabımın sayfalarını iğrenç bir mürekkeple karalamıştı da sabahlara kadar uyuyamamıştım. O gece, babam, alev saçan elleriyle kitaplarımı öldürürken, ben içten içe yas tutmuş, kitaplarıma ağıt yakmıştım.

Babam kuşkusuz içimden geçenleri bilemezdi. Biriktirdiği üç-beş kuruşla kitap almanın mutluluğu nedir, bunu anlayamazdı. Şeker almamış, tatlı yememiş, bisiklete binmemiş, Diyarbakır'ın cami damlarının kurşunlarını hamura çeviren sıcağında havuza gitmemiş... kitap almıştım. Babam ise, avlunun ortasında kitaplarımı ateşe veriyordu! Gücünü güçsüzlüğünden alan Don Quijote gibi, en büyük gücüm olan sessizliğe sığınmıştım. Gözlerim kurumuş ırmakların yatağına dönmüştü. Babam dayak atmaktan, ben dayak yemekten yorgun düşmüştük. Avlu günlük yaşamını genelevden gelen şarkılara, küfürlere bırakırken, nemli odanın cehennem sıcaklığı dövenle dövüleni koynuna almıştı.

O gecenin sabahı babam işe giderken beni de uyandırmış, elime beş lira tutuşturarak –kitaplardan biri 175, biri 50 kuruştu– yüzüme bakmadan, "Git, kitaplarını al!" demişti. Onca dayağa, aşağılanmaya dayanan yüreğim işte o zaman başkaldırmış, söz yüzüğü yüzüne fırlatılan bir genç kız gibi bağıra bağıra ağlayarak kendimi sokaklara attım. Ağlama sesim, o sabah, Möho'nun ahlarını bile bastırmıştı. Babamın bizi Diyarbakır'ın sır vermez surlarının ardında bırakıp İstanbullara gittiği gününe benzer, nerede biteceği kestirilemez bir ağlamaydı bu. O gün sezgimle ağlamıştım, kitaplarım yakılınca, uzun bir ayrılışa kararlılığın bilinciyle gözyaşı döküyordum.

Töre mi öyle gerektiriyordu, bilinmez; avluda biri çocuğunu, özellikle de karısını döverken onu öldürse kimsenin kılı kıpırdamaz, ağzını açıp bir şey söylemezdi. Babam kitaplarımı yakarken, kimbilir nerelerde yaşayıp ne görgülerden sonra avlunun karanlığına düşmüş olan Zeko Bibi dayanamamış, bir soruyla töreyi bozmuştu. Babamın ağır küfürleriyle ağzının payını almıştı almasına, ama soru da sorulmuştu!

ZEKO BİBİ

Zeko Bibi kırk kilo vardı yoktu. Verem geçirmiş ciğerleri ağzına gelecek gibi öksürür, gene de dudaklarından sigarasını düşürmezdi. Sigarası, kuru dudaklarında durmadan titreyen ek bir uzuv gibiydi. Avlu, Zeko Bibi'nin, ciğerlerindeki katran katmanlarını aşıp havaya karışan kalın sesiyle başlardı sabaha. Zeko Bibi ses değil, konuşan öksürüktü. Avluda herkes Zeko Bibi'nin dipten gelen bu öksürüğünü tanırdı.

Onun şöyle oh, deyip oturduğunu hiç anımsamıyorum. Maltızın başına çömelir, hep yemek pişirirdi. Yemeklerini bir yiyen bir daha unutamazdı. Yemek yapmıyorsa, avlunun bitli kızlarına iş öğretirdi, görgü belletirdi. Avludaki kadınlardan ayrı bir yanı vardı Zeko Bibi'nin. Her yoksul gibi, onun da söylencesi dillerde dolaşırdı. Çok varlıklı, soylu bir ailenin kızıydı. Saray yavrusu konaklarda büyümüştü. Yediği yedik, giydiği giydikti. Öyle güzeldi ki, kentin delikanlıları onu kapı aralıklarından görseler bin yıl unutamazlardı. Şimdi şu halini görenler, Zeko Bibi bu deyip geçmemeliydiler. İnce davranışlarından, oturup kalkmayı bilmesinden, özellikle yemeklerinin lezzetinden, onun böyle bir söylence dünyasından geldiği belliydi.

Yüzünde, kalın deri katmanlarının örtemediği bir dip güzellik vardı. Zeko Bibi, mumu üflenmiş bir eski zaman fanusuydu. Zaman ve yıkıntılar bu güzelliğin üstünü örtmüşse de, on beş yıl önce rahminde beslediği *varlık*, Zeko Bibi'nin genlerinin güzellik tarihini taşıyordu. Bu *varlık*, yalnızca avlunun değil, Diyarbakır'ın da en güzel kızıydı. Yüzüne bakanlara soluk aldırtamayacak kadar güzeldi! Ben yüzüne uzun süre bakamaz, kendisinin, aynada, kendi yüzüne bakarken, güzelliğine nasıl dayanabildiğini düşünürdüm. Kendi güzelliğine vurgun bir masal güzeliydi Zeko Bibi'nin kızı. Bohçacı kadınlar kızı gördüklerinde sersemler, tü tü tü deyip nazar savmaktan kendilerini alamazlardı. Görenlerin nazarı değecek kadar güzeldi! Görenleri şimşek gibi çarpan bu güzelliğin ayrımında olan Zeko Bibi, kızını özellikle sevici kadınlara karşı korurdu. Valentino'yu da boş bırakmıyordu. Valentino kıza bir-iki yaklaşmaya çalışmış, Zeko Bibi'nin keskin anakuş gözleriyle karşılaşınca, kuyruğunu bacaklarının arasına çekmişti. Kız hiç konuşmazdı. Beş taştı, köşe kapmacaydı, oyun da oynamazdı. Odanın önündeki sedirde saatlerce oturup ağzından bir sözcük çıkmadığını görenler onu lal (dilsiz) sanırlardı. Canlı bir kızdan çok, usta bir sanatçının elinden çıkmış bir güzellik yontusuna benziyordu. Konuşulanları yüzünde gidip gelen seğirmelerle dinler, arada bir de, kuyuya düşenlerin sesini andıran boğuklukla gülerdi. Böylesine güzel bir kızdan boğuk sesler çıkması görenleri düş kırıklığına uğratırdı. Bu sesi duyunca, gün görmüş kadınlar, "İyi ki konuşmuyor! Güzeldir, hoştur, lakin, konuşsa, Allah vekil, evde kalır," derlerdi. Zeko Bibi'nin güzellik tarihinin hem övüncü, hem üzüncüydü kızı.

Bunca iyilikseverliğine karşın, Zeko Bibi'nin engin genelev bilgisi avluda kuşkuyla karşılanıyordu. Anlattıklarına bakılırsa, ona genelev ulağı denebilirdi. Leylo'ya ilişkin bütün haberlerin kaynağı Zeko Bibi idi. Şaştığım bir şey daha vardı; genelevle duvar duvara idik de, neden orada olup bitenler hâlâ 'muamma' idi? Zeko Bibi, adımını avludan dışarıya atmazdı. Atmazdı da, kimsenin bilmediği bu haberler nereden geliyordu? Avlunun töresine uymayan bir ağzı gevşek, Leylo'nun, Zeko Bibi'nin konak günlerinden kalma kaçamak çocuğu olduğu söylentisini yaydıydı da, Zeko Bibi avluyu birbirine kattıydı. Ama Zeko Bibi'yi Zeko Bibi yapan olanakların bir kaynağı vardı. Örneğin, kızının bir giydiğini bir daha giymemesini Leylo'nun eskilerine bağlıyorlardı. Zeko Bibi kapının önünde oturur, keserek, yeniden biçerek, kızına avlunun alışık olmadığı giysiler dikerdi. Kimse bu giysileri nereden aldığını sormaz, o da kimseye açıklama yapma gereksinimi duymazdı. Kız kimi günler güller, kimi günler laleler, kimi günler leylaklar gibi, kapının önündeki sedire oturur, gelende geçende hayranlık uyandırmaya devam ederdi.

Zeko Bibi'nin, sıcaktan herkesin uykuya yattığı öğle sıcaklarında geneleve gidip Leylo'nun falına baktığı da söyleniyordu. Sözde, bu arada genelevdeki öbür kadınların da falına bakıyor, bundan iyi gelir sağlıyordu. Bol etli yemekler pişirmesi, tatlılar yapması başka nasıl açıklanabilirdi?.. İnsanla böylesine iç içe olan Zeko Bibi'nin söylentilerle anılmasında şaşılacak bir yön yoktu. Uzamış ince dudakları, derine kaçmış siyah gözleri, ağzına düzensiz yerleştirilmiş irili ufaklı altın dişleriyle masal falcılarını andıran Zeko Bibi'nin fal bakmadaki ünü biliniyordu. Koca bulamayan su gibi genç kızlar, eşi genelevden çıkmayan güzel kadınlar, oğlunu askere gönderip uzun zamandır haber alamayan görmüş geçirmiş analar Zeko Bibi'ye gelir, onun, kaynar su dolu kalaylı taslara döktüğü kurşunların biçimlerinde, geleceklerinin aydınlığını ararlardı.

Bir gün, kendisini görmeden adını duyduğum ünlü bir katil, Ücor Möho, avluya geldi. Zeko Bibi'yle aralarında bacı-kardeş gibi konuştuklarına tanık olunca, Zeko Bibi'nin, gücünü nereden aldığını az çok çözdüğümü sandım. Oysa, avluda geçen her olayın dibinde, ancak sfenksleri dize getirebilecek yaradılışta varlıkların çözebileceği bir 'muamma' aranmalıydı.

Zeko Bibi, kimi sallanan, kimi kıvrılmış altın dişlerinden dolayı sözcükleri toparlayamasa da, olayları ağzına baktıracak canlılıkta anlatırdı. Birkaç adamın katili Ücor Möho'yu, daha önce onun anlattıklarıyla tanımıştım. Pek belli etmiyordu ama, Zeko Bibi, Leylo'ya bela olanların hakkından ancak Ücor Möho'nun geleceği kanısındaydı. Gene onun anlattığına göre, Ücor Möho'nun adı geçince, avludaki en belalı kabadayılar bile altlarına doldururlardı. Onun avluda göründüğü günlerde, Valentino kuyruğunu toplar, gölgesini yok etmeye fırsat bulamadan, kaçacak delik arardı. Kim olduğunu bilmeden, Ücor Möho ile sokakta karşılaşmıştık.

Utanmış gibi başı önünde, pısırık, gövdesine göre uzun kolları sarkık, 'fukara' bir adamdı. Töre gereği, selamımı, "Aleykümselam, begim!" diye almış, sokağın sonunda ancak bir keçinin geçebileceği bir aralıktan girip birden gözden kaybolmuştu. Avluya gelip kimseye selam bile vermeden, aceleyle dip odalardan birine giren, sokakta gördüğüm adamdı. Zeko Bibi'ye:

"Kimdir?" diye sordum.
"Tanımisen, Ücor Möho'dur."
"Ücor Möho bu mudur?"
"He, oğlum, vallah, odur."

Yolda karşılaştığım o 'fukara' adamın, belasından herkesin uzak durduğu Ücor Möho olduğunu öğrenmiş, avlunun söylence kahramanlarından birini daha tanımış olmuştum. Ücor Möho'nun görünüşünün ardındaki gücün ne olduğunu anlamaya dalmışken onun gitmesiyle dönmesi bir oldu. Geldiği gibi, aynı hızla geçip gidecekti ki, Zeko Bibi seslendi:

"Mahammet, aha mangala kahva sürmişem, çoktan beri kahvamı içmemişsen, aha koyıyam, gel iç!"

"Dogri, Zeko Bacı, kahvanı çoktandır içmemişem, Allah vekil çok da özlemişem! Başım gözüm üstüne, aha geliyem," dedi, eğildi, Zeko Bibi'nin elini öptü. O da onu göğsüne bastırdı, iki gözünden öptü. Zeko Bibi'nin uzattığı iskemleye oturdu. Avluda gözlerini gezdirirken Ücor Möho beni gösterdi.

"Begi yolda görmişem, hama kimdir bilmiyem?" dedi.

Zeko Bibi, "Bizim çocugumuzdur, yabancı degildir." diye yanıtladı.

Dal gibi delikanlıları, yapı gibi adamları kurşunlara kurban edip yıllarca mahpushanelerden çıkmayan Ücor Möho dedikleri buydu demek?.. 'Yabancı' değildim, onların çocuğuydum ama, anlamayayım diye aralarında Kürtçe konuşmaya başladılar. Kalktım, onlardan uzak bir yere oturdum. Otur demediler. Ücor Möho, kahvesini öttürerek içiyor, konuşurken başını yerden kaldırıp Zeko Bibi'nin bile yüzüne bakmıyordu. Konuşmalarında en çok Leylo'nun adı geçtiğine göre, konu Leylo ile ilgiliydi.

Fazla oturmadı, kahvesini içti, kalktı. Yel gibi geldiği yerden yel gibi çıktı.

Aradan çok geçmedi, Leylo'ya askıntı olan adamın Malabadi Köprüsü'nün altında öldüresiye dövüldüğü haberi geldi. Olay anlatılırken Zeko Bibi, yalnızca, "İyi olmuş, şükretsin ki gebermedi!" demekle yetindi. Kimse, 'kim yapmış, kim etmiş' gibisinden sorular sormuyordu. Haber duyuluyor, her şey orada bitiyordu. Valentino ve arkadaşlarının bunu kendileri yapmış gibi göstermelerini Zeko Bibi sessiz dinliyordu. Valentino çok üsteleyince, "Erkek işidir o!" dedi, sustu. Ondan sonra Leylo konusunu kimse ağzına almadı.

KARAOĞLAN

O yaz sonu babam Diyarbakır'ın Eğil (Piran) ilçesinde, sözde, daha iyi bir iş buldu. Bir süre sonra Diyarbakır'dan ayrılıp Eğil'in yolunu tutuyoruz. Böylece avlu dönemi bitmiş olacak. Hemen toparlanıp ayrılıyor, aynı gün, dağlar arasına sıkışmış Eğil'e varıyoruz. Artık daha iyi koşullarda yaşayacağız!.. Kaplumbağa nereye giderse, kabuğunu sırtında taşır; Eğil'de, avludakini de aratacak günler başlıyor.

İlkokulun beşinci sınıfına orada başlıyorum. Bir-iki dersten sonra sınıfta kendimi belli ediyorum. Bir-iki günde öğretmenlerin gözüne giriyorum. Kasaba ileri gelenlerinin çocukları, öğretmenlerin, yaşı geçmiş, yüzü yara bere içindeki bu çocukla ilgilenmelerine bir anlam veremiyorlar. Ağaların, şeyhlerin, memurların çocukları varken, bu çocuk da nereden çıktı?.. İstanbul kültürü almışım, avluda insan (!) tanımışım, sınıftaki çocuklardan üç-dört yaş büyüğüm. Sınıf başkanı olmam da, birinci olmam da doğal. Ortam 'doğallık' dinlemiyor. Öyle şeyhler var ki, öğretmen geldiğinde hiç tınmayan öğrenciler, onlardan birinin çocukları sınıfa girdiğinde rap diye ayağa kalkıyorlar. Öğretmenimiz Hıdır Ergenekon, bir gün, sınıfta kimsenin bilemediğini ben bilince, ağa, şeyh, memur dinlemiyor, sınıfın ortasında beni örnek göstererek, "Ona yetişmeye çalışın!" diyor. Ama, "Sınıfın birincisi sensin!" diyemiyor. 'Birincilik', Allah'a yakın olanların, ağaların, şeyhlerin!.. Doğrusu ekonomik durumu yerlerde sürünen bir ailenin çocuğuna da 'birincilik' yakışmıyor! Aç karından 'birincilik' olur mu?..

(Soyadı *Atalay* mıydı?) Sınıfta en çok Ahmet'i seviyorum. Kısa sürede onunla arkadaş oluyoruz. Ahmet, beyaz tenli, uzun boylu, ağırbaşlı, yaşına göre olgun, içtenlikli bir çocuk. Her yanından görgü akıyor. Şeyh soylu. Cumhuriyet tarihinde adı davalara karışmış bir şeyhin torununun torunu. Kavgacı değil. Küfür nedir bilmiyor. Öbürleri gibi alt alta üst üste boğuşmuyor. Ahmet de sınıfın çalışkanları arasında. Matematikte en ileri. Öğretmenlerin bile saygı besledikleri bir öğrenci. Buna karşın, pek girişken değil. Her soruda parmak kaldırmıyor. Yaşı benden küçük, ama Ahmet en iyi arkadaşım. Onun cepleri dopdolu. Benimki tam tersine, bomboş! Evde kuru ekmek bulamıyorum. Bunu ya biliyor ya seziyor. Her gün, cebinde olanlardan bana da veriyor. Onların evinde birlikte ders çalışmaya başlıyoruz. Sanki ders çalışmıyoruz, bir ziyafet sofrasına oturuyoruz! Daha derslere başlamadan, bir kadın eli, kapı aralığından, tepside yiyecekler uzatıyor. Ahmet kalkıp alıyor. O güne kadar tadını bilmediğim yiyeceklerle donanıyor küçük masamız. Durumu bildiklerinden, bu yoksul çocuğun kursağına bir-iki lokma sokmayı göreneklerinin gereği sayıyor olmalılar. Ben girişkenim. O çekingen. Çekingenliğinden yakındıkları oğullarının benimle arkadaşlığı ailesini mutlu ediyor. Bir ara, Ahmet, "Sınıfta durumun çok iyi, ama bunu dışarıda kimseye söyleme," diyor. Bir bildiği var diye, Ahmet'e, niye söylemeyeyim demiyorum. Sınıfta yarış öğrenciler arasında değil, aileler arasında. Ağa çocuğu, kaymakamın kızı, hükümet tabibinin oğlu... Aramızdaki ekonomik, belki etnik, töresel ayrımı görüp Ahmet'le arkadaşlığımızı sindiremeyenler var. O ortamda, gerçekten, şeyh torunu ile ne idüğü belirsiz sıradan bir çocuğun arkadaşlık kurmasını hoş karşılamak kolay değil. Biz kimseyi dinlemiyoruz. Kafamıza koymuşuz; okulu pekiyi ile bitireceğiz. Ders bitip okuldan çıkar çıkmaz kitapların başına geçiyoruz.

Öğretmenim Hıdır Ergenekon, babama, "Ne yap ne et bu çocuğu okut," demiş. Böyle bir uyarının sözü bile güzel. Babama dediklerinden, öğretmenin beni çalışkan bulduğunu anlıyor, çok seviniyorum. O günden sonra çalışmalarıma daha da hız veriyorum. Elimden kitap düşmediğini gören Kleopatra, geleceğimin tanısını koyuyor: "Bu okumakla, bu çocuk divane olup dağlara düşer, ya profosor olur ya deli! Evimizde bir deli eksikti!.." Düşünüp duruşundan, babamın "Okut da, neyle, hangi parayla?" sorusunu kendisine yönelttiğini seziyorum. Ben ise, yiyecek bir lokma kuru ekmek, ayaklarımı yağmurdan yaştan koruyacak bir ayakkabı eskisi bulamadığım baba evinden umudu kesmeye başlıyorum. Gittikçe, güvenimi, cesaretimi, yaşama gücümü yitiriyorum.

Eğil'de yaşadığımız bir olay, benliğimi, babama güvenimi tümden yitirmeme yol açıyor. Kasaba tüccarları iki-üç ayda bir İstanbul'a gider, özellikle de memurları gözeterek, oraların gereksinimlerine uygun mal getirirlerdi. Malın geldiği günler mağazalar insan dolar, küçük yerlerde 'veresiye' kurumu hiç değişmeden işlediği için, cebinde para olan da olmayan da, kapışılmadan, yeni malların en iyilerini almaya çalışırdı. Babamın para tutmadığı, eline geçeni bir gecede yediği, alacaklılara yakalanmamak için sürekli sokak değiştirdiği, aylardır ev kirasını ödeyemediği, bu kuş uçmaz kervan geçmez ilçeye de yayılmış. Nasıl yayılmasın, Kleopatra'nın 'Baykuş' adını taktığı ev sahibimizin, her gün, "Kiramı verin, yoksa s..tir olun gidin! Homayto bigir!" (Allah canınızı alsın!) bağırtısıyla uyanıyoruz. Evimiz yamaçta, kasabayı ayaklarımızın altına serecek bir yerdeydi. Sesi gerçekten bir baykuşun çığırtısını andıran yaşlı kadın, oyuna tepeden katılmış bir amfiteatr oyuncusu gibi, horozlardan önce uyanıyor, sesini bütün ilçeye duyururcasına bağırıyordu.

Her şey yolundaymış gibi, biz de yeni mallarla ağzına kadar doldurulmuş mağazaya giriyor, beğendiklerimizi seçmeye koyuluyoruz. Artık ağı dikiş tutmayan pantolonumun yerine yenisi alınacak diye seviniyorum. Böylece ayıp yerlerimin yırtıklardan görüleceği korkusundan kurtulacağım. Bir de ceket alır, beni çıplaklıktan kurtarırlarsa, hayata yeniden başlamış gibi olacağım. Biz bir şeyler bulmanın sevinciyle veresiye defterine yazdırmak üzere kasaya giderken, yüzü sakal ve bıyıktan görünmeyen mağaza sahibi, karşımıza dikilip onca insanın arasında, "Size mal yoktur!" diyor. Babam yalnızca "Niye?" diyor, adamın açıklamasını beklemeden, ellerindekini tezgâhın üstüne bırakıp ezik, süklüm püklüm, mağazadan çıkıyor. Ellerimizdekileri nereye koyacağımızı bilememenin şaşkınlığı içinde biz de arkasından onu izliyoruz.

Alışveriş edenlerin küçümseyici bakışları altında duyduğum bu büyük utancı yaşamım boyunca unutamadım. O gün geri çevrilme değil, babamın onurunun ayaklar altına alınması beni yerin dibine sokmuştu. Sabahtan akşama kadar ağzından sigara düşmeyen, akşamları şişelerle içkiyi başına diken Kleopatra ne düşünüyordu acaba? Ben, bir kadın için bundan onur kırıcı bir şey düşünemiyordum. Bu olay onu da çok etkilemiş olmalı; yüzü yerde, eve doğru gidiyoruz. 'Baykuş', mahpus bekler gibi, kollarını kapının pervazına germiş duruyor. Her zamanki aşağılamalarını sıralayınca, sesimizi çıkarmadan, canımızı ahırdan bozma tek odamıza zor atıyoruz. Babam çaresizliğinin hıncını bizden alıyor. Öyle bir dayak atıyor ki, Kleopatra'yı Kleopatralığına pişman ediyor. Nasıl olsa ben alışmışım dayağa, babamın krize dönüşen öfkeleri sırasında dayak yiyen Kleopatra ise günlerce yataktan kalkamadı.

Her sabah, babam işine, ben yırtık lastiklerimle okula gidiyorum. Evde un yok, odun yok. Ev sahibinin odunlarından birkaç kez çaldım. Tez anlaşıldı. Kleopatra soğuktan akşama kadar yataktan çıkmıyor. Yemek de pişmiyor evde. Kimi geceler hepimiz aç yatıyoruz. Yine de, yaşama düzenimizi hiç değiştirmiyor bu; babamın arada bir getirdiği paralarla içkiler gırla gidiyor, bir şenlik havası içinde yenip içiliyor. İki gün sürmüyor bu şenlik; sonrası gene yokluk, gene açlık!

Babamın işi, küçük bir kasaba avukatının yanında dilekçe yazmak. Yine de, ilçede memur takımından sayılıyor. Oysa, benim giyimimi kuşamımı görenler dilenci çocuğu sanır. O yaşların onuru, iki-üç metre kumaşa, yiyebildiğin bir parça ekmeğe bağlı. Üstüm başımdan dolayı, onur ne, arkadaşlarımın, öğretmenimin karşısında yerin dibine giriyorum. Lastiklerim su çekiyor. Yürürken çıkan gırç gırç seslerine arkadaşlarım gülüyor. Ben yürürken, öbür çocuklar ağızlarıyla taklit ediyorlar lastiklerimin şu fışkırtan sesini. Bu yüzden bir-ikisini hakladım. Onları dövünce birden önemim artıyor. Benim gibi yoksul bir çocuktan bunu beklemiyorlar. Benimle alay eden çocukları dövdükten sonra içimde bir cesaret doğdu. İstanbul'da öğrendiğim yumruk oyunlarını, dövüş taktiklerini burada uygulamaya başlıyorum.

Kendi kendime bir karara varıyorum; bana ilişmeyenlere bir şey yapmayacağım, alay edenleri doğduklarına pişman edeceğim. Bir gün, iriliğinden dolayı 'Topçu' adını taktığımız bir çocukla, nedenini anımsayamıyorum, tam da caddenin ortasında kapışıyoruz. Nasıl oluyorsa, Topçu'nun ayağı kaldırıma takılıyor, tepe üstü düşüyor, koca gövdesiyle yerlerde sürünüyor. Dağ gibi oğlanı yere yıktım diye, yalnız dövüşü izleyenler değil, dükkânlarından fırlayanlar da yüreklendiriyorlar beni. O ortamda okul, çalışkanlık falan sökmüyor; cesaretli misin, vurunca yere seriyor musun, o zaman adamdan sayıyorlar seni.

Bu olayla kavgada da ünüm yayılıyor. Dövüşen, ardında kan bırakmalı. Bir gün o da oluyor: Sınıfta, benim gibi dışarıdan gelmiş esmer bir oğlan var. Urfalı. Ağabeysinin yanında kalıyor. Esmerliğinden dolayı 'Karaoğlan' diyorlar ona. O sıralar dillerde dolaşan bir şarkı vardı. Gözlerinin akına kadar esmer 'Karaoğlan'ı görünce başlıyorum şarkıya: "Kara oğlan, kara oğlan, sende güzel kaşlar var / Kara oğlan, kara oğlan, sende güzel gözler var / Kara oğlan, kara oğlan, sende güzel dişler var / Kara oğlan, kara oğlan, sende güzel sözler var..." Şarkıyı duyunca oğlan sinirden ne yapacağını bilemiyor. Bunun dışında, ikimiz de dışarıdan geldiğimiz için iyi geçiniyoruz. Arkadaş bile sayılırız. Bir ders arasında, kalem senindi, benimdi derken birbirimize giriyoruz. Uç takılan tahta kalemler vardı. Arkası sivriydi. Onun elindeki kalemi kapıp sırtına saplıyorum. Bir kez de değil, birkaç kez. Oğlan, "Yandım!" deyip yere uzanıyor. Sırtındaki sıcak kana eli değince, "Vay, anam, vuruldum! Vuruldummmm!" diye bağırmaya başlıyor. Müdür, öğretmenler sınıfa doluşuyorlar. Cinayet olaylarında olduğu gibi, öğrenciler koridora fırlıyorlar. Kan çıktığına göre, benimki 'öldürmeye teşebbüs'! Bu arada ben de kan akıtan kavgacılar arasına giriyorum. Ne müdür, ne sınıf öğretmenimiz, ağızlarını açıp bir şey söylemiyorlar; beni eve gönderiyorlar.

Akşam olup babam eve geldiğinde hiç yapmadığını yapıyor; sınıfta neler olup bittiğini soruyor. Sesimi çıkarmıyorum. Eline odun alıp üzerime yürüyor. Kleopatra, odunlu dayak yemenin acısını bildiğinden, babamı engellemeye çalışıyor. Babam bir-iki vurduktan sonra duruyor. Soluğum tıkanırcasına ağlıyorum. Okulda Karaoğlan'dan akan kanı görünce başım dönmüş, gözlerim kararmıştı. Eve gelirken de yolda kusmuştum. Babama, bilerek yapmadığımı, elimden kaza çıktığını ağlayarak anlattım. Pişman olmuştum. Gidip arkadaşıma bunu söylemek istiyordum. Babam umudumu kırarak, "Okuldan atacaklar, sen onu düşün!" deyince başımdan kaynar sular aktı. Biraz önce Karaoğlan'a ağlıyordum, şimdi okuldan atılma kaygısına düşmüştüm.

Kasabalıların ev ziyaretlerine gittikleri akşam saatleriydi. Babam, "Hadi, kalkın, gidiyoruz," dedi. Karaoğlanların evine yaklaşınca durumu anladım. Kan çıkaranın kanı çıkarılırdı. Yanlışlıkla yapılmış bir işten dolayı kan davasına yol açmamalıydım. Onun kanını akıtmak istememiştim. Bunu açık açık söyleyecektim. Karaoğlan'ın bu kanın öcünü nasıl alacağı bilinmezdi. Hiç yoluna nice insan öldürülüyordu oralarda. Özür dileyip Karaoğlan'a kin duymadığımı, onu düşman saymadığımı anlatmalı, onu buna inandırmalıydım. Açlık, yoksulluk, güvensizlik... her şey benim düşmanımdı; bunlara bir de kan düşmanlığı katılmamalıydı.

Karaoğlan sargılar içinde yatıyordu. Akı kırmızı kara gözleri yüzünde çivi başı gibi parlıyordu. Gelenlerin biz olduğunu görünce yüz vermeyip başını öteye çevirdi. Benimle konuşmadı. Ağabeysi bizi çok iyi karşıladı. Babamların bir tanıdıkları da onlara konukluğa gelmişti. Onlar da benim çalışkan bir çocuk olduğumu, kalemi sırtına bilerek vurmayacağımı söylediler. Doğruydu, kalemi kapmaya çalışmıştık, ama ben onu yaralamak istememiştim. Yerimden kalkıp Karaoğlan'ın boynuna sarıldım. Hıçkırıklarımı tutamıyordum. O güne kadar taş atıp bir tek kuş vurmamıştım. Şimdi ise, bir arkadaşımın kanını akıtmış, bundan dolayı suçlanıyordum. Suçumu unutturacak işler yapmalıydım. Doktor, Karaoğlan'a üç günlük rapor yazarak yatak istirahati vermişti.

O gece Karaoğlan'la barıştık. Babam korkutmak için söylemiş; beni okuldan atmadılar. Okula gidip geliyorum. Ders bitince, Karaoğlan'a uğruyor, ona o gün derslerde neler yaptığımızı özetliyordum. Derslere benim yüzümden gelemiyordu. Derslerden geri kalmamasını sağlamalıydım. Karaoğlan'ı her gördüğümde içim eziliyordu. Kalem bana batmış olsaydı o kadar üzülmezdim. Karaoğlan'ın 'mağlup' yüzüne bakamıyordum.

Üç gün sonra Karaoğlan okula gelmeye başladı. Öğrenciler, "Yaran derin mi, bir göster!" diye oğlanı rahat bırakmıyorlardı. Ona derslerinde yardımcı olmam ağabeysini sevindiriyordu. Yengesi ders çalıştığımızı görünce, "Hah, şöyle, kardeş kardeş çalışın!" diyordu.

Karaoğlan'la yarım saat çalışıyor, oradan ayrılıp yolda beni bekleyen Ahmet'le buluşuyordum. Ahmet son günlerde benden ayrılmak istemiyordu. Çantasına konulan pestillerden, cevizlerden, kuruüzümlerden bana eskisinden de çok veriyordu. Ahmet'i çok sevmemde bu yiyeceklerin de etkisi vardı. O olmasaydı, boğazıma onun verdiklerine benzer bir şey girmeyecekti. Üzümden yapılan her şeyi severdim. Ahmetlerde bunlardan sandık sandık, çuval çuval vardı. Eğil dağlarına bahar gelmişti. Ahmet, hafta sonu beni bağ evlerine götürdü. Ahmetlerin ilçeye bir saat uzaklıktaki bağ evleri Eğil gibi değildi, çok güzeldi. Bahçe, ağaçtan, çiçekten görülmüyordu. Üstümüzde dupduru bir gök vardı. O gün tüm aile oradaydı. Tek yabancı bendim. Kadınlar içerdeydiler. Sağa sola erkekler koşuşturuyordu. Öğleye doğru kuzular kesildi, şerbetler ezildi. Sonbahardan kalma yaş üzümler, kavunlar geldi sofraya. Düğün mü, bayram mı anlayamadım. Yemeğe oturulunca dua edildi. Ölüler, diriler anıldı. Ahmet'in ağabeyi, "Bu toplantıyı senin için düzenledik. Kardeşim seni çok seviyor. Seninle ders çalışmak hoşuna gidiyor. Sağ ol. Bizi yabancı bilmeyesin, evimiz evindir. Sakın sıkıntı çekme," yollu bir konuşma yaptı.

Karaoğlan'ı yaraladıktan sonra Ahmet bana daha da yakın davranıyordu. Bağ evlerindeki Nevruz şölenine beni yanına almadan gitmemişti. Meğer Karaoğlan, Ahmet'in soyuna sopuna küfretmiş. Karaoğlan'dan kan çıkararak, düşmanına karşı ben onun yanında yer almış oluyordum. Ahmet'in yanındayken Karaoğlan'la göz göze geliyoruz, gözlerimizi birbirimizden kaçırıyoruz. O, kanını akıtmış bir insanla arkadaşlık kurmasının korkma anlamına geleceğini düşünüyor, ben ise onun küsülü olduğu Ahmet'e yakın olmanın suçluluğu altında eziliyordum. Ders yılı sona erince Diyarbakır'a döndük de, dostluk da düşmanlık da orada kaldı. Ahmet'le arkadaşlığım hep sürdü ama...

Demokrat Parti'nin 14 Mayıs 1950 zaferini Eğil'de yaşadık. Seçimin ertesi günü, ilçenin, köylerin, davarların kışı geçirdiği 'kom' dedikleri iki-üç evlik yerlerin kadını erkeği, genci yaşlısı, çoluğu çocuğu bir araya geldiler. Belki bin kişi bir halayda kol kola girdiler, sevinçli oyunlar oynadılar. Genç kızlar, kadınlar, aralarında yüzlerce çocuk, renk renk giysileriyle baharın sevincini böceklerin, kuşların ellerinden almışlardı. Uzaktan kargacık burgacık gördüğüm kadınlar şenlik giysileri içinde güzelleşmişlerdi. Toplananlar insan kalabalığı değildi, sanki kırda açmış bahar çiçekleriydi. O gün, gök başka mavi, güneş başka parlaktı. Halk, üstlerinden kalkan tek parti baskısının sevincini kutluyordu. O sevinç ortamında ne Kürt, ne Türk, ne Zaza, ne başka bir halk vardı; var olan, halktı. Oylarıyla kazanmış, bayram yapıyordu. Çadırlar kurulmuş, kazanlar kaynatılmıştı. Kendini halk olarak güçlü görmenin şöleni yapılıyordu o gün. Yenilenin içilenin hesabı yoktu. Kadınlar, erkekler, oyundan kopup kaynayan kazanların başına gidip yemekleri karıştırıyorlardı. Kazandaki işleri bitince yeniden halaya katılıyorlardı. Belki ilçeye ilk kez inmiş yaşlılar, ak sakallarına vurmuş gün ışığını içlerine çekerek oynuyorlar, sağlam ayaklarıyla toprağa basıyorlardı. Barın başında Zülfo Ağa'yı görünce duygulanıp ben de oyuncuların arasına katıldım. Babamın sık görüştüğü yetmişlik Zülfo Ağa, barın başında bir delikanlı gibiydi. O dar günlerde Zülfo Ağa'nın çok iyiliği dokunmuştu bize. Seçimden sonra, Zülfo Ağa Diyarbakır'a daha sık gidip geliyordu. 'Totopos' dediği belediye otobüsünü uzay aracı gibi anlatmasını hiç unutamıyorum. Ona göre, Demokrat Parti kazanmış, Diyarbakır'da 'totopos' uygarlığı başlamıştı. "Binisen, iki dakka sürmi, istediğin yere gidisen!" diye övgüsünü yapıyordu belediye otobüslerinin. Nasıl övmesin, 'totopos' uygarlığı kendi iktidarının eseriydi...

Babamın işleri Eğil'de daha da kötüye gitti. Orada fazla tutunamadık, yaz başında Diyarbakır'a döndük. Tek değişiklik, genelevden uzak bir yere taşınmamız oldu. Yaşam düzeyimiz eskisi gibiydi. Haco Bibili, Valentinolu takım orada da tamamlandı. Baldızlar şarkılarıyla, aşklarıyla mutluydular. Bu ev genişti. Babam akşamları rakı sofrasını kuruyor, Diyarbakır'da ne kadar rakı dostu varsa, masadaki yerini almakta gecikmiyordu. Sofranın tek kuralı, babamın, yüzüne ayrı bir sevimlilik katan torbalı gözlerini kısarak, istediğinin anasına avradına küfretmekti. Babam sanki küfretmiyor, masayı masa yapıyordu. Örneğin, bir şarkıyı güzel söyleyeni överken babam, söze onun anasına avradına küfrederek başlardı. Övülen, babamın niye küfürlü konuştuğunu bilir, bu küfrü öpüp başına koyardı. Bu havada, babamın masası daha da şenlenir, odalar varyeteye dönüşürdü.

Varyetenin baş kişisi Şeref Değer'di. Babam, yetenekli, taklitte olağanüstü becerikli, yüzlerce şarkıyı notasına göre okuyan, Diyarbakır tiyatrolarının başoyuncusu Şeref Değer'i çok severdi. Şeref Değer Diyarbakır'ın belli bir ailesindendi. Sofra adabını bilirdi. Sofrada onca kadın kız bulunmasına karşın, onun sulu bir davranışına kimse tanık olmamıştır. Taklitlerini esprileriyle zenginleştirir, masadakileri gülmekten kırar geçirirdi. Diyarbakır'da tiyatro, müzik deyince ilk akla onun adı gelirdi.

Babam bütün gün kazandığını bir gecede bu masalarda tüketiyordu. Eline geçeni böylesine hızla harcayan ikinci bir insan gösterilemezdi. Öyle günler oluyordu ki, parasızlıktan, babam günlerce ağzına bir lokma koymuyordu. Bu sırada, "İki su bir ekmekten sayılır," diyor, bol bol su içiyordu. Biz de bu düzensizliğin kurbanlarıydık. Öfkenin kaynağı açlıktır. Hem aç, hem açları doyurma durumunda olanın öfkesi daha da büyüktür. Babamın öfkesinin büyüklüğü buradan geliyordu. Öfkenin verdiği güçle (gerçekte, güçsüzlükle), önüne gelene basıyordu dayağı. Kleopatrasını da bu dayak seanslarının dışında tutmuyordu. Allahtan, töre gereği dayak atana ses çıkarmıyorlardı da, babam Valentino ile bir sürtüşmeye girmiyordu. Kazanıp yemesinde olduğu gibi, babam, sevgisinde, öfkesinde de dengesizdi. Bu dengesizlik onun yaşam biçemi (üslubu) olmuştu. Donatılmış sofralar, sabaha kadar içki, masada rahatlıkla analarına avratlarına küfredeceği adamlar varsa, keyfine diyecek yoktu. Sofra kuru, ev kimsesizse, babam sorun yaratacağı bir şey bulur, bir anda evde eline ne geçerse parçalamaya başlardı. Sonra da yorganı başına çeker, günlerce uyurdu.

Böyle bir ortam bana göre değildi. Onlar içki masasında zamanı uzatmak isterken, ben bir an önce çekilip gitmelerini beklerdim. Eğil'de, öğretmenim Hıdır Ergenekon, Köy Enstitüsü'nde yatılı okuyabileceğimi söylemişti. Tanıştırdığı Köy Enstitülü çıkışlı bir öğretmen, beni Köy Enstitüleri konusunda aydınlatmıştı. Babam ortaokula göndermek istiyordu. Ben, Köy Enstitüsü'ne girmeyi kafama koymuştum. Bu ortamdan uzaklaşacak, kendi başımın çaresine bakacaktım.

Elveda, Valentino!

KÖY ENSTİTÜSÜ

Yazın Diyarbakır'dan ayrıldım, anamın yanına Ağın'a gittim. Okulda benden bir-iki yıl önde olan Rahmi Serttaş, Servet Sucu gibi yakın arkadaşlarım okulu bitirmişler, Köy Enstitüsü'ne yazılmışlardı. Bana Köy Enstitüsü'nü ayrıntılarıyla tanıttılar. Tek seçeneğim Köy Enstitüsü'ne yazılmak olduğuna göre, niye sağa sola başvurup bilgi topluyordum? Rahmi'nin, Servet'in orada olması yetmiyor muydu? Dalkıran'ın oğlu İbrahim (Uzun) de orada okuyordu. İbrahim benden büyüktü. İçtenlikli, candan bir arkadaştı. Köy Enstitüsü'nde yemeklerden, spordan, disiplinden söz etti. Başarılı bir öğrenci olmamasına karşın, okulu iyi buluyordu. İbrahim'in anlattığına göre, enstitü çok çalışmayı, her alanda becerili olmayı gerektiriyordu. "Duvar öreceksin, demir bükeceksin, mandolin çalacaksın, inşaatta çalışacaksın, krizma kazacaksın, keyfin yerinde olsun olmasın, sabahları ulusal oyunlara katılacaksın... Disiplini çok ağırdır enstitünün!" diye enstitünün işleyişi konusunda bilgi verdi. Sözlerine şunu da ekledi: "Çalışmayı, sevenler için buradan iyi okul yoktur. Sen çalışkansın, kitap okumayı da seviyorsun; vallahi, tam sana göre!"

Daha ne duruyordum! Benim gibi, babanın içki masalarında elinden silahı alınmış bu yenik ordunun savaşçısını ancak böyle bir okul kurtarabilirdi. Disiplinli değil, isterse tutsak etsinler, bu en yakın kaleye sığınmalıydım. Diyarbakır'a döndüğümde, Köy Enstitüsü'ne yazılacağımı babamdan sakladım. Babam ortaokula göndermek istiyordu. Oysa biliyordum, ortaokula başlar başlamaz, yıllar boyu çektiklerime yenileri eklenecekti. Bıkmıştım borçlardan, yalanlardan, alacaklılara yakalanmaktan, Valentinolardan, Kleopatralardan, cardonlardan, avlunun lağım kokan sokaklarından, içki masalarından, yapay dostluk gösterilerinden, kabalıklardan, küfürlerden...

Ağın'da bulunduğum sıralarda, Malatya/Akçadağ Köy Enstitüsü öğretmenlerinden komşumuz Latif Yurtçu'nun enstitülere öğrenci topladığını duydum. Ona başvurdum. Birkaç gün sonra da, toplanan öğrencilerin bulunduğu bir kamyon yola koyuldu. Bu kamyonda olanlar Akçadağ'a değil, Diyarbakır'ın Ergani ilçesindeki Dicle Köy Enstitüsü'ne gideceklerdi. Ben, kamyonun şoför basamağında yer bulmuştum. Kamyondan indiğimde, toprak rengi pudralara bulanmış gibi, toz içindeydim. Enstitüde bizi ileri sınıftaki ağabeylerimiz karşıladı. Öncelikle hamama gittik, pudralarımızdan arındık. Ertesi gün sınava tozlarımızdan arındırılmış olarak, 'makyajsız' girdik. Sınavı kazandım. Tam istedikleri öğrenciydim; ama okula yazılmamda çok önemli bir engel çıkmıştı karşıma. Köy Enstitüsü'ne girmek için köy nüfusunda kayıtlı olmak gerekiyormuş. Benim doğum yerim Diyarbakır'dı; köylü değil, kentliydim. Onun için kayıt yapmaları olanaksızdı. Böylece Köy Enstitüsü'ne girme hayallerim suya düşmüştü.

Güzel ülkemin güzel insanları! Ne çok iş, göz açıp kapatıncaya kadar, olumluyken olumsuza, olumsuzken olumluya dönüşür!..

Umutsuzluk, tepemdeki gün ortası güneşini karartmıştı. İçine iğne gözü kadar ışığın sızmadığı karanlık odalara tıkılmıştım. Sınavda bulunan kurul üyesi öğretmenlerden biri, beni yolda durdurup kutlamak istediğinde, bu koyu karanlıklar içindeydim. Dokunsalar ağlayacaktım. Ağlamaklı oluşumun nedenini açıklayınca, öğretmen, bunun önemli bir şey olmadığını, bir belgeyle engelin aşılabileceğini söyledi. Cebinden çıkardığı bir kâğıda iki satır yazıp elime verdi. "Yarından tezi yok, doğru Kılleş Köyü'ne gideceksin, belgeni alıp geleceksin!" dedi. Öğretmen, Ergani yakınlarındaki Kılleş Köyü'nün muhtarını tanıyormuş. Dediğine göre, muhtar orada oturduğumu onaylayan bir 'ikametgâh' belgesi verecek, o belgeyle köyde oturduğum kanıtlanacaktı. Böylece, enstitü kurallarına göre 'köylü' olacaktım, enstitü de benim gibi bir öğrenciyi elinden kaçırmayacaktı. Öğretmenin dediği gibi, ertesi gün muhtardan belgeyi aldım, 'kentli' olarak gittiğim Kılleş Köyü'nden enstitüye 'köylü' olarak döndüm.

Sabahı iple çektim. Uyanır uyanmaz, Kılleş Köyü'ne gitmek üzere erkenden yola çıktım. Ergani'ye gideceğim, oradan da ver elini Kılleş! O sıralarda köylere haftada bir kez bile kamyon uğramıyor. Yaya olarak yola koyuldum. İkindiye doğru köye vardım. Muhtar hemen işlemi yaptı, "Gitme, arkadaşımızın misafirini ağırlayalım," dedi. Akşam da olmuştu. Geceye kalacağımı düşünerek, o gece köyde yattım. Sabahleyin erkenden yola koyuldum. Her şey beni buluyordu. Yolda, kafası parçalanmış bir adamın bir yerlere saklanmak için yer arandığını gördüm. Korkudan, ciğerleri körük gibi inip kalkıyordu. Adam, ağzını açıp bir şey sormadan, önümden koşarak geçip gitti. Arkasından yetişenler, ellerinde kanlı bıçaklar, adamın nereye saklandığını sordular. "Bu yoldan koşarak geçti gitti," dedim korkarak. Fazla üstelemeden adamın kaçtığı yöne doğru koştular. Kan görmek titretir beni. Adamın parçalanmış başını görünce titremeye başladım. Gözlerimin önüne adama saplanan bıçaklar geliyordu. Ben yoluma gidiyordum, kimbilir, bıçaklar adamın neresine saplanıyordu?.. Yolu bu düşlemlerle tüketmeye çalışıyordum.

Güneş beynimde kaynıyor. Susuzluktan bayılacağım. Yakıcı sıcağa karşın, bir su başına ulaşma umuduyla, yürümüyor koşuyordum neredeyse. İyice de acıkmıştım. Muhtar iki ekmekle bir parça peynir koymuştu torbama. Bir ağacın altına oturup azığımı yerken, yanı başımdaki bağda üzüm salkımları gördüm. Bir salkım koparıp ekmeğime katık etmek istedim. Bağın sahibi oralardaymış. Tevekten üzüm kopardığımı görünce, elinde tüfekle geldi başımda dikildi. Korkudan ağzım dilim tutuldu; suçüstü yakalanmıştım. Söyleyecek söz bulamadım. Adam, "Hırsız var!" diye bağırınca, beş-altı kişi birden üstüme yürüdü. Hırsız olmadığımı, bir salkım üzüm alıp ekmeğime katık etmek istediğimi söyleyene kadar birkaç tokat yedim. Yaşlı bir adam bağ sahibini hırsız olmadığıma inandırınca, adam, "Hadi, ekmeğini ye, def ol git buralardan! Bir daha gözümüze görünürsen, hangi cehennemde can vereceğini bilemezsin!" diye beni kovdu. Ekmek peynir de, iki habbe (tane) üzüm de boğazımda kaldı. Lokmamı yutamadım. Bin yıl yemesem acıkmayacakmışım gibi bir duyguyla, can derdine düştüm.

Güneş, sapsarı tarlaların yayıldığı geniş ovaları yalayıp dağların ardında kaybolurken, Dicle Köy Enstitüsü'nün kapısından içeriye giriyorum. Elimdeki belgeyi, uzun direnişlerden sonra alınmış bir kentin altın anahtarı gibi tutuyor, enstitüye yazılmak üzere yönetim odasının yolunu tutuyorum. 1950'nin eylül ayında, adım, Diyarbakır/Ergani Dicle Köy Enstitüsü'nün 101 no'lu öğrencisi olarak kütüğe geçiyor.

Mersin'den, Tunceli'den, Muş'tan, Siirt'ten, Mardin'den, Bingöl'den, Malatya'dan, Elazığ'dan, Diyarbakır'dan... gelmiştik. Yoksul bir halkın yoksul çocuklarıydık. Kimimiz bulup buluşturulmuş, kimimiz büyüklerden arta kalmış, kimimiz bir ipliği çekilse bin yamalığı dökülecek giysiler içindeydik. O akşamüstü bizi bir alanda toplamışlardı. Çamaşır, giysi, ayakkabı dağıtılacaktı. İlk kez sırtımız iyi bir çamaşır, üstümüz yeni giysiler, yalın ayaklarımız su çekmeyen ayakkabılar görecekti. Bunların dağıtımını Köy Enstitülü ağabeyler yapıyordu. Elinde liste tutan ağabey, yüksek sesle adlarımızı okuyordu:

Osman Şahin! Şimdi, öykücü...
Resul Aslanköylü! Şimdi, Yargıtay Üyesi...
Hüsnü Çimen! Şimdi, avukat...
Aziz Güner! Şimdi, eski bürokrat...
Adnan Binyazar! Şimdi, bu kitabın yazarı...

Hüseyin Bulun! Durmuş Ali Eren! Nihat Kahraman! Hayrettin! Mehmet Şahin! Niyazi Cengiz! Sıtkı Akbayır! Osman! Nurettin! Vahap Erdoğdu! Hasan Durukan! Akif Uysal! Cafer Ekmen! Yavuz Erdoğan! Gazi Erdoğan! Hasan Coşkun! Niyazi Öztürk! Doğan Ünalan! Mehmet Akgül! Ali Rıza Sarı! Mehmet Çelik! İbrahim Kartal!..

'Gökte yıldız kadar' öğretmen...